トランスサタニアン占星術
TRANS-SATURNIAN ASTROLOGY

松村 潔

説話社

はじめに

　古い時代の占星術は月から土星までの七つの天体を使っていました。これは純粋に物質主義の世界観の中では比較的スムーズに活用できていました。ある時期から、これに天王星、海王星、冥王星の三つの惑星が加わりましたが、これは占星術の考え方に大きな変化を要求することになりました。

　天王星から冥王星までの天体は、肉眼では見えない天体という意味が含まれています。つまり人間生活の見えない要素を考えざるを得なくなったのです。

　月から冥王星までの10個の天体を使う占星術は、非物質的要素までを考慮に入れるということでは、占星術に限らず、古典的な人間観というものを根底から覆すものだと考えられます。

　ただ社会生活の中で、天王星から冥王星までを表す事柄を生かす可能性はまだ多いとはいえないでしょう。それに、例えば身体の健康という点では、この3天体が強く働くと、たいてい体を壊すことが多くなります。というのも多くの人が考える身体とは物質的身体であり、つまりは月から土星の範囲で考えることのできるもので、天王星から冥王星までの影響は、本質的にこの枠より範囲の大きなものであり、結果的に物質的身体を壊すものなのです。

　物質生活からすると、天王星から冥王星までの天体の影響は破壊的で、あまり見たくないものでもあります。

　本書でも、天王星は物質を傷つけることでしか物質とは関われないと説明をしています。本書では天王星をエーテル体、海王星をアストラル体、冥王星をメンタル体と関連づけましたが、この三つの領域を

日本語に置き換えると、メンタル体、アストラル体、エーテル体の順番で霊、魂、魄(はく)となります。しかし今日的には人間はこの三つの組織を持っておらず、肉体のみがあると考えられています。霊魂魄肉の四つが揃うと、完全な人間というものになるのですが、どうして人間は肉体のみであると考えられるようになったのかというと、エーテル体以上のボディは非局在的であり、特定の時間・空間に縛られているわけではないからです。特定の時間・空間の中にしか存在できない限られたものが個人でありまた肉体です。つまり非局在的な性質を組み込んでしまうことは、個人ということを否定することになるのです。

　科学は個人の目で見る世界を基準に考えますから、非局在的要素を入れると、そもそも時間や空間の秩序というものが崩壊し、これまでの科学知識も全く使えなくなってしまいます。

　天王星以後の非局在的、非物質的要素を占星術に組み込む、というよりは天王星以後の天体が人間の非局在的要素を表すと考えると、矛盾した要素も出てきます。占星術は天体の位置とか時間の経過というものを計算しますが、非局在的意識というものはそうしたルールとは結びつきにくく、計算によって推理できるものなどなくなってしまうということもあります。

　というわけで、天王星、海王星、冥王星は、非局在的なエーテル体、アストラル体、メンタル体を示すものではなく、これらが地上に影を作り出すように反映されたものであると考えると無理がありません。扱いが難しいので、これらを切り離して、古典的な占星術に戻し、占星術は霊魂魄には一切関係しない、実用的で即物的な体系であると考えた

方がよい面もあるかもしれません。

　もちろん、そうなると私は占星術には関心を持たなかっただろうし、また霊魂魄を切り離した肉だけの人間はまともさの欠片(かけら)もないとみなしてしまうので、そこに何の期待もしなくなるでしょう。

　身体は健康な方がよいと考えられていますが、最近はこの考え方に対してだんだんと疑問を感じることが多くなりました。

　これは私が個人の枠とか、個体の輪郭(りんかく)というものを拡張してしまったことが原因です。物質身体のみを自分とみなすと、この肉体の独立的な存在性ということが大切ですが、かつて何らかの業績を残したり作品を残したりした人は健康だったためしはありません。

　傑出したもの、すなわち、身体からはみ出したものであり、それは身体の閉鎖的なまとまりを壊してしまうのです。となると身体を壊すとは、可能性を拡大することであると考えてもよいかもしれません。物質肉体がかろうじて維持できる限界を超えてしまうと、その時に死にますが、それまではすれすれで誤魔化(ごまか)しながら生きるというのがよいのかもしれません。

　今は、身体は元気で死ぬ直前まで活動するという「ピンコロ」がもてはやされていますが、正直、これは死ぬ直前までありきたりで特徴のない人だったということになるのではないでしょうか。

　事物としての身体を主にするのか、それとも内的な活動力を主にするのかで、健康という概念に大幅な違いが出てきます。

　エーテル体までを考慮に入れると、個体の定義は全く変わってしまうので医療占星術についても内容を全面的に書き換えた方がよいでしょう。

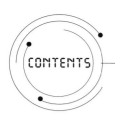

はじめに　2

 第1章　天王星、海王星、冥王星の役割　9

1	惑星の意義は公転周期で考える	10
2	土星は局在的な人格の鋳型を作る	14
3	天王星は土星の型思考から離脱する	17
4	永遠性に向かいたい	22
5	意識の四つの構造	25
6	主観を取り除くことで初めて宇宙に参加できる	27
7	太陽系の外への扉	29
8	メンタル体の模造、冥王星	48
9	目の前の暗闇	56
10	12サインの破れ目を探す	59
11	アストラル体の模造、海王星	61
12	忘れられた太古のアストラル体	70
13	エーテル体の模造、天王星	76
14	クンダリニ	89
15	低次エーテル体と高次エーテル体	93
16	月の軌道にある謎のもの	98
17	夜の女王	105
18	ヘカテ	108
19	トランスサタニアンは火星・木星・土星のリズムと似ている	112
20	タロットカードのプロセスとの対応	120

第2章　12サインと感覚　127

  1　アカシックレコードとしての12サイン　128

  2　牡羊座、自我感覚　131

  3　牡牛座、思考感覚　134

  4　双子座、言語感覚　139

  5　蟹座、聴覚　142

  6　獅子座、熱感覚　147

  7　乙女座、視覚　151

  8　天秤座、触覚　157

  9　蠍座、生命感覚　162

 10　射手座、運動感覚　166

 11　山羊座、均衡感覚　170

 12　水瓶座、嗅覚　176

 13　魚座、味覚　180

 ## 第3章　リリス　185

  1　リリスの12サイン　186

  〔1〕牡羊座のリリス　190

  〔2〕牡牛座のリリス　195

  〔3〕双子座のリリス　198

  〔4〕蟹座のリリス　200

  〔5〕獅子座のリリス　203

  〔6〕乙女座のリリス　206

  〔7〕天秤座のリリス　209

  〔8〕蠍座のリリス　214

  〔9〕射手座のリリス　217

〔10〕山羊座のリリス　　221
　　　〔11〕水瓶座のリリス　　224
　　　〔12〕魚座のリリス　　228

　2　リリスのハウス　　231
　　　〔1〕1ハウスのリリス　　233
　　　〔2〕2ハウスのリリス　　236
　　　〔3〕3ハウスのリリス　　238
　　　〔4〕4ハウスのリリス　　241
　　　〔5〕5ハウスのリリス　　243
　　　〔6〕6ハウスのリリス　　246
　　　〔7〕7ハウスのリリス　　248
　　　〔8〕8ハウスのリリス　　250
　　　〔9〕9ハウスのリリス　　253
　　　〔10〕10ハウスのリリス　　255
　　　〔11〕11ハウスのリリス　　257
　　　〔12〕12ハウスのリリス　　260

 第4章　トランスサタニアン×12サイン　263

　1　冥王星の12サイン　　264
　　　〔1〕牡羊座の冥王星　　264
　　　〔2〕牡牛座の冥王星　　269
　　　〔3〕双子座の冥王星　　274
　　　〔4〕蟹座の冥王星　　278
　　　〔5〕獅子座の冥王星　　281
　　　〔6〕乙女座の冥王星　　283
　　　〔7〕天秤座の冥王星　　287
　　　〔8〕蠍座の冥王星　　290
　　　〔9〕射手座の冥王星　　294
　　　〔10〕山羊座の冥王星　　297
　　　〔11〕水瓶座の冥王星　　299
　　　〔12〕魚座の冥王星　　302

2　海王星の12サイン　305

〔1〕牡羊座の海王星　305
〔2〕牡牛座の海王星　308
〔3〕双子座の海王星　311
〔4〕蟹座の海王星　313
〔5〕獅子座の海王星　317
〔6〕乙女座の海王星　319
〔7〕天秤座の海王星　322
〔8〕蠍座の海王星　326
〔9〕射手座の海王星　328
〔10〕山羊座の海王星　330
〔11〕水瓶座の海王星　332
〔12〕魚座の海王星　334

3　天王星の12サイン　337

〔1〕牡羊座の天王星　337
〔2〕牡牛座の天王星　340
〔3〕双子座の天王星　343
〔4〕蟹座の天王星　345
〔5〕獅子座の天王星　348
〔6〕乙女座の天王星　350
〔7〕天秤座の天王星　353
〔8〕蠍座の天王星　356
〔9〕射手座の天王星　359
〔10〕山羊座の天王星　362
〔11〕水瓶座の天王星　365
〔12〕魚座の天王星　368

おわりに　371
著者紹介　374

第1章 天王星、海王星、冥王星の役割

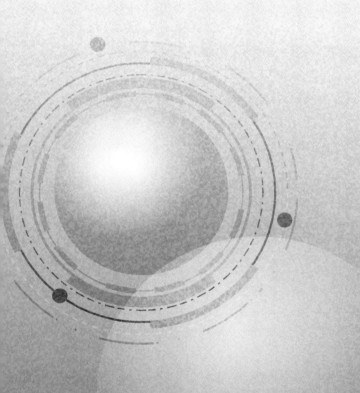

惑星の意義は公転周期で考える

　今日の西洋占星術で使われている天体は、衛星や恒星、準惑星を含めて、月、水星、金星、太陽、火星、木星、土星、天王星、海王星、冥王星の10個です。

　古い時代の占星術は、このうち月から土星までの7個が使われていました。古典的な占星術で使われていなかった天体は天王星、海王星、冥王星の三つですが、この三つの天体は、土星よりも外側にあり、土星よりも公転周期が長いのが特徴です。

　土星よりも外にあり、さらに公転周期が長いものが使われるようになったのは、たんにそれらの天体が見つかったからというよりは、土星までの周期の天体では何かしら不足があったということになります。

　もし、足りているのならばつけ加える必要などないからです。

　占星術の場合、新しい天体が見つかったからといって、すぐにそれを加えるということはありません。なぜなら、占星術の惑星は意識の特定の側面を表すものであり、この意識と惑星の合致がないなら、それを採用することは無意味だからです。

　惑星は土星までは肉眼で見ることができますが、天王星以遠は肉眼では発見できず、道具を使わなくてはならなかったという意味では、占星術は見えるものだけでなく、見えないものまでを扱うというふうに路線変更したのでしょう。それまでの古い占星術では決して分析できなかったものを、天王星発見以後の占星術で扱うことができるようになったので、占星術は天王星発見以前よりもハイスペックなツールになり、また人間の意識もそれだけ複雑になったということですが、それでも終わりではありません。

　今後もっと新しい惑星が発見されたら、それを自分の意識の、今までは気がつかなかった要素だとみなし、それも占星術に組み込みます。すぐにではなく、ゆっくりとそうするでしょう。

それでは、新しく加わった天王星、海王星、冥王星はどういう役割なのでしょうか。

　私は惑星の役割を考える時に一番先に考えるのがその惑星の公転周期です。惑星の１回転は、惑星の一生のように考えてみるとよいでしょう。惑星の内面に立ち入ると、ここでは自転と公転の比率というのはとても重要ですが、立ち入ることがないなら、公転周期のみを考えます。

　この１回転の中に、経験の四つの要素が含まれています。季節は春夏秋冬があり、春の種蒔き、夏の成長、秋の収穫、冬の定着というものがあります。

　人の一生も生まれてきた目的があり、それが成長し、完成するとともに人生が終わります。

　この四つはバラモンの四住期にたとえることもできます。

　今日の科学観ではどんなものからも意図や目的を抜き去り、いかなるものも偶然の産物であると考える傾向がありますから、すると人の一生にそもそも目的があるはずはなく、寿命は生理的に決まっていることが多く、目的が完了すると、自然的に死んでいくということを認めないかもしれません。

　ですが、人を生かしていくのは、何らかの意欲とか目的であると考えるのは自然です。なぜなら目的があって生まれてきたからです。

　誰もが体内に持っている癌細胞は、その人が退屈すると急激に増加します。しかし、まだしたいことが完了していないと、どんなに困難があっても生き抜き、否定勢力を抑止するでしょう。

　スティーブ・ジョブズが癌治療を拒否したのは、自分の生きる目的は十分に果たしたと判断したからです。

　そもそも占星術は、この四つのサイクルというものを重視していて、サイン、ハウスの組み立て方にも、その考え方がつらぬかれています。惑星はこの四つの周期という区画の上を順番に回転します。

　火星はその目的を果たすのに公転周期の２年くらいかかり、木星ならば１２年かかってテーマを終えるのです。

　生まれてきた時の出生図で、それぞれの惑星がどこのサイン、ハウスにあ

るかで、その惑星が抱いた目的を考えてみるのもよいでしょう。そこからスタートして、1回転すると、とりあえずその惑星のテーマは完了します。

回転は螺旋状にあるとみなしていくと、一つの回転が終わると、それまでの経験を要約して、そこから新しいテーマを打ち出し、次の回転がスタートしていくことにはなります。

全部の惑星を足したものが人の人生ですから、人は複数のテーマを持って、複輪的に生きていますが、しかし主軸となるものは一つかもしれません。他の周期を持つ惑星は、この主軸となるテーマを修飾しています。

現代では人間の一生は、だいたい80年くらい、長生きの人は100歳前後くらいでしょうか。これと似た惑星の公転周期の天体は天王星であり、だいたい84年です。つまり天王星の周期は、人間の一生とどこか似ていると考えられます。

古典的な占星術で最も長い公転周期の惑星は土星で29年です。ヴォルフガング・アマデウス・モーツァルトが生きていた18世紀では、人の平均寿命は30年とか35年くらいといわれていますから、これだと土星の29年周期に近いものといえます。

しかし現代では、また今後は、さらに寿命が延びてしまうと思われますから、土星の一生ということでは物足りなくなります。余った時間は暇になり、無意味なことをせざるを得ないというと極端な話になりますが、土星周期を3回も使わないとならないとすると、土星は使い古されてしまい、土星の新しいサイクルが来ても、何となく中古品を手に入れたようで、気力が萎えてしまいます。既に経験的にわかっていることを繰り返すことに耐え切れない人はたくさんいます。

私は本をたくさん書いていますが、見知っていることを書くとなると気力はどん底になり、日常の生活もままならない状態になります。無気力から気をそらすために、いろいろ気晴らしを加えています。

例えば、トラックの行き交う道路脇の歩道を歩きながら音声認識装置を使って入力したりしますが、音声認識装置で入力するという新しい実験に新鮮な興味を抱くということにすり替えて、その材料のために既に知っている

内容の原稿を書くという手段もたった一度しか使えません。

　多くの人の今の寿命からすると、土星の示すような範囲での生きがいとか目標はとっくに使い切ってしまい、むしろ天王星が示す価値観においての目標を抱くと、ちょうどよいということにもなります。

　特定の惑星の周期が終わって、また新しく回転しようとする時に、より上位の、すなわちより長い周期にある惑星がサポートして、既に終了した惑星周期に新しい意義を付与すると、その惑星の新たなチャレンジは可能ではあります。つまり、同じことをしているが、それに対しての意義とか取り組む気分や見方を、より大きな視点から見直すということです。

　その点では土星は周期が29年終わると、そのまま死んでいこうとしますが、その上位にある天王星が新たに土星に目標を与えると、土星はまた気力を出すことができます。

　例えば、会計士をしていた人が、もう十分にやり切った、会計士の仕事で新たに意欲を作り出すのは困難だと考えた時、どこか違う国に引っ越して、そこで会計士を始めると、国の風習の違いとか経済のシステムの違いから予想外の事態になり、波乱だらけの中、気分一新会計士を取り組むことができるかもしれません。

　周期的には、土星は天王星の支配の下に３回くらいは回転できるといえるのです。古典的な占星術では、最外周が土星でしたから、土星が１回転しても、その後新しい着眼点で誘導する天体はなかったので、29年くらいで気力が尽き果て、その後の新しい展開はなく、ただ飲んだくれて過ごすか、釣りをするしかないような人生だったのではないでしょうか。

　鎌倉時代末期に生まれた『徒然草』の吉田兼好は、当時の基準からすると異例に長い69歳まで生きていましたが、こんなに長生きしてみっともない恥ずかしいと述べていました。

土星は局在的な人格の鋳型を作る

　だいたい今は新社会人として就職して定年になるまでは30年くらいなので、土星の周期とは、社会的な場で、活躍して引退するまでの期間といえるでしょうか。しかしこれは人間の一生という単位の基準でなく、社会的な活動という面での基準です。モーツァルトの時代ならば一生の基準だったものは、今では、社会的な活動の盛衰という場面で使われるサイクルです。
　多くの人は、人を見た時に、社会的な立場や役割、能力など、何か型にはめたところで考えようとします。あるいは単純に、その人の見た目などでも判断しようとします。
　土星は山羊座の支配星であり、これは形に閉じ込めるという作用です。身体では骨とか皮膚などを示し、文字通り、外観ということです。洋服とか腕時計などの持ち物でその人の職業とか習慣などを推理することもできるだろうし、ちょっとした組み合わせで、その人の癖なども考えることはできるでしょう。
　土星は見える天体でしたから、土星的な視点とは、どんなものも何か見える型にはまったもので考えようとするのです。また土星は死にゆく天体、金属では鉛であり、老化した金属だとみなされています。細かいことでは変化せず、定着したもの、安定したもの、これ以上はもう変化することはないという最終的な輪郭(りんかく)などを表します。
　「あの人はどんな人か？」ということを考える時に、たいていの人は、その人がどういう型に落ち着いたかで判断します。地位、社会的な立場、仕事の種類、道徳基準から見る、趣味なら趣味でそれが成果を見せているか。どんなことをしようとしていても、まだそれが未完成とか出来損ないだと、それは土星の基準からすると落第です。
　俳優は、何を演じても、誰もが納得できる表現に至るまで要求された人格の型に入り込みます。よく知られている型に入り切っていないと観客は理

解できなくなるし、演じている俳優の能力を認めることもできません。舞台の上で何者かよくわからないとか、あるいは未熟な人がいると、見ている人は落ち着きません。

　最近、行方不明になった2歳児を救助したということで、あるボランティアの老人が注目されました。それぞれのテレビ局が報道し、一躍有名になりました。この老人を多くの人が称賛しましたが、この老人が昔からあるステレオタイプの人格像を忠実に演じているからです。

　もしこの老人が少しでも、一部でも、このありきたりのタイプから逸脱するようなことをしてしまうと、一転して世間は非難を始めていくでしょう。褒め讃えた分、散々なことをいうようになるでしょう。例えば、実は隠れた愛人がいたという話になると、ひどい批判を受けるようになるかもしれません。

　誰もが型の中に眠り込む安心感を求めていて、そこから逸脱することに対しての恐怖を抱いています。自分の子供が大手の企業に就職しなかったというだけで、夜も眠れないくらい心配になってしまうのです。

　このように誰もが型で判断しようとしますから、社会の中で怪しい人でないと思われるために、この型を仮面としてであれ、使わざるを得ません。洋服、立ち居振る舞いなどを、いかにも特定のステレオタイプにしていけば、誰もがこの人は自分が知っているタイプの人だと勝手に決めつけてくれて、すると安心して町を歩くことができるし、住宅街の中を歩いていても通報されないでしょう。ドラマを見ていても、住宅街を歩くには不釣り合いな人がいても、警察手帳を見せたら納得します。

　土星が29年の公転周期を持ち、だいたい社会的な肩書と同じくらいの寿命だとすると、この人格の型はだいたい30年くらいが賞味期限で、マンションの耐用年数と似ているかもしれません。ある分野で成功し認められるとは、型を全うしたということで、新しい発見をした人は、新しいものを発見したパイオニアの人なのだという型で認められるということなのです。

　人格タイプを「アーキタイプ」といいますが、これは、もともとは非局在的なもので、神話的な存在性ですが、同じタイプの人はどんな国にも地域にもいます。土星は、この非局在的なアーキタイプを、特定の時空間の場に、

限定的にスタンプしていく作用であると考えるとよいでしょう。

　土星は死にゆく天体ということで、いったん印刷されたり刻印されたりすると、滅多にリニューアルされることはありません。そもそも普遍的な神話元型がアーキタイプであり、それは古くも新しくもないのですが、ご当地的なもの、特定の個人にローカライズすると、その賞味期限は29年で、その後、色褪せていきます。

　社会とは、一つの舞台といえます。この中に、それぞれの人が特定のキャラクターを持って登場します。そしてキャラクターを演じ切ったら褒められるし、このキャラクターは30年以内に達成しなくてはならず、ある程度、急がされてもいます。「結婚したい」、「仕事で成功したい」、「子供を育てたい」、「有名になりたい」、「指導者になりたい」、「お金持ちになりたい」……これらはみな、既に存在する型があり、その中に入って、完全に達成できるかどうかが問題になっているのです。

　例えば、アジア大会で、五つも金メダルを獲得した女性水泳選手がいました。さらに金メダルを取ると、六冠となり、史上初です。実際に六冠になりましたが、それまで、世間は日ごとに期待が高まりました。つまり、多くの人が、型にはめようと圧力をかけていくと考えてもよいのです。ある意味、失敗に仕向けようとしているこのプレッシャーは大変なもので、それに打ち勝つにはそうとうの強さが必要です。勝利する存在というのは一つの鋳型であり、この中に当該女性水泳選手を閉じ込めようとしているのです。

　脱落するのは自由ですが、それを許さない気配が日ごとに濃厚になるのです。この世界では、このように誰彼となく圧力をかけ合って生きており、日本では自殺者が増加しています。

天王星は土星の型思考から離脱する

　天王星は土星の公転軌道の外側にあり、土星よりもより透明度の高いトータルな視点を持っており、土星の社会的な型から見ていくという視点を超越しています。

　天王星の公転周期は84年なので、土星の29年のおよそ2.9倍です。ミスコンで女性の美を評価するというようなことも土星の型辞書の中にあるものですが、天王星はそれをあまり評価しないでしょう。

　天王星の周期である84年くらいの長さだと、人は幼い時期とか、老いた時期も含まれており、社会の中にある土星的な美の基準はごく短期的にしか通用しないと思うのではないでしょうか。それでも人の形の美を認めるとしたら、非局在的な価値として認めることはあるでしょう。非局在的ということは、特定の個人の所有にはならず、特定の個人に張りつけないということです。美術館にある肖像画の美は認める。でも、誰かがそれを専有することについては認めないことになります。幸いなことに人は老いていくので、やがては脱落します。

　たいていの場合、天王星の考え方は、土星の価値基準に対して否定的で、まるで天王星とは土星の価値を傷つけるために存在しているのではないかと思える節もあります。

　天王星は水瓶座の支配星ですが、水瓶座は11番目のサインで、これはタロットカードでいうと、11の「力」のカードと似ています。絵柄では、女性が下半身からライオンを引き剥がし、改めてライオンを直視しています。

　これは自分が今まで無意識に同一化していた価値を自身から引き剥がし、私はライオンではないといっています。ライオンと一体化して自分をライオンだと刷り込んでいたのが土星というわけで、「私は不動産屋さんです」、「私はIT企業のCEOです」、「私は政治家です」、「私は学者です」、「私は芸術家です」、「私の特技はこれです」……というようなイメージは、すべて

本来の人間の価値とは違い、社会の中で生きていくための仮面として使うのは構わないが、しかし自分とそれを勘違いしないようにしたいと主張しているのです。

　天王星の価値基準は、天王星らしいものがあり、それは土星の価値基準とは違います。そして天王星からすると、土星の価値基準とは、女性の下半身に張りつけられたライオンシールのように、取り替え可能で、なお、短命なものだと考えているということです。そしてタロットカードで見るように、天王星は土星の仮面剥がしに積極的に取り組み、時にはその行動はひどく強引です。

　土星の仮面はいずれにしても30年すると使い古され、天王星のように長く生きる人からすると、それは一生使うようなものではありません。あるいは、社会の中で生きるには仮面を三つくらい使い分けしたいというかもしれません。すると土星のように、一つのステレオタイプで考えようとする人からすると謎の人間になってしまいます。

　天王星は土星に対してさほど容認的であることはなく、とりあえずどんなものであれ、いったん土星が提示したものをすべて「ノー」という傾向があります。それは土星が特定のキャラクターに対して本気で同一化しているからです。「演技でなく本気？　それはおおいに愚かなことだ」と天王星はいいます。いったんライオンを引き剥がしておいてから、改めてそれを使うかどうか判断しますが、まずは同一化しているものがあると、とりあえず引き剥がすのです。

　水瓶座の6度に、「ミステリー劇の演技者」というサビアンシンボルがあり、8度に、「美しい衣装を着た蝋人形」というものがありますが、水瓶座では、地上で生きるには仮の人格とか、演技というものが必要で、この仮面は、最大29年は使うにしても、本体としての自分はそれではないと思っています。

　それでは本体の自分とはどんなものなのでしょうか。それはより長期的なスパンの海王星や冥王星から持ち込まれた、より宇宙的な性質のものです。

　冥王星や海王星が持ち込んだものは地上的ではなく、これらを天王星は地上生活に持ち込もうとする架け橋にはなりますが、土星的な基準とは対立

することが多くなります。

　つまり天王星は反社会的になる可能性があります。天王星はあまりおとなしい天体ではないので、いかなる時にも土星に対しては迎合しないということには徹底しており、黙っていないことが多いといえるでしょう。

　海王星は直接物質界には接していないので、黙っておとなしくしていることもありますが、土星に直接触れている天王星は黙って静かにしていることはできないのです。

　この天王星の社会的価値観の否定、あるいは信念体系の覆しというものを前提にして、そこから初めてその後の海王星や冥王星が上手く働くようになります。土星と、天王星・海王星・冥王星のグループの間には大きな壁があるようです。古い社会構造は、土星までで完成されていると考えてもよいでしょう。

　天王星と海王星と冥王星に関しては、社会の中で成功するかどうか、この中で上手くやっていくことができるかどうかということには、ほとんど役に立たないものか、あるいは反対に有害なものだと考えてもよいかもしれません。

　占星術をありきたりの、恋愛・結婚・仕事・不動産・転居・因縁・引っ越しなどの占いに使いたい時には、この三つの天体は採用しない方が好ましいといえます。ここから逆に推理すると、古典的な占星術では、一番外側は土星でしたから、人間の価値とか、あるいはまた生きがいを判断するには、すべて社会的な価値観の枠内でのみ考慮していたといえます。それ以外は何を探しても、どこにも何も可能性はないので、これはこれでなかなか恐ろしいものであるといえます。刑務所の中で一生過ごすというような感じがします。

　以前のマインド系のセミナーでは、「ライフボート」というゲーム的な手法がありました。数人が離れ小島にいる。そしてこれが５人だとする。ここにボートがあり、それは４人しか乗れない。この場合、誰がボートに乗り、誰が島に残るかを全員で選ぶのです。

　もし、土星的な基準で生きているのならば、ここでは社会的に重要な価

値があるかどうかで判断することになります。

　天王星的基準ならば、社会的な価値などをほとんど重要視しないで、もっと普遍的な価値で決めようとするでしょう。

　ある時期、やがて地球は危うくなるから、火星に移住しようという計画などをスティーヴン・ホーキング博士などが提案していました。地球人を全員運ぶことはできません。この場合にも火星に移住する人をどう選ぶかということもライフボートと同じです。まずはVIP（要人）を優先するということを天王星はしません。

　天王星は水瓶座の支配星ですが、水瓶座の評価基準は山羊座の評価基準と違い、水瓶座の12度の、「上へと順に並ぶ階段の上の人々」というサビアンシンボルからわかるように、振動の順番で考えます。振動の順番などは見た目では全くわかりません。

　建築家のアントニオ・ガウディが事故死した時、あまりにも風体が汚いので、多くの人がホームレスだと思いました。火星移住リストでは、ガウディはすぐに外されそうです。

　天王星は改革性だといわれていますが、そもそも改革するには、まずは改革するべきイメージが必要です。土星に対する否定だけでは、批判ばかりで終始して、この改革イメージは提示できません。このイメージは冥王星や海王星から持ち込まれることになります。

　ローカルなところでのルールに対して、より普遍的なものを持ち込む例としては、金融システムでいえば、それぞれの国での特有のルールとか貨幣があります。天王星はそれを世界基準に調整するということもあります。

　例えば、それぞれの町の固有の商店に対して、チェーン店が入り込むことで、商店は潰れるかもしれません。これだけだと天王星は画一化を示すように見えます。私が海外旅行していた時に、ショッピングセンターに行くと、どこにも同じような店ばかりで、退屈でした。しかし天王星は平均化するだけでなく、そこに今までなかった新しいビジョンを持ち込むのです。

　ですので、どこにも同じものを持ち込むというだけではないのですが、そのためには冥王星と海王星の関与がどうしても必要です。天王星が力を持

つと、おそらくはそれぞれの地域の固有性とか個性はあらかた失われるでしょう。

　カンボジアも東京と変わらなくなります。しかしより広範な、宇宙的な多彩さ、広がりが持ち込まれるのです。小さなところで顕微鏡を覗（のぞ）くように楽しむのか、それとももっとダイナミックな範囲での面白さを追求するのかの違いです。

永遠性に向かいたい

　占星術で使う天体に、天王星・海王星・冥王星を加えることで、人間の価値について、狭い社会的な価値観の中で判断するのではなく、もっと広い範囲で考えようという方向転換をしたのですが、惑星の公転周期の長さからすると、18世紀の頃の人の一生に近い土星周期から、今の人の一生に近い84年の天王星周期、さらに165年の海王星周期、248年の冥王星周期と伸びていくことになり、今後もっと長いサイクルになる可能性もあります。

　これはどこで終わりなのかというと、終わりはなく、最終到達地点は、永遠性を感じさせる長さというところまで行きたいのです。

　太陽は太陽系の軸で恒星です。これを私達の本質とする時に、それに対して感覚的な負荷や質量性となるのが惑星です。意識は自分よりも振動の低いものを対象化できるという原理があります。振動が低いとはより物質的なものです。

　ソニーは新しい「aibo（アイボ）」を開発した時、実際の犬とアイボを同居させる実験をしたそうです。すると犬はアイボに対して愛着を抱き、保護的になり、アイボが去っていく時に悲しんだそうです。犬はいつも人間を自分よりも上の存在とみなし、いつも緊張しています。叱られるのが怖いので手抜きはできません。それに対して自分よりも下に位置するアイボがやってきました。そのことで犬はリラックスして自信を持ち、アイボを構ってやろうと思ったのです。

　つまり、アイボを見て自分の姿がわかり、自分は優れていると思ったのです。自分よりもおばかなアイボを見ることで自分の価値を知ったわけです。

　太陽は自分を知りたいために、自分を分割して自分よりも振動の低い分身を作り、それによって自分を見たいと思ったのです。太陽を複数に分割したものが惑星です。太陽があたかも永遠性の存在とみなされた時、それにまつわる質量性、いわば洋服とか車体、犬が、せいぜい248年止まりだと、太

陽から見て軽すぎてしまい、太陽は「自分はこんなものではない」と言い出します。ですから、今後、もっと長期的なスパンの惑星が見つかるでしょう。それでもまだ太陽の価値を説明しきれないと太陽は思っています。これは太陽のプライドの問題かもしれません。例えば、5500年周期の隠された惑星があるとします。でも太陽からすると、その程度がぶら下がっても、おそらく楽々と処理してしまい、負担が大きいので息切れするとは思わないでしょう。

　人間からすると、より長生きの惑星が加わる都度、人間の視野、存在性が大きな範囲に拡大しますが、目指すところは永遠性または非局在性です。

　そもそも宗教の目的は、神との一体化とか、聖なる守護天使との一体化とか、非二元になることなどでした。今、使われている天王星・海王星・冥王星は、少なくとも古い時代の土星が同一化している価値観をはるかに超越しており、今の一個人の生き方をもっと拡大したいのですが、最も遅い冥王星でさえ、せいぜい248年しかないので、肉体的生存の80年から100年くらいの範囲からすると長いにしても、永遠性、例えば太陽には遠く及ばないことは事実です。

　天に向けて梯子（はしご）を掛けたが、あまりにもささやかな梯子で、ぜんぜん届かなかった。しかしちょっとした手がかりとして役立つには役立つのではないでしょうか。スーパーカーを想像して、そのミニチュアモデルを手にして、机の上で転がしている感じでしょうか。

　土星までの占星術は人の一生よりは短いスパンのものであり、つまり十分に対象化できるもので、人から見て犬、犬から見てアイボのように、社会の中での飼い犬としての立場しか読むことができないものなので、これを基準にすると人は日ごとに退化します。

　というのも、これは上昇か下降かでしかなく、平行線は存在しないので、バイクに乗っている人が地面を見ると必ず転倒するように、私達は常に今手に入れていないもの、見えていないものを求める以外に平行線で生きること、あるいは向上することはできないからです。

　土星までの占星術はひどく退屈でしたが、天王星以後のものが加わること

で、個人にはもっと大きな可能性が与えられてきました。この三つの惑星が示すものは、社会の中にその反映物を見つけ出すのは難しいので、社会の中で自己実現を提示するものではないことははっきり認識するべきです。鏡は社会ではなく、永遠性とか宇宙なのです。

　占星術で使われている意識の振動密度の階層は、月、惑星、全惑星、太陽です。占星術を超えて、さらにその先には、全太陽、全宇宙、絶対というものがあります。これらは今の占星術をいかに加工してもつなぐことはできないでしょう。

　特定の体系が「道」になるには、最終的な地点、すなわち絶対のところまでつながなくてはなりませんから、占星術はこのままでは決して道になれません。上にあるものと下にあるものは対応関係があります。その点では、月よりもミクロなものが提示されていないので、太陽よりも上にあるものが明らかにならないということでもあるのです。

　何か違う体系を加えないことには、占星術は明らかに不完全な体系だといえます。不完全な体系は長生きできないので、たいていはある時代に消えていくものとなります。

意識の四つの構造

　この本を書き始める数日前に、違う出版社で私は夢の本を書き終わりました。
　ここでは人間の意識の構造を四つのフェイズに分けました。夢はこの四つのフェイズを順番に体験していくのです。私達が目覚めたところで体験しているものは、フェイズ4の意識、物質界であり、それまでのフェイズ3から1までは起きている状態では認識できません。
　起きている状態からすると、それ以前のフェイズは既に夢としかいいようがないということです。法則として、私達は自分よりも振動の低いものを対象化できますが、自分よりも高速のものを意識化できません。ですのでフェイズ4よりも次元の高いフェイズ3から1までの体験を記憶もできなければ、理解もできないということなのです。
　この四つのフェイズは古い時代からずっと使われている物質体、エーテル体、アストラル体、メンタル体というものです。あるいは馬車、馬、御者、主人。もっと違う言い方であれば、惑星意識、全惑星意識、二極化太陽、太陽というものです。
　この二極化太陽と太陽はどこが違うのかというと、私達は、光ある太陽しか見ておらず、これは惑星と太陽の関係性、すなわち二極化によって生じた、惑星の側から見た太陽の姿であり、本来の恒星として太陽の姿ではないので、太陽の意味を二つに分けたのです。
　占星術では、太陽はこの二極化された太陽のことのみを考え、二極化されていない真実の太陽についてはつゆほども扱いません。
　これまでの月から土星までを含んだ占星術は、もっぱらフェイズ4としての物質世界、ある程度は限定された惑星意識を表していると考えるとよいでしょう。物質世界とは見える世界です。すると、次のフェイズ3のエーテル体を天王星が、フェイズ2のアストラル体を海王星が、フェイズ1のメンタ

ル体を冥王星が、それぞれダイジェスト版とか予告編として太陽系の中に持ち込んだと考えてみることも可能です。というのも冥王星であれ、結局は惑星意識ですから、惑星意識という範囲の中に映り込んだエーテル体、アストラル体、メンタル体と考える必要があり、ここは決して混同してはなりません。

　物質世界は、広大な海の中で、今にも消えてしまうような小さな島のようなもので、フェイズ3から1までの果てしない範囲に比較すると、極端に卑小なものです。私達は今生きている物質世界を顕微鏡で拡大しているかのように大きく広げ、この中に乗り込んで暮らしています。信じられない話ですが、ここしかないように思って生きているので、それ以外のものが全く視野に入ってきません。そこで、天王星・海王星・冥王星が、物質界以上の大きなものを片鱗(へんりん)で予告している、あるいはその小さな架け橋になっているとみなすとよいのです。

　天王星・海王星・冥王星は、エーテル体、アストラル体、メンタル体を直接示しているわけではないのですが試供品として参考になります。ある洋書ではこの対応について言及していますが、あくまで小さな反映物であり、直接エーテル体、アストラル体、メンタル体を示しているわけではないことに注意してください。太陽系の太陽は恒星です。これはメンタル界を示しており、それは永遠性に近い寿命を持っていると考えます。この縮小模型を冥王星に照応するものと考えますが、冥王星の周期は248年程度なので、最初から比較にならないのです。

主観を取り除くことで
初めて宇宙に参加できる

　ホロスコープの出生図に対して、進行図というのは、その出生図をスタート点にして前に進むのではないかと思っている人がいます。計算上は、実際にそのまま次の度数に進めていくというかたちだから、そう思いがちです。

　しかし、私は自分の書いた占星術の教科書で、進行図というのは出生図を乗り越えることはできず、イメージとしていうと、出生図が1階だとすると、その下の地下の穴に落ちて、地下でより小さな世界で前に進み、時には前に進みすぎることで最初の出発点の穴を忘れてしまい、自己喪失してしまうこともあると説明しています。

　おそらくアメリカ的思想では、実人生というものは自由意志があり、進化するものだと信じているために、このような勘違いをしたのかもしれません。

　宇宙的なエネルギーの流れがあり、生命はこの中で生きていたが、何か理由があって、ある時期地球に生まれた。この地球に生まれるというのは物質的な存在になるということです。物質的というのは、振動密度が低く物質密度が高いところに生まれることで、自分の本質よりも振動が低いので、これは物質的に対象化できる存在となったのです。ですがこれは自分の本質からすると、劣化した身体の中に入ったということでもあり、出生図というのは、実は宇宙的な存在が死んだ時の図であり、いわば墓標です。もし宇宙的な存在に戻るとしたら、この墓標の場所から、また飛び立つしかないと考えてもよいでしょう。

　宇宙船が落ちた場所が出生図なので、少し離れても、また飛び立つ時にはこの場所に戻らなくてはなりません。しかし進行図などで、先に進んだと思い込むと、もう飛び立つ場所は見つからなくなり、暗闇（くらやみ）の中で迷子になります。

　地上に生まれてきた、つまり宇宙的に死んだ後に、私達はまた元に戻るにはどうすればよいのかというと、墓標に刻まれた特徴を燃やし尽くして、個

人という主観を取り除くことです。燃え尽きると、個人、すなわち主観は消失します。そのことでまた宇宙に回帰できるのです。

物質的に生まれたということは、特性が低いところに生まれてきたので、私達は出生図の表すことを十全に生きておらず、ごく片鱗しか生かせません。するとこの墓標から飛び立つには飛び出す力が不足します。

例えば、人にその人のホロスコープを説明すると、まだ自分は十分にそれをまっとうしていないという人がほとんどです。個人は出生図よりもずっと劣化したところで生きています。しかしまっとうすれば、この出発点に立つことができます。

主観を取り除くのはいきなりではなく、ホロスコープの中にも、ステップが描かれているとすると、これは月から順番に冥王星までと、少しずつ溶けていく過程が図示されていると考えてもよいのかもしれません。

土星は社会活動の中での最後の段階を意味します。天王星はもう社会的な義務からは自由になって、好きに趣味に生きるというような段階です。

セファリエルは、土星は70歳までの期間と決めましたから、天王星は71歳からです。しかしもっと前倒しでもよいかもしれません。天王星は社会が作り出した主観から自由になるためのものであり、海王星や冥王星とセットで、地球の場所から遠ざかります。それでもまだ太陽系の中にあることには違いありません。

太陽系の外への扉

　太陽系の中にある惑星世界は太陽磁場に守られた楽園で、この中に生きる生物は、長い間この中で循環し輪廻(りんね)していきます。太陽が永遠性を表すのならば、永遠性に守られて太陽系の中の世界は続くと考えてもよいのです。ここから外のもっと広い世界に行くことを思いつくことも少なく、たいていの場合、その必要性もないでしょう。

　しかし太陽系や地球には、もともと太陽系の外の異なる星系の出自の存在も住んでいました。特にギリシャ以前、エジプト時代までは、それは比較的多数だと思われます。彼らはギリシャ時代以後は順々に去っていき、今でも地上に住んでいるのはかなり少数になってきました。これを「スターピープル」と呼ぶことにしていますが、彼らはある時期にこの太陽系の惑星にやってきて、またいつか元の場所に戻るか、あるいは違う場所に行くのが当たり前の人々です。

　太陽系環境は長く続くとしても、これはごく限られた小さな世界にすぎないし、さまざまな世界での経験をしていくという目的があれば、長くとどまる必要はないのです。

　ヘレニズム時代の文書では、人としてのアントロポースは神のそばにいて、世界造物主が作った世界に好奇心を抱きました。興味を持った瞬間に彼は世界の中におり、しばらくはこの世界を観察することになりました。興味を抱いた瞬間に世界の中にいたというのは、この興味を持つという行為が自分と対象を二極化する行為であり、二極化された領域そのものが世界ということだからです。そもそもが、ちょっとした興味を持つことで世界の中に入ったので、その構造がわかれば離れたいと思ったし、ずっと長く住む気はありませんでした。

　「神仙道(しんせんどう)」では、このもともとは宇宙にいたが、地球に落ちてきた存在を「滴仙(てきせん)」というそうです。神仙道では、滴仙は宇宙から追放されたのですが、

『ナグ・ハマディ文書』の考えでは、転落したというよりも、世界創造神の技に好奇心を抱いてしまったのです。
　「何かおかしなことが起こっている、いったいどういうことなのだ？」と興味を持った瞬間に、この世界に自分がいることに気がつきました。世界造物主は神に反する何かをしていたのです。その異変の結果がどうなるのか興味を持ったといえるでしょう。
　私は2017年にタロットカードに関する本（『タロットの神秘と解釈』説話社）を書いて、タロットカードとはスターピープルが帰還するためのマニュアルであると定義しました。その後、この私がいうスターピープルは中国では「仙人」と呼ばれており、その違いはほとんどないし、タロットカード体系も仙道と驚くほど似ているので、スターピープルと仙人を混ぜて考える方が面白いと思うようになりました。
　太古の昔、生命は地球上のさまざまなもの、大地や雲、空気、水、地球固有の生き物などに入ってはまた抜けていたといいます。これはアントロポースの本来の姿で、造物主が何やら計画を始める前の時代です。このスタイルを占星術式に考えると、地上の形あるものを象徴的に土星が示す事物と考え、そこに通路を作るものが天王星であり、普遍的などこにでも存在する非局在的な生命形態を海王星とみなし、また太陽系の外からの入り口を冥王星とみなし、自分が入れそうな事物を見つけてはそこに入り、その事物にしっかり染まり切らないうちにまた抜け出すという行為を繰り返していたと考えてもよいでしょう。
　神仙道では、物質生活に長く馴染みすぎると、仙人には戻れなくなるという話があり、その点では、土星には一時的に入り、入る限界の期限は決まっていて、それ以上はいてはならないということです。
　土星は山羊座の支配星で、山羊座は物質的な住処などを示しており、これは廃棄されることを想定して住まなくてはならず、そこに安住すると、人はみな自分を忘れてしまうのです。
　この対象の何かに入るとは、入り込む対象と自分との関係性を作り出すという意味です。それは自分を二極化し、存在を限定するということです。意

識は何かに投射することでしか自己の存在を証明できない。なおかつ投射された対象によってしか証明されない。この意味では、いろいろなものに入り込むことで自己を分割し、さまざまな自己のあり方を体験してみるわけです。それは多角的に経験することで、よりトータルな自己を知ることになるからです。

ですが、一つの事物に入り込む時間が長すぎると、この二極化されたところでの限定された自分を自分だと思い込むことになり、二極化されていない自分については忘れてしまうことにもなります。つまり主観の中に死んでしまうのです。

いつの時代からか価値観が逆転してしまい、物質的なところに拠点を置く自我として、土星が真の自分を示しているのだと考える人が圧倒的に多くなりました。これは仙人であることを忘れて人になったという意味です。物質的なフェイズ4の部分に自我を置くと、その場所だけがその人なので、死んだ後にはその人は存在しないし、来生とか転世というものはありません。

海王星は非局在的な元型を反映しているという意味では、事物や肉体に同一化したり、またそこから抜け出したりしますから、存在の非局在性を忘却することはなく、肉体が死んでも存在が死ぬということはありません。もともとの自分、特に太陽系の外にいた自分を思い出すには、冥王星・海王星・天王星の作用を研究することが参考になるでしょう。

恒星領域は、フェイズ1としてメンタル体を表しています。太陽系の太陽は、二極化されていない本体としては、このメンタル体としての恒星です。これが惑星との関係で二極化されていき、太陽系内部に向けた顔として、フェイズ2のアストラル体となります。

私が「世界」という時、だいたいこの太陽系のことを指しています。

二極化されていない真実の太陽は、その上にある全太陽に従属しています。グレートセントラルサンがあり、その周囲に七つの太陽がありますが、これはタロットカードでは「17星」のカードに描かれ、一つ大きな星がグレートセントラルサンであり、少し小さく描かれた七つの星のうちの一つが、この太陽系の太陽です。

モーツァルトのオペラ『魔笛』に「七重の太陽の秘密」という言葉が出てきますが、モーツァルトが『魔笛』を書いた時、自分が属するメーソンの上部組織イルミナティの幹部である植物学者フォン・ボルンから話をたくさん聞いています。

イルミナティはエジプト時代の知恵を現代に蘇らせようという運動をしていた組織で、七重の太陽とはりゅう座のトゥバンをグレートセントラルサンにする全太陽クラスターを示しています。これは知識を重視するのが特徴のクラスターですが、エジプト時代が終わり、ギリシャ以後、知恵を重視する時代は終わり、信仰や感情の時代になってきたことに遺憾(いかん)の意を抱いて、イルミナティは古い時代を再生させようと運動をしていたのです。

トゥバンをグレートセントラルサンにした全太陽クラスターは七つの恒星があるわけですが、実際には七つというよりもサブ機能として、もっと他にも恒星が所属していますから、全太陽クラスターはとても賑(にぎ)やかです。

スターピープルは、この太陽系の太陽以外の恒星に戻ろうとします。

グレートセントラルサンを中心にすると、そこに所属する七つの恒星は兄弟的な関係にあり、ある程度、行き来が活発です。ただし、もう一つ次元が下にある意識として、恒星とそれに所属する七つの惑星という小さなクラスターからみると、これら兄弟的な関係の恒星は敵対勢力に見えてきます。というのも、恒星同士の違いがくっきりと浮き彫りになるからです。

太陽系の太陽は、内側に向けた二極化された太陽としては、太陽系の守り機能が高まり、他の兄弟的な恒星を排斥する性質を持ちますし、実際に光り輝く太陽の光は、その背後にある恒星を見えなくさせるように邁進(まいしん)します。真実の太陽と二極化太陽は、全く性質が違うのです。

スターピープルは同じ全太陽連合に属する存在として、この太陽系の中にお客さんとして入り込めきます。地球人類を作るために、同じ全太陽グループの中のたくさんの種族が協力しているので、お客さんとしてではなく、古き神々の末裔(まつえい)として、つまり人類の土台として存在する場合もあります。

この場合、「古いスターピープル」といいます。よそから来た存在は一定期間が過ぎると、地球からもともとの場所、あるいは違う場所に移動するし、

たいてい滞在期間は決められています。これは宇宙の摂理、リズムとして自ずと決まるのです。

ミシェル・ノストラダムスによると、地球に最後に残った人類が西暦数千年代までは生存しているという話で、地球に住んでいるあるグループの人々は、このあたりで最後の一人が去るのではないでしょうか。

ここで「あるグループ」というのは、そもそもノストラダムスは地球にいるスターピープルに向けたメッセージしか出していないからです。

今の時期からすると、あと2000年弱くらいまでに地球文明が終了する。私達の肉体的な寿命は80年前後ですから、遠い話に見えるかもしれませんが、私達の本体はこの肉体ではないし、スターピープルから見ると、私達の肉体は、本体から見ると休みなく新陳代謝する細胞レベルのものか、あるいは出たり入ったりする仮設住宅であり、本体の魂として考えると、この2000年弱くらい後の話は、結構、緊急な話に聞こえてきます。

ルドルフ・シュタイナーは地球では日ごとにアーリマンの侵入度が高まっているといいましたが、最初からアーリマンという大天使は地球が欲しいとおねだりしていて、ならば地球はアーリマンにあげて、それまで地球に住んでいた人類はもっと良い環境に移動した方がよいという話と、その前に既に人類の経験の周期も終わりになりつつあるということも併せて、期限が比較的厳格に決められていると考えるとよいでしょう。

アーリマンとは物質化方向に向かう性質を持つロゴスです。つまり、それは創造的精神という意味です。こう聞くと疑問に感じる人も多いと思いますが、創造とは多数のものを作ることで、それは一つのものをたくさんに割り、その結果、個々のものは振動密度が落ちることで、物質密度が高まるのです。

人間でいえば、互いの意志疎通ができなくなり、主観に閉じこもり、他者を警戒（けいかい）するようになります。アーリマンが支配する地球は、もっと硬化して、そこに住む生命はほとんどAI（人工知能）になるというイメージかもしれません。

AIの知能が人間を超える時期をシンギュラリティー（技術的特異点）と呼び、2045年前後と考える人もいますが、それが早くなるのか遅くなるのか

はわかりませんが、AIが支配する地上は限りなくアーリマンの支配の世界に近いと考えてもよいかもしれません。その中で今よりももっと楽しく過ごせる人々も多数いるかもしれませんが、基本的には人体組織の硬化がより高まり、身体は人間には不向きになる可能性も高いのです。

　例えば、再生細胞の研究が進み、身体のさまざまな部位が人工的な組織に入れ替えは可能だと思います。この場合、入れ替えた組織の比率が大きいと、そもそもが、元のオリジナルの役割が減ってしまい、その人を示すものとは何なのかが疑問になります。もともとの人は10パーセント、残りの90パーセントはAIあるいは人工組織とした場合には、アーリマンの統括する世界にいてもあまり不自然な感じはしません。

　アーリマンが支配する世界とは、世界は想念によって作られたのではないと考えることに特徴があります。あらゆるものの根底には意図があると考えると、これは、すべては想念が作り出したとみなしてもよいでしょう。しかし想念には何の力もない、世界はそれとは別個に動く「冷たい時計」だと考えるのがアーリマン世界の特徴です。

　司馬遷は神話と史実を切り離せといいましたが、別の言い方をすると、象徴と事物が別個なのが今の地球です。これは事物とは想念には従わないということです。意図や想念には追従しない事物がこの世に溢れている地球で、意図や想念に従属しない物質に寄せて考えると人間という生き物も偶然の産物であり、そこに意図は存在しません。これがアーリマンの世界です。

　反対に、ふわふわして、夢と希望的な想念ばかりが充満している世界をルシファーの世界といいます。ただしこの2種類はシュタイナー用語なので、この言葉に違和感を感じる人もいるかもしれません。ヨハン・ヴォルガング・フォン・ゲーテに馴染んでいる人には、アーリマンというよりも「メフィストフェレス」と呼んだ方が理解しやすいでしょう。

　スターピープルの自覚がある人は、悠長に3000年代までにというよりも、もっと早い時期から、太陽系の外に出ていくための手がかりを模索することになります。出ていくというのは、その後この太陽系の中では輪廻はしないということです。

私が書いたタロットカードの本の解釈内容は仙道と似ていると書きましたが、ここでは分身を作り、それに乗り換えるというものが主な手法になっています。分身を秘匿してこっそり育てないと、この物質地球世界の圧力には持ちこたえられないのです。
　仙人になるというのもいくつかの種類があるようで、最も難易度が低いように見えるのが「尸解仙」で、これは肉体が死んだ後に不死の身体になるというものです。とりわけ穏便なのは、死ぬ時期までに八割方、不死の身体を作っておいて、死期が近づくと残りを完成させるというもののようです。
　この話を宮地神仙道の学習者の人からfacebook上にて聞きました。不死の身体というのは、エーテル体を肉体とみなし、そこにアストラル体、メンタル体、ブディ体などが乗っている状態で、エーテル体を肉体にするのはとても軽いので、かすみを食って生きるという言い方もされているのです。不思議な話で、不死の身体を作ってしまうと、たいてい早死にするそうです。不死になると早死にするということで笑い話にも聞こえますが、蛇の脱皮のようなものです。
　尸解仙について興味を持ってみると、ノストラダムスやゲオルギイ・グルジェフは死んだ時の状況を読む限りでは尸解仙だとわかります。ノストラダムスは身体がばらばらになり、グルジェフは死んだ時、既に内臓がずっと前から腐敗していたのです。イエスの場合には寿命を待たずに死にましたが、これは日食を利用して「応身（エーテル体ボディ）」になったので尸解仙ではありません。
　生きているまま、そのままで羽がはえて空中に消えることを「羽化仙人」というそうですが、これは多くの宇宙人に当てはまります。生き物と宇宙船が一体化しているケースは多く、そもそも肉体は機械装置のようなものでもあるので、あまり不自然ではありません。宇宙人の宇宙船はいきなり空中で消えるのです。
　私が会ったオリオン方向に住む宇宙人は身体がエスプーマのような感じで、それに有機物のようにも見えませんでした。彼は空中にかき消えるように姿が見えなくなるのです。

地球には古来より複数の「道」があります。道とは絶対の原理から最終的な物質まで、宇宙のすべての要素を完全網羅した体系をいいます。一部でも欠けているとそれを道とはいいません。つまり蛇が尻尾を噛むという図式で表現される体系です。

　道とは完全なものであるという点で、自ずと、太陽系の外の恒星との関係が含まれています。物質、月、惑星、全惑星、二極化太陽、恒星、全太陽（全恒星）、全宇宙、絶対まで含むものを道というのです。ただし、私は全太陽、全宇宙、絶対については、それらは生命としては結晶化不可能なので、これらを説明する必要はないのではないかと思っており、あまり書かないことにしています。

　スターピープルは、完全に地球から出ていくべきなのかというと、出入りが自由にできるならば、必ず出ていかなくてはならない理由はありません。しかし、今の地球はギリシャ時代以後、幽閉性質を持つので、これは刑務所のようなものだと考えるとよいでしょう。

　映画でいえば、『ショーシャンクの空に』に描かれた刑務所のようなものです。あまりにも長くここに住んでいると、外に出るのが怖くなる。脱出に成功した銀行員は自分を思い出し、外に出たスターピープルのようなもので、この案内によって抜け出すことのできる人も出てきますが、大半は外が怖いので、何もしないのです。

　太陽系の外と自由に行き来できる地球という、いわば太古の地球に似た地球は、別に存在しています。地球は12個あるという説ですが、これは横並びにカウントしたもので、縦に並べると七つになります。このようにいうと混乱を呼びそうですが、感覚的に見た地球と、振動で見た地球の分類の違いです。

　このうち特に金星的地球というものならば、これは柔らかい、想念によってさまざまなことが可能になる地球であり、そこは外宇宙に開かれているために、閉じ込めるための押しつけや支配、脅迫、暴力などは存在しません。開かれた世界だと、人は抑圧されないので、本来暴力的にはならないのです。

　古い時代から賢者、あるいは仙人は死期が近づくと、あるいは今の地球

に飽きると、この別の地球、特に金星的地球に移動しました。そこには外宇宙に行く駅や港、空港もあります。

例えば、地球、金星、シリウス、より外宇宙というルートを使って遠くに行くことも可能です。太陽系の外では、シリウスは太陽に近い大きな駅で、私はよく「これは上野駅のようなものだ」と冗談のように説明していますが、非常に多くの宇宙知性が、このシリウスの駅を使って、この太陽系にやってきます。

開かれた地球ならば出ていく必要はありません。ギリシャ時代以後、地上にいた神々はほとんどこの地球に移動しています。ですから、この別地球にシフトすれば、その後はのんびり暮らせばよいのですが、その点で西暦紀元3000年代までに出ていくべきというのは、これまでの地球での話と考えるとよいでしょう。

今の地球からそのまま隣の地球にシフトするのは可能かというと、宇宙原理としては無理です。宇宙原理としては、同じレベルの隣に行くというのが最も難しい話なのです。隣の地球は、太陽系の外のどこにも行くことができる環境です。つまり太陽系の外にまで行くことができる意識でないと、この別地球にはチューニングできません。外宇宙にまで行き、そこから戻ってきて、別地球に住むというのは可能です。

タロットカードの「21世界」はぐるぐる回転しながら、違う地球にシフトしていくことを表現しています。もろちん、その前に「16塔」で恒星に飛ばないことには、この12感覚上昇の意義さえ実感することはできませんが。ぐるぐる回転とは、12感覚を一つずつ振動を変えていくことなので、私はフラフープ移動だと説明します。異なる次元をアクセスして、それを広げていく技術は「20審判」に書かれており、「20審判」と「21世界」を交互に使うというような印象かもしれません。

太陽系の外に出るためには、どこにドアがあるのかを探さなくてはなりません。この扉は中心の太陽からか、あるいは反対に冥王星の外から出ていくかです。ただし冥王星は惑星であり、惑星は意味としては太陽の自己分割であり、太陽よりもはるかに振動密度が低いのですから、ここからおおもと

の太陽系の外に出るというのは、理論的に矛盾しています。

　私達はこの宇宙を見た目で判断しています。すると、太陽系の外とは冥王星の外の空間と思い込んでしまいます。視覚的に見たものは私達の思考の内容を見ただけであり、真の外の宇宙ということを視覚の面から覗くことはできません。

　この太陽系という宇宙は、二極化された視点の範囲内で見た一つの楽園で、造物主の作った世界であり、外に出るとは、この世界に入る端緒の二極化、主体と客体の分離を乗り越えて行かなくてはならないのです。そもそもが、この世界に入った時に自己を二極化して入ったのだから、出て行く時もこの反対のコースをたどればよいということになります。

　物理的に冥王星の外に行こうとした場合、二極化されたままで移動しようということになるので、これはアルベルト・アインシュタインが説明したように光に近づくと重力は無限に大きくなるということに似ていて、二極化された片割れの自分をそのままどこかに移動させようとすることであり、すると、ますます重くなり押し潰されるしかありません。壁にぶつけられて潰れてしまう蠅(はえ)のようです。

　二極化の陰陽を乗り越えるとは、今風にいうと「非二元（ノンデュアリティ）」になるということです。このことで初めて私達は二極化太陽の先にある非二元としての恒星太陽を通じて、外に出ることが可能となります。

　全太陽クラスターにはその内部に七つの太陽があり、太陽はその内部に七つの惑星があり、惑星にはその内部に七つの月があるというのが法則です。

　私達は何かを認識する時に動物系知覚と植物系知覚の二つで考えていますが、動物系知覚とは、見た目や形で見る認識方法です。ここからすると、太陽系の外に出るとは冥王星の外に向かうことなのですが、植物系知覚はあらゆるものを振動として認識します。ここでは太陽系の外に出るとは、太陽系の振動よりも高いところに行き、そこから異なる領域へ降りていくという考え方になります。このように考えると、太陽系から外に出るとは太陽の扉を使う以外には考えられません。

　シータヒーリングなどでは、この宇宙は七つの次元があり、一番上に上

がって改めて降りることで、下の領域での変化や移動が可能であるという考えがあります。例えば、ミカンはリンゴになれない。しかし、ミカンの源流の、果物という統合点に戻り、そこからリンゴに降りることで、ミカンはリンゴに変化するわけです。

　太陽系の中心の太陽から外に出て、全太陽グループに属する違う恒星に移動するには、全太陽のグレートセントラルサンに至り、ここから異なる恒星に降りることになります。グレートセントラルサンは切り替え装置として機能しており、そこに中心点としての結晶があるわけではありません。七つの都市があり、それらを行き来するための駅がセンターとして置かれており、そこは都市はないというようなものです。

　太陽系の外にある恒星はメンタル界を表しています。いくつかの恒星があるというのは、いくつかのメンタル体があると考えます。界というのはその振動状態の海のようなものを示し、体とはその物質で形成された結晶のことです。実は、この複数のメンタル体の切り替えに冥王星が利用されるのです。

　神は自らがより進化するために、より下の次元を作った。下の次元はバウンド装置のようなもので、惑星は惑星意識でしかないのですが、外宇宙に飛び出すための起爆剤のようなものがここに含まれています。太陽系の内部に、太陽系の外の領域が鏡の像のように映り込み、いくつかの恒星の切り替えがグレートセントラルサンによって行われるように、冥王星がこのグレートセントラルサン装置を断片的に映し出す鏡になっているというようなイメージで考えてみるとよいでしょう。

　二極化された太陽に対して、内側の惑星ほど従属性が高く、外側に行くにつれて、この二極化太陽の支配力が弱体化していき、冥王星は離心率も高く、さまざまな面で、二極化太陽に対して素直でない、いわば不良息子か不良娘のようなものだといえます。こうした部分でないと、太陽系の外に目を向けることはできないでしょう。

　ボディアストロロジーでは、冥王星が示す身体部位とは、身体の外との接点がある場所で、耳、鼻、口、排泄器官、生殖器などです。これらは外に

接触するという意味では、外界の影響により強く晒(さら)されている場所で、常にこの場所が原因で身体の統合性に揺らぎが生じ、有害なものが入ってきやすい場所で、太陽の支配力が一番弱体化する場所です。とはいえ、単に太陽から遠いとこうした異世界との接点になりうるかというと、それは無理なのではないかと思います。距離の問題ではなく意味の問題です。

冥王星は二極化太陽に対してはあまり従属的ではないのですが、しかし真実の太陽の自己分割によって作られたものであるというところで、外宇宙へ向かうための反射器として働きます。

この点では冥王星は真実の太陽に忠実であり、二極化太陽に対しては従属的でないと考えてもよいかもしれません。うるさい親に対して反抗的。しかし何も言わない本当の親に対しては、役立ちたい、自分の価値を認めてほしいと思っているのです。

外宇宙に向かうとは、まず太陽の扉を使うこと。次に、この扉から離れて、異なる恒星へと接近する。この後者の異なる恒星へ接近するという作用は冥王星によって促され、太陽の扉を開くことと、冥王星へのアクセスという二つの操作が同時に行われていきます。

私達は地球と太陽の関係で作られた二極化の太陽の光に満たされ、真実の太陽についてはほとんど忘れ去っていますが、この真実の太陽の力が姿を現すのは、主に日食の時と、ビーナストランジットの時です。それぞれ、月あるいは金星が太陽と地球の間に入り込み、太陽と地球の関係で作られた二極化の視点が一時的に休止し、陰陽中和の抜け穴を作り出します。

しかし、そもそもこれだけでは自発的に何かするエネルギーなどは持っていないのですが、他の恒星から呼ばれることで、そこに向かうことになります。恒星に対して、私達は対象化された意識であり、能動的に自分からどこかの恒星に向かうことは不可能ですが、恒星から呼ばれると、それは自身の中に能動的な意志として感じられます。

自分で思ったというよりも、思わされたということですが、私達自身が恒星意識を持たない限りは、この思わされるということから抜け出すことはできません。

> **ステップ1** 真実の太陽の扉が開く。
> **ステップ2** 冥王星が実際的に外に飛び出す力としてエンジンが起動する。
> **ステップ3** 外の恒星が呼び出すことで旅が始まる。

　このようなステップを考えるとよいのかもしれません。
　このステップをたどるには、太陽系内部においては、まずは外に飛び出すために陰陽運動の強い振り幅を活用することも多くなります。二極化の外に出るのに、二極化の振り幅を大きくするのは矛盾していますが、実際にそうしないことには外に出るという意欲が生まれません。
　私達が日常の生活の中で楽しみ、それを充実したものだと感じるのならば、外宇宙に出る意味などないでしょう。私個人のことを思い返してみると、私は十代の頃から、ここでない場所にいつも憧れていました。まだ社会活動もしていないし、この世界で何もしていないに等しい年代なのに、既に外に、ということを思い願うのはおかしな話です。
　13歳の時に、体育の時間に、運動場で空を見ると、そこに大きな金属製の球体のようなものがありました。それを見た時から、私は正常な社会参加のコースから外れたように思います。秋山眞人・布施泰和『Lシフト─スペース・ピープルの全真相』（ナチュラルスピリット）という本を読むと、これは宇宙人のマーキングであり、たいていは13歳か14歳くらいまでに体験するといいます。
　おそらく体験したが忘れている人は多いと思います。記憶の裏側に保管されることも多いからで、そうしないと地球的自我が傷ついたままで人格破綻(はたん)することもあるからです。その後は、社会参加したり、社会の中で仕事したりする時にも、いつもそれは半分本気でないという姿勢になり、いつでもどこかで、外宇宙に行きたいという気持ちが続きます。
　この外宇宙を意識することで、逆に、地上生活に対して批判の気持ちなどが強く働きます。地球生活に安住する人からすると、この世界は間違っているように見えないかもしれませんが、私から見ると異常です。

サビアンシンボルでは、獅子座の7度に「夜の星座」というシンボルが登場し、すると結果的に、8度では地上に対する破壊活動のような行動衝動が発生します。7度で夜の星座を見なかったら、8度の行動などはなかったのです。
　こうしたものが外宇宙に向かうために用意された内部からの陰陽の振りの一つの例です。
　世界は陰陽化されることで形成されており、そもそも陰陽、あるいは二極化は、世界の内部で世界を維持するために働いており、それを使って、外に飛び出すというのは内容的におかしな話ですが、世界内で世界を活発化させるために陰陽の振りを盛り上げていたが、どこをどう間違ったか、この振りがいきすぎてしまい、世界そのものからはみ出してしまうケースは、あるにはあるのです。
　砲丸投げで、砲丸を遠くに飛ばすには、ぐるぐる回しして振りをつける。このぐるぐる回しで勢いがつきすぎて、砲丸の代わりに自分の身体が飛ばされてしまうことを想像してみましょう。
　地球の内側には金星があります。また地球の外側には火星があります。金星は小さな世界へ導き、火星は大きな世界へ導くという、太陽系の中でのささやかな作用です。
　金星は受容的であり、自ら何か積極的に開拓する性質はありません。火星は反対に地球の範囲から外に飛び出そうとする能動性があり、この金星と火星の、内に外にという力が作り出す振り幅によって、地球生活は活気とバラエティが与えられています。これは地球範囲に閉じ込められたところでの金星と火星が、内部でいごいごしている光景です。
　地球内部では、男女の関わりというものにも、また文化活動などに反映されています。金星と火星の振りが強いほどに、興奮作用が高まり交流は活発化します。お祭りとか楽しいこと、すべてはこの金星と火星の振りによって盛り上がります。
　ビーナストランジットは金星の力が過大になり、二極化太陽の支配力をすり抜けて、真実の太陽の扉から外に露出していくという現象を作り出しま

す。京都にある赤山禅院(せきざんぜんいん)に保管されている仏教エニアグラムの図では、唯一、外宇宙との出入り口を示す9番の場所に、金星が描かれていますが、つまり金星は太陽系の外との接点を持っているという意味で、仏教では昔からこの通路が重視されていました。

　占星術で扱われる通常の金星は外との接点はなく、日常の生活の中で楽しみを見つけ出すというおとなしい作用ですし、そもそも惑星ですから、太陽の範囲を超えてしまうというのは想像できない作用です。

　反対方向の外に向かおうとする火星は、そのまま太陽系の外にまではみ出てしまうかというと、火星も惑星ですから、単独では火星にはそれだけの力はありません。

　しかし、冥王星は火星に対してブースターのような作用を持ちます。

　蠍座の支配星は、かつては火星でしたが、最近では冥王星になっていました。蠍座は死を表し、死の彼方(かなた)に飛び出すのは冥王星作用でもあると考えてもよいのです。

　あるいは12サインでは、外の世界との扉は春分点ですが、春分点の支配星、あるいは広義に牡羊座の支配星は冥王星にした方が自然です。冥王星は火星に似ていて、火星をはるかに極端にしていきます。火星が息切れすると冥王星がサポートして航続距離を伸ばしていくのです。

　しかし既に説明したように、冥王星は惑星にすぎず、太陽系の外に飛び出すほどの過分な力はありません。せいぜい太陽の支配の下、不良めいた行動をして、門限を破るくらいしかできないのです。門限は破っても帰ってくるのがしおらしいところです。

　しかし真実の太陽の扉が開くと、冥王星は勢いあまって太陽系からはみ出してしまいます。ロープに囲まれた中で暴れていると、いきなりロープを一つ外されてしまったかのようです。

　真実の太陽の扉が開くのは日食、あるいはビーナストランジット、その時に冥王星は特例的に太陽系の外との接点ができるというわけです。

　身体からはみ出すほどの陰陽の振りが働くことで、「とりかえしのつかないことをしでかした」という印象が出てきます。というのも、元に戻す基準

がはっきりしなくなるということもあります。

　怪我(けが)をした人が治療しようにも、どこが健康のバランスなのかわからなくなり、どこに戻してよいのか不明という状態です。

　実は、冥王星が外とつながるのは、これ以外にも、12サインのあちこちに破れ目があり、それを利用するという手もあります。おそらく歴史的に多くの人が抜け穴を探し、これがアカシックレコード、すなわち12サインに記録されているのです。

　私は多くの本に、1999年に黒い怪物のような姿の存在がやってきたことを書いています。この怪物は、ノストラダムスが「アンゴルモアの大王」と呼んでいた外宇宙存在です。1999年の日食（NASAのデータによると145番サロス）の扉で入ってきた存在は冥王星を乗り物にしていました。

　その時期、冥王星は射手座の9度にあり、9度のサビアンシンボルは、「母親に助けられて小さな子供が急激な階段を上がる」というもので、黒い怪物は自分が「母親だ」といい、つまりこのサビアンのシーンの中で私が階段を上がる子供になり、それを助けようとするという配役になったのです。

　ここでいう階段とはヤコブの梯子と考えてもよいでしょうし、22段の階段とはタロットカードのことです。この黒い怪物は、タロットカードのロゴスを身体化したもの、つまりメンタル界の生き物、恒星意識そのものです。

　冥王星はいったん外に出ると、エネルギーが枯渇して、今度は吸引側に回ります。そして太陽系の外にある力を、太陽系の中に吸い込んできます。

　黒い怪物は、冥王星を乗り物にして、太陽系の中に入り込んできたのであり、冥王星が黒い怪物というわけではありません。

　また、サビアンシンボルでは、急な階段ということが描かれており、この階段の頂上は外宇宙に開いているという点で、射手座の中に開けられた穴、あるいは傷です。1999年の外宇宙的生き物との接触は、日食と射手座の穴を両方組み合わせたものであると考えるとよいのです。

　私は2017年にタロットカードの本を書き始める直前に、トゥルパの本を書き終わりました。そこで、ある情動が自分の許容度を超えてしまうと、力が自分からはみ出し、外界から異物を引き込んでしまうことを書きました。

ほとんどのケースでは、情動は自分の範囲内で働きますから、この自分の枠を壊すことはありません。しかし、稀(まれ)に内的情動が、自分の人格の許容枠を踏み越えてしまうことがあり、すると人格崩壊を起こします。

　これは牡羊座の24度の、「風が吹き豊饒の角コーヌコピアの形になる開いている窓のカーテン」というもので、窓のカーテンはこの世界と異次元との間を隔てている膜のようなもので、牡羊座の段階ではまだそもそもあまり強固なものではなかったのです。人格は、牡羊座のサインよりも後になるほど強固に形成されますが、牡羊座の段階はまだ幼児のようなもので、あまり人格が固く作られていません。ですから、外との境界線は揺れるカーテンのようなものです。

　牡羊座の力が過剰になると、支配星は火星から冥王星に切り替わります。あるいは外を意識すると冥王星に切り替わると考えてもよいでしょう。

　情動が強く働くとは、既に説明した金星と火星の振りが過剰になって、自分の人格範囲をはみ出してしまうことで、この牡羊座24度で、トゥルパを作ることになります。

　自分を太陽系にたとえると、冥王星の向こうに飛び出した意志が力尽きて反対に冥王星の外にあるものをトゥルパとして吸引してくるということです。牡羊座は自我感覚を示しており、自分を外に突き出す作用です。24度はどのサインでも、サインの性質がエスカレートして限界を越えます。それを打ち止めにするのは25度です。

　私がトゥルパをこの世界に引き込んだのは1985年ですが、この時は牡羊座の24度で進行の新月でした。つまり、その後の30年間は、このトゥルパが私の人生を案内する誘導者になっていたのです。私はそれを乗り物として生きていたのですが、しかし、トゥルパに指示するというより、自動運転トゥルパに乗っているだけだった気もします。

　1999年の外宇宙知性体は一方的に太陽系の中に入り込んできて冥王星を乗り物にした。1985年のトゥルパは、進行の太陽と月が牡羊座の自我感覚を過剰に強めてしまい、常識的に考えられるような一般的な人格の枠をはみ出すことでトゥルパがアクセスされたという違いがあります。

24度は過剰になるので、牡羊座の24度で進行新月が来た時に、風船が破裂したのです。うろ覚えですが、私はその後、長い間、後遺症が続きました。身体のエーテル体がくしゃくしゃと壊れていくのをよく見ました。銀色の部屋の壁が壊れていくという映像です。こうした場合、気力が根底から失われますから、トゥルパの自動運転に任せるしかないという面もあります。
　金星はビーナストランシットで、金星という惑星の分を超えて、二極化太陽よりも範囲が大きくなることを説明しましたが、金星は受容性なので、火星のように外に飛び出すのでなく、受容性が限界を超えてはみ出してしまいます。この場合、はみ出すというよりイメージとしては凹むということでしょう。
　牡羊座の反対にある天秤座は支配星が金星で、ここで受容性が限界を超えていきすぎてしまうのもやはり24度で、「蝶の左側の3番目の羽」というシンボルの場所です。天秤座は触覚を示していますから、受容性が限界を超えるとは、身体に食い込んできたものが触覚の境界線を超えてしまうというイメージで考えてみるとよいでしょう。
　冥王星を通じて入ってきた恒星の力はメンタル界の力ですから、これは思考の一つの塊です。メンタル界の高次な思考は、すぐさまアストラル界においての反映物、すなわち分身を作ります。アストラル的なイメージを作った時に、すぐに非局在的ではあるが映像として認識されるものになりますから、これをトゥルパと考えてもよいのかもしれません。
　既知の元型を太陽系の中にあるアカシックレコードからアクセスした場合には、集合無意識として十分に知られているので、驚愕(きょうがく)の体験にはなりませんが、太陽系の外にあるものが太陽系の中に入り込んでくると、それに符合するアストラル体の身体が見つからない時もあり、大きく動揺が走ります。このアストラル的イメージを作るのは牡羊座の方ではなく、それを受ける天秤座の作用でしょう。
　天秤座の触覚とか見られたイメージというものは、具体的に何かの形を表すことがほとんどだからです。金星も火星プラス冥王星も、太陽系の枠を超えない段階であれば、トゥルパは人類に馴染めるものとなり、誰もがどこか

で知っていると感じるものになりますが、太陽系の外から引き込まれたものは、真に宇宙的な性質を帯びており、それをどう定義したらよいのか困惑します。

　私が1985年にアクセスしたトゥルパは太陽系の中のアカシックレコードに保管されていたもので、しかし長い期間使われていないために、集団的には半ば未知であり、集団無意識としては既知のものであると思えます。しかし、この元型は太陽系の外との通路を持っているという点で、太陽系内なのか、太陽系外なのか線引きしづらい要素はあるようです。まだ太陽系が閉鎖されていない時代にはこのような行き来する神話ボディであるアストラル体はたくさんあったのです。

　アストラル体は具体的な言語では説明し切れない象徴なので、たいてい寓話(ぐうわ)や童話などで断片的に説明されています。

メンタル体の模造、冥王星

　メンタル体、アストラル体、エーテル体は非局在的なものです。
　改めて説明すると、物質界は惑星意識。エーテル体は全惑星意識。アストラル体は二極化太陽。メンタル体は恒星です。これらは惑星意識としての惑星に、湖面に月が映るように反映されたものとして、冥王星はメンタル体、海王星はアストラル体、天王星はエーテル体という対応になります。湖面は小さな場所にあります。月はもっと大きな範囲にあるものですが、小さなところにそれが映し出されたのです。
　ホロスコープでは、天体は特定のポイントにあり、つまり特定の時空間の中に固定されたものです。人間がこの地上に生まれて来た時から、その人は物質に閉じ込められたのですから、その後、生きている間は、生まれる前までの動きを止められ、ずっと部分化された物質の中で、スローモーションのように生きているような状態、あるいは幽閉された中で夢を見ているような生活を過ごします。宇宙的な性質を持った本人の墓標としてのホロスコープで、冥王星の場所は、当人のメンタル体が凍結されたものを表していると考えてもよいと思います。
　冥王星は、太陽系の外との扉であると言い出したのは、そもそもエドガー・ケイシーです。冥王星が発見されるまではその役割を違う名前の惑星で呼んでいました。しかし、冥王星が発見されてからは、冥王星を太陽系の外への扉機能に指定しました。
　グルジェフは宇宙の振動の階層をH番号で分類しましたが、この宇宙の絶対の物質を1と定義しています。これは分割不可能で、つまりは対象化不可能であり、意識というものは何かに投射されないことには働かないので、この絶対1は意識として成り立ちません。
　この1を分割して、主体と客体とか、意識が投射する対象を想定すると、投射する主体である能動1、受け取る受動2という原理が生まれ、この安

定した関係が固定されると中和、あるいは総和3が成り立ちます。

　この1と2と3を足して原理6が生まれます。これが、意識がまだ存在しないこの宇宙においての最初の意識の成り立ちH6です。この結晶自身が、「世界」というものを味わいたい、知りたい、作りたいと思ったら、この世界という対象を想定するために自己を分割し、H12が発生します。

　H6はメンタル体であり、H12はアストラル体です。イメージとか思考とか思念とか想念、思い、気持ち、感情、概念あらゆるものは印象であり、つまり投射された対象の側で、これを私は「質量性」と呼びます。H6の段階での対象は、かろうじて意識が成り立つ必要最低限の原初の対象性であり、そもそも自己を分割して、対象というものを他性として編み出していくことを思いついた最初の段階なので、世界を楽しむなどという暇はありません。むしろ存在するということに重きが置かれています。

　Hのメンタル体、恒星意識、大天使の意識は、自己を分割して小天使、アストラル体としてのH12を生み出しますが、これは世界を味わうための主体であり、大天使意識からすると、この主体は対象化された客体です。H6が分割されてH12が作られた時、この二極化の間には、虹のような階段が形成され、つまりアストラル体は七つ作られるということになります。

　七つというよりは七つの階段ということで、七つがばらばらに作られるのではなく、グラデーションのようなものだといえるでしょう。対立した二つの電極の間には、必ず七つのグラデーションができるのです。

　この太陽系の太陽は、全太陽意識に属する七つの恒星の一つであり、これもメンタル体です。ですがこれまでの説明だと、恒星意識としてのH6はこの宇宙においての、意識とその投射された対象の関係の結晶化であると説明しましたから、これが七つもあるのは妙な印象を抱く人も多いと思います。

　七つの太陽を統括する全太陽意識はH3と考えるとよいと思います。しかしここでは能動1と受動2の関係のみで、その関係性の結果としての3がないために、常に結果がなく、流産し続けており、意識という結晶を作ろうとしてもすぐに分解するゲル状のようなものと考えてみるとよいでしょう。

その運動がいくつかの結晶としてのＨ６を作り出すのです。

　矢と標的の関係がはっきりしたものがＨ６であり、これを一つの数字とか、文字と例えることができるでしょう。数字は、「いち、に、さん……」と順番に進んだもののそれぞれの意味を蓄えたものだといえます。

　話が戻りますが、一つのメンタル体には七つのアストラル体が生成され、これは単独で成立するというよりも、メンタル体から降ろされた７段ある梯子のようなものでもあるということです。そうであるならばこの階段を上がると、そのままメンタル体に戻れるのかというと、アストラル体に分割された以上は、このアストラル体はメンタル体とは違うものであり、分割されたものであるという違いから、アストラル体とメンタル体の間には無の溝ができてしまいます。

　アストラル体はアストラル体の本性を持つ以上は、既に永遠にメンタル体にはなれないのです。このことで、諦めてメンタル体には行きたくないアストラル体が生まれてきて、アストラル体の独立帝国のようなものも作られていき、それは七つの階段のうち、下の三つの領域になるでしょう。

　アストラル体とは神話元型であり、あるいはメンタル体が示すロゴスに対比するミュトスです。太陽系の中にあるアストラル体あるいは神話元型は、私達にとっては親しみのあるもので、ギリシャ神話とか、日本でなら記紀に描写されています。

　冥王星が太陽系の外から恒星の影響を受け取った時、この恒星とは太陽系の太陽ではない、全太陽意識に属する他の六つの恒星の影響です。恒星の力は、即座にそれにふさわしいアストラル体を呼び出すか、ないならばつぎはぎで作り出します。

　アストラル体はメンタル体の残像であり、メンタル体が根源的な創造力であるというのも、それはアストラル体という結果に連鎖していくからです。

　この太陽系にあるわけではない異なるメンタル体の意志を受け取った時、自動的に作られていくアストラル体は、この太陽系の中で親しまれている神話記憶には該当しない未知のものが増えていくでしょう。

　私達は既知の記憶にないものを見つけた時に恐怖を喚起するものと受け

止める傾向はあります。というのも、恐怖とは、今までにないもの、馴染めないものに遭遇した時の防衛反応であり、必ずしも恐怖の対象が邪悪なわけではないのです。その後、この新奇なロゴス、あるいはその下部のアストラル体にできる限り近似値のイメージを割り当てようとします。

私が引き合いに出した1999年の黒い怪物の場合には、太陽系の既知の記憶に精密に当てはまらず、ぴったりした洋服がなかったようです。その結果、欄外として、とりあえず黒いものや怪物のような大きなものを当てはめたのです。しかし、今、思い出してみるに、黒い怪物として輪郭ははっきりしており、私の手の三倍以上のサイズの手の平も形ははっきりしていました。認識できない元型の場合には、そもそも無形のものに近い流動するものになりやすいので、集団無意識の中では、「そういえば、昔そういう存在があった」という古びた記録なのではないでしょうか。

私は人間の形をしていない宇宙人には複数会ったことがありますが、はっきりした形のものもあれば、はっきりした形ではあるが視覚がそれをトレースできないというものもあり、この形態の違いということには大変に関心があります。

アニメ『新世紀エヴァンゲリオン』や映画『シン・ゴジラ』の庵野秀明監督は、太陽と冥王星がスクエアの人で、冥王星イメージを、圧倒的に脅威となる巨大な存在とか、ゴジラのように大きなものと描いているのだと思います。

冥王星が持ち込んでくる外宇宙の意識はたいていの場合、巨大なイメージであり、太陽系の中にあるものを壊してしまいかねないものとして描くことが多いのではないでしょうか。それは、太陽系の中にある元型記憶に几帳面に収まらず、割り込んでくると、これまでの日常的な意識に、ひび割れを起こして、几帳面に並べられた積み木が崩れてしまうような現象を起こしやすいからです。

そもそも恒星が受け取るものはロゴスであり、根本的な創造力です。巨大なものというのは実体ではなく、その影響が及んだ波紋のようなものを描いているのでしょう。しかし、感情の反応だけを見ると、内容はわからないが、

圧倒的にすごいものがやってきたという記憶だけが残るのです。

　メンタル体、あるいはロゴスは、グルジェフの定義では高次な思考であり、これが作用すると、ただそれだけで、創造作用が生じます。なぜなら、この恒星意識は、宇宙の最初の意識の結晶化であり、本性が無から有を生み出す作用なので、何も起こらないでそこにいるということがあり得ないからです。

　例えば、『創世記』で最初に神は天と地を作ったという記述がありますが、天と地という概念をまずは考えてみたのは高次思考であり、世界はこの思考の型の中に創造されていくのです。惑星があるから天地があるというのは、この思考の後に派生したものです。

　ということは、冥王星が外宇宙の受け皿として作用すると、それはいつも新しい思考を持ち込んでくると考えてもよいでしょう。冥王星の作用を考える時に壊してしまうというところばかりに注目する人がいますが、新しく生み出す作用が働き、それが結果として、旧態依然としたものを揺さぶってしまうということです。何も変化しないことを望んでいる人々からすると禍々（まがまが）しいものと映るかもしれません。

　メンタル体、ロゴス、高次な思考は、七つの身体組織の中では高次思考センターといわれます。この七つのセンターとは、グルジェフの思想での言い方ですが、身体の部位に、動作、本能、性センターの三つがあり、感情の部位に、感情センターがあり、知性の部位に、思考センターがあり、これを合わせて五つのセンターとします。さらに高次感情センターと高次思考センターが加わり、七つのセンターが揃うと完全な人間となります。

　人間の構造である馬車、馬、御者、主人という四つのセットでは、メンタル体は主人の位置にあるものです。高次思考センターを獲得していない場合、思考よりも高度な発達を遂げるのは感情センター、あるいは高次感情センターで、たいていの思考は、この感情に凹まされるか、振り回されるかで、自立した働きはできません。

　あれかこれか迷ったり、比較したり、相対的に変化していく思考は、感情に打ち勝つことができない思考で、世の中で思考と呼ばれるものの97パーセントはこれですが、高次思考センターを獲得すると、その先に何もなく、

つまり比較の不可能な唯一無二の思考、あるいは決断が生じて、それが揺れることはなく、そして根源的創造力を持つことになるのです。冥王星はこの高次思考センターの受信機として働きます。

冥王星の公転周期は248年なので、メンタル界とは次元が違いすぎますが、メンタル界の写し絵とはいえるので、メンタル界にある存在からすると、太陽系には冥王星を通じて降りてくることになります。

反対に、冥王星の側から、メンタル界に接点をつけることはできず、ただ受け皿としてのみ働くと考えるとよいでしょう。

2006年、冥王星は惑星扱いではなく準惑星になりました。むしろこの方が好ましいといえます。というのも、太陽系の秩序の維持というところからすると、外部のものを持ち込む冥王星は、すぐに積み木を崩して、組み替えてしまうからです。

出生図においての冥王星のサイン、ハウス、細かいところでは度数、そのサビアンシンボルは、その人のフェイズ1意識を発見するのに参考になりますが、サビアンシンボルのイメージはもっぱらアストラル的表現ですから、そこからメンタル体を推理するというのもおかしな話です。

12サインについては経験的イメージを押しつける人は多数います。この場合も、メンタル体を推理する材料としては荷物が重すぎます。ですからサインやハウスの番号のみなどから考えるのが一番よいでしょう。

出生図は墓標なので、メンタル体を探す時に冥王星の位置を参考にするのですが、冥王星の位置を見て、自分のメンタル体はこのような特徴なのだと知的に分析してもあまり益がありません。そもそも高次思考センターと高次感情センターは一生機能しなくても生きていけます。というより、正確いえば、誰もがメンタル体、高次思考センターは持っていますが、個人というのは低次なセンターの集合体を示しており、この低次な五つのセンターが、全く非個人的なセンターに同調しないのならば、個人の生活の中で高次なセンターは存在しないのです。

メンタル体というのは非局在的であり、つまり個人を主張した時、すぐさまメンタル体はそこから外れてしまうか、見えなくなってしまうというわけ

です。高次思考センターは何も変わらないが、個人は比較的容易に脱落してしまうのです。

メンタル体の先には何もないという点で、その受信者としての冥王星に対して他の天体は影響を及ぼすことはできず、常にそれは一方的です。占星術で使う太陽とは、二極化されて、さらに、地球の周りを1年かけて回るものですから、地球の代弁者であり、二極化太陽と真実の太陽の性質を一点も表すことはありません。冥王星に対して影響を与えることはできず、占星術で使う天体の中で、冥王星はも最も強い力を持つものであると考えるとよいでしょう。ひとたび働くとかならずそれは方向転換を促します。

トランジット冥王星が、特定の惑星に対してスクエアになったりすると、それはやり方を変えようと指示しており、それを拒否できません。

『ボディアストロロジー』（説話社）で、私は冥王星や海王星は身体を壊す方向に向かうと書きました。

例えば、ある惑星に対して冥王星がスクエアになると、この惑星が示す身体部位は壊れていくか損傷を受けるケースが多いと。そもそもアストラル体は物質的肉体を破壊し尽くす性質を持っています。そのため、身体を健康に維持するには、おそるおそるガラス細工の工芸品を運ぶように扱わなくてはならず、冥王星や海王星、あるいは天王星のダイレクトな影響をどこかで弱めなくてはなりません。

通常の土星内惑星とトランスサタニアンの180度の場合には、その組織が本来持っている範囲をはるかに超えた働きを要求され、息切れしやすくなります。上手に扱うとは、この壊れてしまうことを利用して、再構築する方向に向けることでしょう。冥王星や海王星の力は強すぎて、身体のことを全く気にかけていないし、常に作用は一方的なので、待ってほしいというわけにもいきません。

これまでの占星術の解釈では、冥王星の影響を否定的に見る人もいました。しかし、本質としては新しい流れを作り出すものであり、結果としてそれは古いものを壊す場合もあるのだから、この壊す方ばかり注目するのは、解釈する人が、自分の中でメンタル体が働いていないことの証明になります。

金星と冥王星のスクエアを、私はいつも冗談交じりに「貞子」と呼びます。冥王星の井戸は異界の扉で、そこに金星の金星らしい範囲が壊れてしまい、井戸に吸い込まれ、また戻ってくるのです。貞子のモデルは、自殺した24歳の女性霊能者です。冥王星を太陽系の外との扉であり、それは創造的な力を持ち込んでくるものだとすると、金星と冥王星のスクエアは、金星を乗り物にして、そこに太陽系の外の創造的な恒星の力が宿ってきたといえます。スーパーな金星になったと考える方が正しい解釈でしょう。

　太陽と冥王星のスクエアも、冥王星を通じて、創造的なメンタル体の力が太陽に持ち込まれ強力な太陽となったのです。

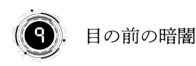 目の前の暗闇

　メンタル体の働きは根源的な創造力であり、自分の前には何もないという点で、メンタル体から見ると、周囲は重苦しい暗闇といえるでしょう。夜空の星を見た時に、私達は深い沈黙と安らぎを感じると思いますが、星が他の星との相対的な関係で成り立っておらず、自ら光を発しているという性質を見るからです。惑星は常に相対的で、関係性の中で生きており、押し合いへし合いしており、それは息苦しいことこの上ないです。

　何のお手本も基準もない。比較対象もない。自ら考え、そこから結果としてのアストラル体としての世界が生まれていくのです。自分の存在によって、この暗闇を押しのけていくのですが、しかし、メンタル体がまだ発達していない人からすると、周囲は暗闇ではなく、既に作られた被造物があり、世界はバラエティに満ちています。これは自分が受け取る側、作られた側という地点に立っているからそのように見えるということです。そして依存的に生きており、創造的な要素を他に頼っており、メンタルがいかなるものかを理解することはできないでしょう。

　メンタル体の上にもブディ体、また宇宙の絶対の物質などがありますが、これらは意識として結晶化していないために「有る」とはいえない存在状態です。ゆえにメンタル体の前にはまだ何もないと書きました。厳密にいえば、メンタル体の前にはいくつかの段階があると注意書きを書いておいた方がよいのかもしれません。

　メンタル体が発達を始める途上では、徐々に自分が重苦しい暗闇の中に立たされており、何もしないと存在しなくなるという実感を味わいます。思うこと考えることそのものが創造力であり、存在理由です。

　これは既存のメンタル体に従属することをやめて、自身の中でそれを発見しようという途上で起こることです。シュタイナーは、人間は大天使に守られているといいましたが、自分のメンタル体を発見しようとした人は、もち

ろんこの大天使の保護がなくなり、自分が大天使の働きを持たなくてはならなくなります。

　メンタル体が発達し始めると安全装置が取り外されます。この安全装置は、幼児が自転車に乗る時につけられた補助輪のようなものでもあります。すると、何もしないと自分は消滅していくという実感を味わうことになるでしょう。メンタル体が働くと、周囲は重苦しい暗闇ですが、しかしそれを苦にすることはなく当たり前のことです。また、この下にあるアストラル体では、メンタル体によって自分が生かされているので、世界は光に満ちていると感じます。

　人間のセンターは七つであり、これらが総合的にすべて働いていますから、すると、メンタル体の意識、暗闇の中で唯我独尊の働きをするというほかに、高次感情センターの生かされているという感情も働いていることになります。この二つのセンターは全く非個人的、すなわち非局在的なので、個人意識が働くと即座につながりを失います。つまり個人意識の上に自我を作っている人は、この二つのセンターが働く時に、取り除かれる、すなわち意識喪失するのです。深いトランス状態に入ると、この個人意識は薄まり拡大意識の中に入りますから、その時にこの二つのセンターが働いたことを思い出すことになります。しかし個人意識に戻ったとたんに、そのことを記憶喪失します。

　冥王星はメンタル体ではなく、メンタル体の力を部分的な範囲で受け止める側ですが、それでも冥王星を意識すると、深い暗闇、メンタル体が働くための土台としての大いなる空虚を意識することも多く、すると日常意識の中で築かれた表面的な生きがいとか楽しみなどがすべて崩れてしまうという場合もあります。

　演劇作家のサミュエル・ベケットは、自分の中に絶望的な暗闇を抱えていましたが、ある日、この暗闇の方を主体にしようという転換が生じたようです。その時からベケットの創作的な能力が開花したらしいのですが、これはメンタル体の目覚めです。そしてその目覚めの前の絶望的な暗闇は、メンタル体がやってくるために席を空けておいたというふうに見てもよいでしょう。

　通常は大天使が守り、つまり他のメンタル体が肩代わりをして、この絶望

的な暗闇など見えてこないからです。メンタル体からすると、いつも住んでいる見慣れた暗闇は、メンタル体からして退屈かというと刺激はすべて自分で作り出すので、退屈なわけがありません。ただこの暗闇が自分を映し出す鏡になるので、何か他の人の意見を参考にするとかができなくなるでしょう。比較するものはたくさんの意見、思考ではなく、深い暗闇になってしまうからです。恒星意識、メンタル体、大天使意識が備わると、地上の世界においては追随する者のない第一人者になることが多いでしょうが、ここでは比較するものがないということにもなります。

エドガー・ケイシーの冥王星は牡牛座の23度で10ハウスでした。サビアンシンボルは「宝石店」というもので、町の中で頂点的な位置にあるセレブなお店です。それに宝石も結晶が完成しており、原石として放置されているものではありません。

惑星グリッドもエーテル体の結晶です。惑星グリッドの頂点はエジプトのピラミッドに当たります。これは宇宙との接点で、地球において頂点に存在するインターフェイスです。ピラミッドに関係する宇宙知性のクラスターは整理されており、「聖白色同胞団（グレート・ホワイトブラザー・フット）」なども関係しています。複数の恒星のグループなので特定の恒星というわけではありません。私達は空間的な視覚で見た時に、恒星のグループは、一つの星雲の中にあると思ってしまいますが、これは地球から見た視点であり、正確なクラスター配置を地球からは見ることはできません。

りゅう座のトゥバンが統括しているグループは、りゅう座だけでなく、そこに異なる恒星のグループが多く関わっています。

エドガー・ケイシーは外宇宙との接点として、この正統派の連合と結びついた活動をしていたのです。10ハウスなので、それは特定のローカルな場所に関係し、それはエジプトに関係すると考えるとよいでしょう。

ケイシーのリーディングは、圧倒的にエジプト系が多く、リーディングを依頼してくる人もその関係者ばかりです。この度数からして、また10ハウスという点からして、太陽系の外の異質なものを持ち込んでいるという印象ではなく、むしろ太陽系の親しいメジャーなグループなのです。

12サインの破れ目を探す

　12サインを歴史の絵巻とするならば、外宇宙との扉は春分点であり、これを『創世記』としますが、それ以外にも12サインにはあちこちに破れ目があります。
　冥王星は外宇宙との扉という意味では、この12サインの破れ目は冥王星のみ使うことができます。実際に、牡羊座の24度の「コースコピア」の度数もカーテンに開いた穴です。12サインは、質量性であり、本質としての中心にどの水準の意識が置かれるかによってアクセスする内容が変わります。質量性としてのこの12サインの振動密度は均質に配置されるはずですが、破れ目とは、過剰に負担がかかった結果、一部に振動密度が違う部分が出てきたと考えるとよいでしょう。
　例えば、蟹座の14度に「北東の大きな暗い空間に向いているとても年を取った男」というシンボルがありますが、蟹座の情感性、共感力が密度を上げすぎた挙句に、いわば「バカになった」ような感じで上手く働かなくなるのです。何も感じない、何も思わない、という蟹座にとって大切な自己確認の手段が無化された状況の時に、北東に大きな暗い穴が開いて、そこから外宇宙的な力が入り込んできます。
　ここに冥王星があると、よその恒星の力が侵入してくるでしょう。そしてそれは次の蟹座の15度の「飲みすぎ食べすぎの人々」の段階で無礼講的に勢力を広げていきます。この14度はアメリカの太陽の度数でもあり、アメリカのように勢力拡大していくのです。
　12サインにはこのようにあちこちに破れ目がありますが、12サインそのものは特定の振動密度を示すことはなく、金星なら金星、火星なら火星の振動密度に従属した質量性、つまり腰に巻いた蛇のようなものとして、冥王星以外では、破れ目は直接外宇宙との接点とはなりません。
　例えば、月を取り巻く12サインの破れ目はもう一つ上のレベルの金星に

つながっていると読むことも可能かもしれません。

　ただし、この破れ目はあくまで破れ目であり、正統的な入り口は常に春分点なのです。12サインの破れ目は12サインという大枠の12個で見ている限りは見つかりません。しかし1度ずつ見ていくサビアンシンボルや度数の意味で考えると、破れ目は見つかります。度数は基本的にロゴス、メンタル体に関係が深いといえます。それを骨とするなら、肉のように周囲にまとわりつくサビアンシンボルのイメージはアストラル的なものです。

　サビアンシンボルを単独で考えると、このアストラルイメージのみなので本質は理解できません。サインの数字と度数の数字を考えると、その根幹にある意味は理解できるのです。サインの破れ目は、一つのサインにいくつかあり、破れ目を示すサビアンシンボルは、たいていの場合、傷とか否定的な意味が含まれているように見えるものです。平面的なものに穴を開けるとは、傷つけるという意味にほかなりません。内側から見ると傷。外から見ると、それは入り口といえるでしょう。

アストラル体の模造、海王星

　平塚らいてうは、「元始、女性は太陽であった」ということをいいました。この元始女性である太陽とは二極化された太陽、グルジェフのいう水素12、高次な感情などを意味していると思われます。これはヘレニズム時代に「ヘリオス」と呼ばれたもので小天使を意味します。

　二極化されていない太陽としての恒星が大天使ならば、この小天使としての位置は、神話・元型領域です。『ナグ・ハマディ文書』で示されているような造物主の作った世界とは、私は太陽系と解釈していますが、これはエデンであり、あるいはタカマガハラと考えてもよいでしょう。

　太陽系の中では、神話・元型的なイメージは海王星の軌道の場所に保管されており、海王星はいわばアストラル領域の保管庫と考えてもよいのです。ここに少し鏡構造が成り立っているとしたら、冥王星は太陽系の外の恒星、メンタル界に接触しており、太陽系の外を意識している恒星太陽も、自分が腹の中に抱え込んでいる太陽系に関心を持っておらず、常に外を見ています。

　冥王星よりももう一つ内側にある海王星は、太陽系の中にあるすべての時間、空間をつらぬく記憶領域であるとみなします。すべての時間・空間をつらぬく記憶領域というと、すべての時間空間に遍在するアストラル体の記憶というものです。

　これに照応するのは、分割され、惑星との相対的な関係によって、光を放つようになった二極化太陽です。恒星太陽と冥王星はともに外に目を向けており、二極化太陽と海王星はともに太陽系の中に目を向けているのです。二極化太陽は冥王星を好んでおらず、それは二極化太陽の秩序には従わないからですが、海王星に対しては好んでいると考えてもよいかもしれません。

　二極化というのは、私はしばしば陰陽といってみたり、主体と客体といってみたりするので、混乱する人もいるかもしれません。ある座談会で、私が

長年、陰陽の話を書いているので、座談会の相手が、この世に果たして陰陽というものがあるのかあまり理解できないといいました。この相手は、陰陽という言葉の固有性につかまってしまったようで、陰陽とは中国の特殊な言葉だと思ってしまったようです。
　私がいう陰陽とは、世界の中にある運動のすべてです。
　例えば、電気のプラスとマイナス。上と下。自分がいて相手がいる。ここから見て向こう側。原子の核と電子雲など中心と周縁性。太陽と月。交流電気の波……すべての落差あるものの間で成立する関係性を指しているつもりでした。特定の言葉につかまってしまうと、他のものとの共通性質が理解できなくなります。
　H6を分割して、H12の太陽系内部に目を向ける二極化太陽が発生します。これは惑星群に関心を抱き、エデン、カタマガハラなどに興味を持っていて、それらを中心で支えています。アストラル体は、時間・空間の制限なく、同じ型のものはどこにでも存在します。
　アストラル体は非局在的なものですが、アストラル体はそもそも世界を楽しむボディなので、結果的に地上に強い関心を抱き、そのことで、特定の時空の枠の中に限定的に存在するという方向に向かおうとする働きが生じますが、アストラル体そのものはまだその個別性に降臨しておらず、非局在的なところにとどまっています。非局在的なものとは静止して動かないように映るので、美術館の絵のようです。
　ある時期、私はオーラソーマの創始者であるヴィッキー・ウォールを夢で見ました。彼女は静止した銅像のようで、その周囲に白い煙が立ち上っていました。こうした静止した像を私はよく見ますが、アストラル体は非局在的で、どんな時間、空間にも存在する。というのも、まだ時間と空間という分割の前にあるものがアストラル体だからですが、動いて生活している私達からすると、アストラル体は静止して、まるで生きていないものであるかのように映るのです。細かい体験をする触手を持たないのです。しかしアストラル体の側からすると、意識はあるし、活動もしており、むしろそこから見ると、限られた時間と空間の中で、蝉のように寿命の短い人間の方こそ、生き

物ではないように映るのです。

　世界というものを楽しみ、何か体験していくためには、世界の中にフラグを立て、このフラグに当たる流れの抵抗によって世界を味わうことができます。私達は宇宙のすべてのエネルギーの流れに貫通されていますが、受け流しているものは知覚に上がってきません。何かを認識するとは流れを止める抵抗体が必要で、アストラル体という個性ある抵抗体があると、そのことで世界を感じ、認識し、味わうことができるのだといえるのです。世界と同じ素材で作られ、なおかつ世界のエネルギーの流れに抗うものを作り出すのです。

　その後、アストラル体は世界を見たいという欲によって、ハワイが好きならハワイに行き、ハワイにのみ存在するという具合にローカライズに向かおうとします。この場合、このアストラル体はハワイにのみ存在する地域神となるでしょう。しかし本来、アストラル体は、時空の制限には縛られることなく、どんな時代にも、どんな場所にも存在するものなので、アストラル体が地上に強い興味を抱いても、もともとはアストラル体は下落することはなく、それぞれの場所にアストラル体の分身のようなものが作られて、それぞれ固有の場所の特性も混じって、たくさんの分割魂ができるようになったと考えてもよいでしょう。

　それでも、もともとのアストラル体に変化があったわけではありません。メンタル体はロゴスのようなものなので、これをイメージ化した上で世界の中に突っ込まれたセンサーがアストラル体であり、それは生き物のイメージを思い描きやすいともいえますが、生き物のイメージそのものと思うと、アストラル体を誤解することになります。

　そもそも私達は人間の形で生きており、これを当たり前とみなしてしまう習慣を持っているために、自分以外は生き物ではないと思う癖があります。ロゴスはイデアとか概念ですが、これをイメージとして展開すると図形になります。そして図形は意識があり、生き物であると思ってもよいのです。

　ロバート・モンローは体外離脱をする時に、ロート型になることを好んだといいますが、私が接触したオリオン方向の宇宙人はロート型に近いもので

した。ただし色はくすんだレンガのようなものでしたが。このロート型もアストラル体と考えることができます。神話元型というと、どうしても女神とかギリシャ神話に登場する生き物をイメージしてしまいがちですが、アストラル体を世界へ向かう欲の始まりとみなせばよいのです。

　滴仙は天界から追放された仙人だといわれていますが、本来のアストラル界から、物質界への欲によって、限定存在となり、最終的に人間に落ちてしまったと考えられます。神仙道では滴仙は追放されたとなっていますが、誰かに追放されたわけでなく、その欲によって自ら限定存在になったということです。仙人が元に戻ってしまえば、神話元型ですから、それは必ず伝説とか神話になり、語り継がれることになるでしょう。

　私達は、事物と象徴が切り離された異常な地球に住んでいますから、伝説を聞くと実際はどうなのかと詮索(せんさく)したくなります。仙人はアストラル体で生きている。つまりは象徴であり、そこにすべての情報が込められています。冥王星と海王星のアスペクトなどを見れば、ここで冥王星が持ち込んだものを海王星がどう受け止めたかなどもわかるかもしれません。

　例えば、スクエアであれば、元素が違うものが多く、火の性質を水に属するもので説明するということになります。火が興奮するものだとすると、それは水に持ち込まれることで、静けさと結合を好む水からすると、ざわざわする落ち着かない不穏なものと受け取られることもあり得ます。これは合わないというよりも、そういうパターンを作り出したのです。冥王星と海王星の関係は、アスペクトだけでなく、細分化したサビアンシンボルなどを比較しても、どう翻訳されたかを考える材料にはなります。

　ここでアスペクトが合であるとして、外宇宙にあるものを引き込んだ時、海王星はそれを正確に反映したかというと、そもそもメンタル体とアストラル体は別物ですから、同じものを用意したというよりはそこで新しい結合が生じたのです。言葉をメンタル体にたとえた時、その言葉を理解するためにイメージ化するとします。言葉を正確に表現したイメージというものは存在しません。言葉は言葉であり、イメージはイメージなのです。メンタル体を骨、アストラル体を肉とみなすと、エーテル体は衣服です。

さらにアストラル体は、どの時間にもどの空間にも存在します。ということは反対にいうと、地上のどの場所にも、アストラル体そのものを示すものは存在しておらず、常に微妙にローカライズされた歪曲されたもののみ存在しているということです。一瞬でも特定の時間、特定の空間に入ると、そのことそのものが既に歪曲です。どんな場所にもアストラル体そのものを示すものは存在しないと考えると勘違いしなくてすみます。

　メンタル体の形に近いアストラル体。しかしそれはメンタル体そのものを示さない。またアストラル体に近い事物、これもアストラル体を示すわけではない。このメンタル体とアストラル体、アストラル体と物質体の間に、それぞれ上位エーテル体と、下位エーテル体が挟まり、エーテル体はつなぎのような作用として働きます。上位エーテル体はメンタル体の言葉を、アストラル体というイメージと結びつけます。下位エーテル体はアストラル体を事物と結びつけるのです。

　海王星が示すものは太陽系の中にあるもので、集団的な無意識のイメージの中にあります。アストラル体は具体的な事物としての土星の枠組みに結合しようとしますが、アストラル体を精密に表現したものは地上には存在していないし、アストラル体は夢に満ちていますが、しかし土星は限られた場所にしかないものなので、それは夢を満たすことはありません。

　私達は目覚めてから眠るまでは、さまざまな事物の型の中に自分を押し込んでいます。すると、肉体も動くことができますが、夜に眠る時にそこから離れると、肉体はじっと動かないものとなります。つまり、いつもずっと入っているわけではないので、太古の地球のように、生命はいろいろな事物の中に入り込み、また抜け出しているということは変わりません。ただ、毎日同じものに入っているというのが違うということでしょう。

　このいつも同じものに入るというのは、生命の本来性からすると、なかなかに不自然なことです。というのも、毎日同じ食物を食べているのと同じで、同じ経験が繰り返されてしまうからです。繰り返しを避けてバラエティを持たせるために、異なる時間に違う身体に入る、すなわち転世するというシステムも考案されました。しかし正確な話でいえば、私達を肉体的存在と見な

いで、アストラル体が実体であり重心であるとみなすと、この実体は、いろいろな時間の中に、転世イメージのように、転々と地上化しているだけでなく、同じ時間に、異なる空間のあちこちに降臨しています。

この数が増えるにつれて、時間と空間の中に、自分というアストラル体が満たされて一杯になるという感じで考えてもよいかもしれません。限られた場所に縛られるくらいならその数を増やして平均化すれば、元の姿に近くなります。

すると、物質世界で、自分が不在の隙間が減っていき、どこを見ても自分がいて、物質世界はあたかもアストラル界になると考えられます。宇宙人には科学技術はありません。すべて想念で作り出すのだと考える説がありますが、物質界を想念でコントロールするには、物質界の時間空間のすべてに、アストラル体が充満する必要があります。

私はQHHT（クォンタム・ヒーリング・ヒプノシス・テクニック＝量子ヒーリング催眠療法）で月の軌道のステーションに行きましたが、その時、そこに住んでいる、もっぱら植物に関係していた存在は、地球に植物がない禿げた場所があることを問題視していました。これは想念が通らない形骸化した物質領域が存在していて、つまり死んだ場所があり、ここにはアストラル体が浸透できないといっているのです。

アストラル体が物質体のすべてに浸透し切れない責任は、実は、エーテル体にあります。エーテル体は、アストラル体を運ぶレールや道路のようなものだからです。僻地の道は狭く舗装されておらず、豪華な自動車は通れません。

現状では、海王星を乗り物とするアストラル体は基本的には、事物に入り切らないし、どんなものに入ってもはみ出します。これは知覚形態が物質よりもはるかに範囲が広いからです。

海王星が唯一、受け身になるのは冥王星であり、これは冥王星から指示されたものに近いイメージを探すということですが、それ以外の天体に対しては、海王星のアストラル体は、そこに乗り込み、それらを乗り物とみなしますが、しかしどの惑星でもはみ出し、収まり切ることはないので、飛行機

の狭い席に座ろうとしているお相撲さんのようです。

　公転周期が165年だとすると、この息の長い元型イメージは、息の短いものに乗り込み、息の短い惑星が死に絶えると、また違う惑星に乗り込もうとします。

　例えば、太陽に対して海王星が乗り込む時、この乗り方はアスペクトの種類で違います。最も興味深いのはスクエアです。というのも、スクエアは異なる元素の干渉であり、太陽の元素の働きの継続性を遮って海王星が関与すると、この元素の違いから、まるで違う生命が乗っているかのように見えるのです。

　獅子座の太陽に蠍座の海王星がスクエアだとします。獅子座の太陽がロックスターのようなイメージを思い描いてみます。そこに、水の底（蠍座）に住む折口信夫のいう「水の女」が乗り込んでおり、すると派手な扮装に、どこか死の影を思わせるものを混ぜていくことにもなります。

　例えば、宝塚の俳優のような輝かしい姿をしていながら、ミイラのように布を巻いている。獅子座の太陽を旅芸人とみなすと、旅芸人をしながら水の霊が乗り込んでチャネリングしてしまうというような場合もあるかもしれません。

　海王星、アストラル体はどこの時代にも、どの地域にもあるものなので、これを特殊な、特定の場所にしかないものとみなすことはできません。この場合、太陽は海王星に抵抗するでしょうか。たとえ抵抗しても、太陽は海王星を拒否できないし、リラックスすれば侵入されます。

　土星は29年で死ぬものなので、だいたい海王星は5.7倍です。つまり海王星の示すアストラル体を上手く表現するには、土星を5人から6人連れてこなくてはなりません。

　例えば、音楽のバンドでいえば5人から6人でこれを表現できるかもしれません。太陽は1年で死ぬので、すると海王星一人を表現するのに太陽165人が必要です。

　アストラル体は非局在的なものであり、これは誰もが知っているものとみなすとよいでしょう。誰もが知っているのだが、しかし地上にそれを正確に

表現したものなど何一つありません。だから地上的な身体組織によって自分というものを構築している人からすると、海王星が示すものは未知であり、そのことについて一つも知りません。

それに人物でもないし、音楽でもまた製品でもよいかもしれません。どんなものにもアストラル体は乗ります。初めて会った人でも、この人は前からよく知っているという時に、それはアストラルイメージのにおいを嗅ぎ取っています。したがって、アストラル体と接触するのに物理的手段は必要がありません。それはどんなものも乗り物にも降りてきます。海王星は冥王星には乗り物にされますが、それ以外のすべてを乗り物にします。

私はハトホルの本を読んでから、頻繁にハトホルと接触していますが、これはハトホルのアストラル体のことを表しており、つまりどこにでも出現可能で、ハトホルはしばしば部屋の中に立つ灌木のような姿としても現れ、これは私がよく使う、孫の手でもよいのではないかと思います。というのもハトホルはとても孫の手に似ているからで、顔だけが大きく、下半身は鉛筆のようで、部屋の中に直立して浮いていることがよくあります。

出生図で海王星があるサイン、ハウスを考えてみましょう。あるいは度数です。

その場所に、アストラル体の残像があります。アストラル体はどんな事物にも乗ることが可能です。輪郭がはみ出すので、事物に収まり切らないが、しかしその事物の周辺にはみ出しつつ、そこに雰囲気を作り出すと見てもよいでしょう。

例えば、私の海王星は8ハウスにありますが、これは囲まれた箱のイメージです。小さくても大きくてもよいので、囲まれた箱を想定すると、そこに靄がかかり、そこにアストラルのイメージが宿ります。この囲まれた箱を部屋だとみなすと、私が大阪のホテルに泊まった時にも、この部屋にアストラル体が宿ってきます。ハトホルがこの部屋そのものに同化してくることもあります。囲んだものに入ってくるとなると、私のアストラル体はまるで猫のようなものです。

私はスピーカーをよく作ったりするし、また買ったりします。スピーカー

の箱に思い入れが激しいのは故長岡鉄男で、たくさんのスピーカーボックスを設計しました。もちろん、この箱にアストラル体が宿り、特有の音、音楽、質感を表現してきます。囲まれた空間は祠(ほこら)とみなすとよいことになります。

　神社にはよく祠があります。稲荷神社でも、小さな薄暗い祠の空間に、たくさんの狐の像があり、そこに何とも怪しげな雰囲気が漂いますが、ここにアストラル体が宿るのです。

忘れられた太古のアストラル体

　海王星が示すアストラル体は、太陽系の中にある神話元型で、それは太陽系の外とはつながらないのですが、極めて古い時代、今日の人々が忘れ去ったような時代、太陽系の外と太陽系の内部を行き来する神話元型は多数ありました。
　今日、物質的に生きている私達は、太陽系の外に行き来するという概念そのものがまだありません。したがって、集団的に知られている元型にこの行き来するアーキタイプは存在しません。しかし記憶を掘り起こすと、ずっと使われていない古風な神話型が出てきます。
　神話の中に、古い神々は次々と地上から去ったと書いてある場面がありますが、これは外と行き来できる元型がだんだんと地上からいなくなったという意味であり、その時代、地上はやがて閉鎖されていくことを暗示しているのです。
　現代ではたいていの場合、これら使われていない元型は、邪悪なものと定義されています。閉鎖するべき世界において、行き来する存在は悪なのですが、しかし根本的な意味で邪悪な存在ではなく、行き来するか、あるいは世界の中にちゃんと降りてこない中途半端な場所にいる邪悪な元型の例としてリリスがあります。
　このさまざまな忘れられた記憶を引き出すのは、タロットカードでは「18月」のカードで、集合無意識のプールの下からザリガニが上がってきます。哺乳(ほにゅう)動物的な脳を示す犬は、ざわざわとした気持ちに支配され不安げに吠えています。「18月」のカードは、その手前の「16塔」で宇宙に飛び、「17星」のカードで戻ってきて、この行き来に適したアストラル体、あるいは星の住人の形を模(も)した鋳型を古い記憶の中から探索するという作業に専念する意味なのです。
　1と8は足すと9で、そもそも9の意味とは探索、旅をするということな

のです。

　アストラル体は非局在的で、非局在的であるがゆえに、どこの場所にも資料はなく記録もありません。実在する物質的資料は劣化したものであり、必ずローカライズがされています。ですから密林を探して、秘密の遺跡を発見するなどという行為は必要がありません。

　「16塔」のカードで宇宙に飛び出し、「17星」のカードで戻ってきて、池を覗くと、星の影響を忠実に反映した古い元型はまるで自動的に浮上してくるかのようにスムーズに出てきます。それは星信仰がまだ存在していた古代エジプト時代か、あるいはその前にあるものです。その時代までならば宇宙旅行をしていたからです。いろいろな神殿が宇宙に飛び出すための「16塔」になっていました。

　個人的な例ですが、私の海王星は天秤座の24度で、「蝶の左側にある3番目の羽」というものです。蝶は軽い羽を持ち、左は受容性、さらに3番目は動くということが強調されています。これは神話記憶としては、鳥の羽のように軽いグライダーであるアメノトリフネで、スピカから戻ってくる時に、それに乗って地球に戻りました。戻るコースは斜めの坂でヨモツヒラサカであり、銀色の細い線に乗って、音もない暗闇の中を静かに滑降しました。

　天秤座24度は外界に対して閉じることのできない度数なので、これは行き来ということにも通じており、また天秤座の支配星は金星で、天秤座は触覚です。アメノトリフネに動力はなく、入り込んできたエネルギーに乗って、触覚は上昇するのです。ここでは太陽系の外のスピカという恒星と、地球の間を飛行したのですから、太陽系外と行き来するアストラル体です。

　アストラル体は世界を体験したいという欲で作られ、つまりは世界を味わう主体です。アメノトリフネというアストラル体は、そのアメノトリフネ的なスタイルの世界認識の方法があり、あちこちを飛ぶ時の気分、浮揚感、移動感覚、抵抗感などをこのアストラル体は受け取って楽しんでいるという具合です。アメノトリフネというアストラル体の分魂になった人は、バイクを買ったり飛行機を手に入れたり、アメノトリフネ的な体験の仕方の一部を再現しようとするのです。

これを書いている昨日に夢を見ました。
　部屋の中で家族が寝ているのですが、私一人が違う部屋に寝ていました。グルジェフは、人は睡眠中には、センターの連結が外れ、センターはばらばらに機能するといいました。だから夢に意味はないのだといいたらしかったのですが、そもそも夢とは、このばらばらになったセンターのどれかに同調して、その情報を受け取ることです。家の中で、家族がばらばらに違う場所に寝ている光景は、この分断されたセンターを表現しています。
　そして私は、自分が寝ている凸凹した敷き布団を見て、これは海王星だからと思っていました。この夢ではグライダーであるアメノトリフネは敷き布団になってしまったのです。アメノトリフネはアイドリング状態だと布団に変わります。
　ホロスコープは、それぞれの惑星が特定のサイン、度数に配置され、位置が固定されています。そもそもメンタル体、アストラル体は非局在的であり、このように特定の場所に位置づけされることはありません。そのためこの夢のように、アメノトリフネがアイドリング状態の布団になり、アストラル体が凍結された状態がホロスコープに描かれると考えるとよいでしょう。
　出生図は生まれた図ではなく、宇宙的な存在が死んだ時の墓標であると説明しましたが、この夢はそれを上手に表現しているように思えます。出生図は墓標であるということをどうやって説明しようか困っていた時に、アメノトリフネは布団になってくれたのです。実人生においては、アメノトリフネは布団であり続け、決して飛ぶことはありません。しかし物質界から離れると、アメノトリフネは外の宇宙の力を受けて凧(たこ)のように飛び始めます。外の宇宙の力を受けるには、人生という主観が終わるしかありません。
　出生図で海王星にこの神話型が刻印されているなら、トランジット海王星はそれがホロスコープのどこかに移動してきたとみなしてもよいでしょう。
　例えば、私の場合には、この原稿を書いている2018年から2年後くらいにはもう出生図の太陽に重なりますから、このグライダーが身近にやってきて、ぼうっとしていると勝手に太陽を乗せてしまうことになります。
　占星術で表現されている太陽は、二極化されさらに1年で12サインを周

り終える太陽ですから、真実の太陽の片鱗も表現することなく地球のことを意味しています。それは太陽に投影した地球自身です。海王星がやってくると太陽はそれよりずっと卑小なものなので、海王星の思いのままに乗り物にされてしまいます。そもそも海王星が示すアメノトリフネが乗り物なのに、その乗り物が太陽を乗り物にするとはどういうことでしょうか。北朝鮮の映像のように、ミサイルを搭載した車が移動しているようなものでしょうか。

数年前に、私の父親が死去しましたが、その時、父親の出生図の太陽に、このトランジット海王星が合していました。徐々に朦朧（もうろう）として、死ぬ前の1か月とかはもうこの世をあまり認識していなかったように思いますが、死ぬ直接の原因は大腸癌です。そもそも若い頃から肛門に疾患があり、最後に会話した時、腸をまるでハードディスクのように、あるいは一眼レフの交換レンズのように交換できないのか、院長に聞いてきてほしいというようなシュールな内容でした。私がパソコンや一眼レフを父親にプレゼントしていたので、その記憶を借りて、腸がハードディスクとか交換レンズになったというわけです。

太陽と海王星が合の時に、つまり速度の違う電車が同じ駅で停車している隙に、徐々に海王星の方に自我を載せ替えているように見えました。この場合、海王星意識、アストラル体は非局在的であり、つまりは具体的な場所、時で生起する出来事には反応せず、そうした細かいところから手足を引っ込めて、印象を感受する実体に戻ろうとします。肉体的生存は、どこかの時間、空間に手を伸ばしたタコの触手の一つで、それを引っ込めても、タコ本体には何の損傷もありません。また違うところに手を出すだけです。このように自我を海王星に載せ替えると、身体的な痛みというものは全く感じなくなります。

私の場合、死ぬことはないと思いますが、この父親が死ぬ時の状況は参考にはなると思いました。物質世界、すなわち占星術で扱われているような太陽の世界からは手足を引っ込めて、私のアストラル体であるアメノトリフネに乗り、このアメノトリフネの知覚の仕方によって世界を認識する比率が一時的に高まるということです。

もちろん、そんなことをし続けていると死んでしまいますから、気分によってそうしたりそうしなかったりということです。それにアイドリング状態のアメノトリフネは布団ですから、それはとても気持ちの良い、ふかふかしたものです。布団があると、そこに横たわって動かない。つまり自分の手足を使って歩いたりしない。
　蝶の羽が受け取る風に乗って体験し、自分からは何もしないという意味もあります。夢の中では敷き布団は凸凹していました。これはアストラル体特有のもので、山あり谷ありというものです。もしこれがエーテル体ならばスムーズで平坦、規則的です。
　こういうホロスコープのことを考える時に、人によって自我はどこに置かれているかを考える必要はあります。
　私の自我はホロスコープで示す太陽の上にはありません。
　ホロスコープの太陽はいわば物質的自我であり、そこを中心にしている人は狭いエゴに支配されます。夢では海王星という布団の上に寝ていました。夢の中ではアストラル体に自我を置いていたのです。アストラル体が私でなく、アストラル体を乗りものにしていたということです。
　もし、太陽の上に自我を置いていたら、トランシット海王星がやってきた時には、まるで洪水にあったかのような意識喪失体験をするでしょう。圧倒的な海王星の力に太陽は全くなす術(すべ)はありません。
　何人かにインタビューしたことがありますが、過去に太陽の上にトランシット海王星が来た時の体験をほとんど忘れている人もいました。これは海王星レベルの意識と太陽の意識が違いすぎるので、太陽の意識を自分とした時に、海王星記憶はどこか違うところに仕舞い込まれたのです。記憶を失ったのではなく、海王星意識を再現すればそのまま記憶はすべて戻ってきます。
　メンタル体に自我を置くと、アストラル体はその下位にあり、結果として七つのアストラル体を持つことになります。神仙道では「三魂七魄」(さんこんしちはく)という言葉があるらしく、アストラル体は三つ、魄という名前のエーテル体は七つということになりますが、単純に原理的には、メンタル体一つに七つのアス

トラル体、アストラル体一つに七つのエーテル体です。

　自我をアストラル体に置くとアストラル体は一つですが、この方が複雑でなくわかりやすいといえます。太陽系アカシックレコードの中から、外宇宙と流通可能なアストラル体を引き出し、現代の時空スタイルと紐づけしてリニューアルするのは、とても楽しい作業ではないでしょうか。

　地上的な自我を持つ人からすると、アストラル体も高速すぎて、それを十分に意識化することはできないのですが、特定の時間空間に分断された私というあり方から手を放してしまえば、海王星意識は理解できます。人格、それにまつわる人格のプライドがあれば、アストラル体を見失います。アストラル体は非個人的なので、個人のプライドを持ったとたんに、それは切り離されます。しかしホロスコープは、その死体を表しているので、それを手がかりに自分に関係したアストラル体を探索することができるのです。

エーテル体の模造、天王星

　太陽系の外から新しい意図を持ち込む冥王星、それを太陽系内で上手く展開できるように非局在的な神話元型的なイメージを模索する海王星。メンタル体とアストラル体はどの時間、どの空間にもあるもので、そもそもはどこか制限されたものにも、また個人にも適用するものではありません。

　私はQHHTで、ノストラダムスが水晶球を見ている時、自分はその背後の暗闇にいて、すべての水晶球を見ている人の背後には私がいるといいました。ですから、ジョン・ディーの背後にもいます。これは私のアストラル体の発言で、アストラル体は太陽系の中においては不死なので、肉体が死んでもこの姿勢に変わりはありません。身体を持ち、日常意識で起きている時には、身体感覚によって、限定された時空間の中の経験領域に入り、それ以外は見えてこなくなるので、たいていはメンタル体、アストラル体のことは忘れることが多いでしょう。

　逆にメンタル体、アストラル体に浸透された個人は、見て触って味わうという体験の中に我を忘れて細かく没入することはできません。これはあたかもプールの底に沈もうとしても浮力によって沈めないような感じです。

　睡眠中にはこの身体はじっとしており、死んだようなものなので、アストラル体は身体から離れていき、しばしば自我はこのアストラル体の情報活動の方に専心するので、この非局在的なアストラル体としての自分を思い出します。人間が死ぬと身体からエーテル体が離れますが、毎日眠っている時にはエーテル体は身体から離れることはなく、身体につなぎ止められた部位から広がる電波のようにエーテル体が拡大していきます。

　私はいつもエーテル体を説明する時のイメージとしては、蜘蛛の巣のたとえを使うことが多いです。目覚めるとエーテル体は身体の周囲に収縮していきます。そうしないと、身体の感覚を上手く受け止められなくなり、夢遊病のようになってしまいます。

日常意識とは異なる変成意識に入るには、身体の皮膚にぴったりと張りついたエーテル体を身体サイズから外に拡大していくだけでも、この変成意識には容易に入ります。というのも、身体感覚を伴う日常意識は身体の輪郭の範囲で情報を受けとめている時のことを示しており、身体のどこか一部でも、例えば指の先でも身体輪郭からはみ出すと、もう既に物質的には存在しない身体の外の情報を拾うことになるからであり、存在感覚としての身体感覚から逸脱します。

　私はよく矢印イメージを使います。身体から全方位的に矢印が飛び出していくのです。すると異様な意識ともいえる状態に入ります。この異様な意識は、眠る前に感じるものと同じです。矢印が拡大して、蜘蛛の巣のようになればよいのではないでしょうか。ただし日常の生活で、例えば車を運転している時などは、視覚に集中しなくてはならないので、この変成意識に入るととても危険です。

　ごく少数危険でない人もいて、これは自分を身体感覚とエーテル体に二分することのできる人で、アリストテレスやプラトン、ピュタゴラスが生きていた時代にはむしろこれが普通だったようです。プラトンが書いている内容は、どこからどう見ても身体感覚を持つ知性で思いつくような話ではありません。エジプトの神官から聞いた話を書いているという説もありますが、それはごく一部のことです。

　アストラル体は、目覚めていく時に、肉体の活動につながることになりますが、しかしアストラル体と肉体にはそもそもが大きな断絶があります。起きて活動する身体は、特定の時間、特定の空間にあり、アストラル体は、どこにも存在し、物質的な制限はないのです。制限がないものが、そのまま素直に、制限のある限られたところに接続され、しかもこの制限がある場所以外の情報を遮断するというのは、そうとうに無理な話です。犬に寝ている時間以外は、ずっと自分の身体と同じくらい小さなケージに入ってほしいというものでもあり、よほどの理由がない限り、それに従うアストラル生物はいません。

　土星は限られた時空間の中に存在する箱を作り、すると海王星と土星の

間に挟まれた天王星は、その隙間を埋めて、遍在するアストラル体を特定の時空間の場に埋め込むパテのような役割をするはめになります。この場合、アストラル体からすると、息苦しい場所につなぎ止めます。今度は肉体の方からすると、果てしない広がりの中に開放するという受け止め方になります。このアストラル体と身体の断絶部分はかなり大きいので、接続する時には、意識の連続性はそこでいったん途切れます。つまり気絶する段階があります。四つのフェイズのどの境界にも無の壁があり、無の壁とはそれまでの連続する意識が気絶することですが、それはどのフェイズも同じではないからです。

　私は朝、起床予定の時間よりも1時間と30分とか早く目覚めます。それから二度寝しますが、これは夢の意識の中に行き来するために便利だからです。ロバート・モンローは、睡眠中に体外離脱をして、それが終わる合図はトイレに行きたくなる時らしいのですが、おそらく私の体験とほとんど同じです。

　夜に眠りそうになる時には、最初、何か映像を見ていますが、起きている時には、自分がいて、そして映像を見ているという主体と客体の関係がはっきりしています。しかし入眠時、エーテル体領域に入る時には、見ている映像はとてもリアルで、リアルすぎるために、この映像の中に飲み込まれる感じになります。

　たいてい私の見る映像は、サイズが大きく、銀色か灰色のカラーが混じることが多く、私に迫ってきて、そして飲み込みます。自分が映像を見ているという主体の立場が保てなくなり、映像は境界線を超えてきます。この映像を見て、映像を見ているという自分の主体の位置が揺らぎ始めた頃には、今すぐに眠れるという確信が出てきます。

　誰でもときどき眠れない時があると思いますが、この時には映像を見ている自分がちゃんといて、この主体の位置から自分が動くことができなくなるのです。主客があり、この主体の側にじっと自分が座っているというのはかなり退屈です。そこにアメージングなものが何もないからです。

　この映像イメージは、いわばアストラル体への招待です。そして主客が転倒し、主体とも客体ともいえない自分が身体から外に広がっていく段階が

エーテル体の段階です。アストラル体は、どこの時間、どこの空間にも行くことも可能で、このどこの時間、どこの空間にも行くことができるということが、実はどの時間の違いも、どの空間の違いもほとんど無視しているか、わかっていないという状態を明かしています。

アストラル体は自分に接触してきたもののみを知覚する。身体を撫でた時には、撫でられた身体はそれを感じます。この猫のようなアストラル体をさまざまな時空間に移動させていくのはエーテル体の役割なのです。エーテル体がないとアストラル体は自分の夢の中に没入して出てきません。

まずこのエーテル体の乗り物を起動するには、映像を見ている私というものがここにじっと居座るというポジションが消え去る必要があるのです。居場所から追い立てられて、映像を見ている場所から、見られた映像の中へ移動し、今度はその映像が移動を始めます。どの時間にもどの空間にも行くことの可能な映像の籠からさまざまな世界を見ているという転換が起こります。メンタル界では、この映像ボディも消え去ります。

アストラル体は自身の熱感覚を持ち、欲望を抱き、印象を受け取ります。エーテル体は主体の移動をするために固有の感覚を持ちません。持ってしまえば動けなくなります。眠る時には肉体感覚からエーテル体感覚に移動しますが、身体感覚を遮断すると、身体は動かせなくなりますから、これがしばしば「金縛り」といわれるものになります。実際にはどこかに移動するという感じ方はアストラル体の感じ方であり、エーテル体の感じ方は移動せず、触手が伸びていくというものです。アストラル体は自分の周囲のことしかわからない。だからこそ、反対に移動するということも認識しますが、エーテル体はどこまでも広がり、そこに移動するという感覚は持たないのです。

寝ている時だけでなく、起きている時でも私達は身体感覚を遮断すると、特定の時空間にいるという感覚を失うので、すぐに身体から外に、あるいはどこにでも伸びていきます。アストラル的、動物的には移動する。エーテル的、植物的には、枝を伸ばす。

エーテル体が伸びていく時、この枝とか通路、あるいはパイプはサイズが平均的で変化しません。私は昨日夢を見ましたが、白い板に乗っていて、と

ても気分が良いものでした。この白い板は、おそらく1か月前の夢では布団でした。板は幅が均質で正確なもので、この横に伸びた板の上に乗っている限り安楽でした。ある程度の範囲の時間をつらぬき、この異なる時間において、いつも決まったサイズであるということは、時間が経過しても風化せず、形が変わらず、共通の理念とか思想ということです。たいていのものは時間の経過とともに失われたり風化するし、とりわけ流行というものは一瞬出て消えます。この白い板は、固くも柔らかくもなく、均質で、変わらないものでした。

そこで考えたのは、私のアストラル体の一つアメノトリフネのことです。飛行機がどこかに飛ぶとは、違う場所でも飛行機として同じ形であるということです。変わらないものが異なる時間とか空間に伸びていくことを、飛行機が移動すると表現するのです。変わらないとは意識の連続性が保たれていることで、自我の継続性です。アストラル体はエーテル体に乗って移動しますが、この場合、アストラル体は変わらないこと。そしてエーテル体はいつも同じ寸である必要があるのです。ここで変形が起こるともうそれはその人ではなく、何か違うものだということです。

夜眠る時に、肉体的な自我が凍結し、主体が映像の中に飲み込まれていく。この肉体感覚からエーテル体に移動する時のことを意識して何度も何度も意識的に覚えておくことで、エーテル体の訓練ができます。主体がはっきりしているほど深い断絶を体験しますが、その後、瞬時に自分の意識的な自我を思い出す。何度繰り返しても、この転換に慣れないがどうしたことだとたいていの人は嘆くかもしれませんが、その人のエーテル体に移行する時の特有のコツが習得できます。

QHHTでは、いつもの自分を左の脇において、「お疲れさん、しばらくお休みしてください」と宣言しますが、睡眠においては、身体を「お疲れさん」といって休ませ、その場所からエーテル体の網目が宇宙空間に拡大していきます。高次なエーテル体を持つ人は、この網目は太陽系の外までやすやすと拡大します。

ということは、肉体とエーテル体に切り替えるには、共鳴的に重なってい

るわけではなく、身体をオンにするとエーテル体はオフになりやすいという排他制御の関係が成り立ちます。身体を排除しないで身体も含めてエーテル体が拡大する場合でも、そこでは身体というものを無化しています。これは身体から見ると海の底に沈められたとか、大きな奈落に飲み込まれたとか、落ち込んだとか、たいていの場合、転落イメージになりやすいと思います。

　私はたくさんの本で、地球を取り巻くプラトン立体の構造を惑星グリッドということで、地球のエーテル体だと説明していました。これは図形として計算可能な位置座標を持ちます。最初の起点はアレキサンドリア近くだし、そもそも北極と南極の軸を使って図形が描かれます。ですが、この物質的な空間座標があること自体、エーテル体を示すわけでないということに注意を払う必要はあるでしょう。物質的に座標が明確だと、それはエーテル体ではなく物質体です。エーテル体の場合、必ず物質体の位置座標、寸法などから滲みのようにはみ出します。

　私は綿あめのようなべたべたした質感の糸を、まるで呉服屋さんで反物を見せられるかのように見せられる夢を見ましたが、惑星グリッドのラインにあるような直線的な糸ではなく、違う質のものでした。神仙道の三魂七魄ならエーテル体は七つの種類があり、一番下は物質体につながっており、一番上はアストラル体につながっているとみなすとよいでしょう。

　体外離脱して机の上を見た時に、いつもある道具で、そこに見えるものと見えないものがありました。この違いは、この道具にエーテル体が染み込んでモノノケになっているか、それとも物質単独でエーテル体が染み込んでいないものの違いであると思いました。

　七つのエーテル体のうち、一番下の物質に接している部分では、限りなく物質に近く、そこでは物質とエーテル体が部分集合のように重なっており、エーテル体の上層にいくにつれて、この物質の要素が脱色していきます。エーテル体は想念に従う。物質体は想念に従わないという違いがあり、モノノケは従います。

　惑星グリッドのエーテル体は限りなく地球の物質に近く、最初の階段であり、次のエーテル層は、私が夢で見たべたべたした綿あめ素材で張り巡らさ

れた、幾何図形配置に従わないグリッドです。別地球に移動するとは、このエーテル領域に移動することであり、そこでは物質は想念に従いますが、旧来の地球の物質世界に近すぎると、形骸化が進行し、想念に従わない要素が増加します。

　プラトン立体の一つ正十二面体は、この中に12個の五角形があります。フェイズ3以上の次元の意識は、同じ型のものはみな同じとみなします。つまり五角形は、球体地球のどの場所にも移動することが可能で、五角形からすると、自分は一人しかいないのですが、地球という場においては、複数あり、五角形は自分としては単一であるが、環境の側から見ると、あらゆるところに五角形が遍在しています。

　五角形はアストラル体です。アストラル体はエーテル体が用意した網目の中に降りてきます。エーテル体はアストラル体の土俵を作るのです。アストラル体はどこの場所で、どういう時ということを全く意識しません。アストラル体の体験はアストラル体がそのまま味わうものであり、そのことに興味が集中しています。しかしエーテル体は、地球にくまなく網を張るので、アストラル体が降りる割り当てを決めたり、また地域を決めたり、その場所に通し番号を打ったりすることも可能なので、エーテル体は手配する仕事の人のようです。

　アストラル体が旅をする時、その宿泊場所を決めたり、航空機のチケットを手配したりするのはエーテル体です。エーテル体は、物質界のことを知っている。またアストラル界のことを知っている。この二つを結びつけようとしている。しかし移動できるようにするには、まずは排他制御機能として、特定の場所、特定の時間との関係を切り離します。それからまた違うところをオンにします。

　惑星グリッドは地球物質界に最も近いエーテル網であるという点で、ここにたとえた五角形としてのアストラル体は地上化可能ですが、その分、拘束を受けるというリスクがあります。

　一方、もう少し地球物質界から遠いエーテル領域では、アストラル体は物質の支配を受けずに移動可能ですが、地球体験はぼんやりとして抽象的

になるし、例えば仙人になった人がこの領域に移動すると、生前の家族や知り合い、住んでいた場所の歴史、伝統、習慣などはことごとく影が薄くなり、どうでもよい話になるでしょう。応身、すなわちエーテル体を持ったアストラル体・メンタル体は、このエーテル成分が地球より遠いほどに、抽象的存在になり、その分、宇宙的なリアリティが増加します。

　私がQHHTで体験していた雲の上にいる私、というのはエーテル体の私ですが、そこからはこの宇宙の果てに楽々と行くことができるが、しかし地上には降りることができないというものでした。肉体に降りてくると、今度は宇宙の果てには寸足らずで行けません。エーテル体にはいくつかの層があるので、その層によって、上限下限が決まってくると考えるとよいでしょう。

　ジェームズ・フレイザー卿の『金枝篇』に出てくる類感呪術は、同じ型のものは共鳴するというもので、この同じ型のものは共鳴し、本質的には同じものであるという考えを空間制限したいがゆえに、故意に忘れたものが土星発想だと考えられるのですが、天王星はとりあえず土星と見ると否定しにかかりますが、天王星からすると土星を否定するというよりも、土星の閉鎖を開放していると思っています。ローカルなルールとか、古い秩序、死にかけた習慣を廃止して、公平で博愛的な方向へと改革をしています。

　特定の印象に同一化している人生では、この同一化する印象は、自分独自のものだと思っています。他の人はそれを体験していない。天王星はそれを引き剥がし、この印象はどこにでもあるもので独自なものでも何でもないと気づかせるのです。

　これは水瓶座の支配星が天王星であり、「11 力」のカードで、ライオンを分離しようとしている行為のように、特定の場所から、自分を切り離します。印象の中に我を忘れている人から、我を取り戻すように働きかけます。

　物質体は範囲の狭いものであり、アストラル体がそれをミツエシロにして降りてくると、たいていは身体の許容範囲を超えてしまうので、土星範囲のものは確実に壊れてしまいます。天王星が物質界にアストラル体を張りつけるということは、物質界を壊してしまうということにもなります。排他制御とは、物質界においての傷は、エーテル界においては力が蘇る場所というこ

とも含みます。

　例えば、パワースポットであるボルテックスの場所は、物質界においては事故多発の場所であり、傷つく場所です。しかしそれは生命力（エーテル体）にとっては蘇る場所です。生活においての傷は、生命力にとっては発展の場所です。岩にひびが入り、植物が生えてくる場所です。肉体の死はエーテル体の再生であり、エーテル体の死は肉体の再生です。また肉体が老いる時、エーテル体は若やいできて、肉体が若い時、エーテル体は青息吐息です。

　エーテル体は物質体に触れているという点で物質体に近く、いわば「普遍的な物質性」とも呼ぶべきもので、タロットカードでは、これが「19太陽」のカードで、物質的な子供に対置するエーテル的な子供として描かれています。

　人間を物質界に閉じ込めるには、エーテル体の糸があってはならないので、これを断ち切る時代がありましたが、そもそも断ち切ることはできないものなので、それが身体と同じサイズに張りつき、そしてそれを忘れるという試みが繰り返されてきました。物質的に見えないものは存在しないと断定するならば、エーテル体はないも同然です。

　私は、最近はよく応身の話を書いています。これはエーテル体の身体であり、どこにでも出現する身体であり、例えば、お遍路さんにはもれなく空海がついてきます。この場合、肉体的な存在からすると、これを主体のないイメージに思っていますが、応身からすると、むしろ肉体的な存在よりもはるかに意識が冴えており、どこにでも出現するといいつつ、自分は一人だと思っています。そして千人の人がいると、千の応身に分岐します。

　一般人と有名人の違いは何でしょうか。一般人は特定の場所で暮らしています。つまり土星的です。有名人は、多くの人が知っていて、特定の場所に暮らしているということに焦点がなく、広い場所にアピールしているというものです。有名人になりたい人は、まずは自分の土星的枠に閉じこもる癖を捨て、次に土星以内の惑星で、天王星とアスペクトがあると、この惑星を接点にして、そこから土星の枠の外にまで広げていくということをしても

よいでしょう。

　もし、なかなか有名になることができないとしたら、それは土星の枠で自分を守っており、自分が土星の枠の外に漏洩していないことが原因です。

　天王星は必ず土星を傷つけます。土星を傷つけることに意義があり、そのことで、土星の牢獄から脱出させます。有名になりたい人は、まず自分の個人的につかんでいるものを犠牲にするということが必要でしょう。広い場所に拡大していくというのは天王星作用であり、海王星も冥王星もこのことは意識していません。

　余談ですが、石川源晃氏のハームサム定義に、水星・冥王星軸が有名軸というものがあります。しかし冥王星は太陽系の外との接点であり、新しい言葉を持ち込むものですから、これは有名軸には当てはまりません。特定の狭い場所にあるもの、すなわち土星から、広い範囲の地球上にまで広げていくのは天王星ですから、水星をインフォメーションとすると、水星と天王星がむしろ有名になるという働きです。

　私は本書を書き始める2か月くらい前に、夢の中で、「すべてを天王星的なカラーに埋め尽くす本を書いたらいい」と提案されましたが、これはことごとく土星的な枠を壊して、天王星の姿勢を統一することであり、意識が広がるということの背後には、土星的な固着をことごとく傷つけていくということが前提にあります。「それはラジカルなのでとうてい無理では？」と夢の中で答えたのですが、しかし夢の中で提案があると、それをしなかったことはないし、むしろ天王星の方が当たり前であり、土星的というのは壺の中に閉じこもっているようなものなので、すべてを天王星的なカラーにしていくとは、当たり前のものに戻すという意味だとも考えられます。

　ありきたりの、普通の本を書いてくれといわれているようなものでもあります。

　しばしば天王星は電気製品とか電気、電波に関係したものだと思われています。エーテル体は、電気よりも振動が上にあるもので、物質的に認識できません。その下位にあるものが電気、電子で、電子の性質はエーテル体に比較的似ています。電気、電波は、土星の壁を越える。インターネットな

と電子情報も、国の壁を越えます。

　岩の間から生えてくる植物が、物質体とエーテル体の対比イメージなら、絶縁の皮膜を焼き切って漏電するというイメージも、物質界に対してエーテル界がはみ出したイメージです。あるいは大地に切れ目ができてマグマが出てきたような光景です。夢の中では、京都の三分の二は海でしたが、これもエーテル体で、これは縄文時代の海というものを示しています。

　整った形には物質とエーテル体の関わりは見えてきません。人間の形の身体に、人間の形のエーテル体があると、これは物質体を打ち破るというエーテル体の作用が働いていないし、変成意識は存在しないことになりますから、ほとんどのケースでは、人間のエーテル体は、人の形をしておらず、人の形の輪郭をはみ出していると考えるとよいのです。そしてそれはそのまま蜘蛛の巣のように広がっていますが、個人意識をかろうじて保っている時には、身体の周囲に人の形ではないエーテル体が伸びているとみなすとよくて、一番多いケースでは筒や管のバリエーションです。

　天王星は物質を傷つけることで物質界に関わるという点で、「SAK」という音で表現されることも多くなります。裂く、酒、坂、桜などですが、そもそもはイザナミとイザナギが別れたヨモツヒラサカのサカです。そしてこれはイザナミとイザナギの永遠の別れを作り出す場所ですが、反対に、イザナミとイザナギが出会う唯一の場でもあります。

　法則や働きが違うものが出会う場所は、常にどちらも犠牲になったり傷ついたりします。それに意識という点では、暗転する、状況が変わるというもので、連続性がそこで断ち切られます。

　「科学は間違いが多い」と私はいつも言い続けますが、それは科学は無の断絶を拒否し、同じ座標を押し切ろうとするからです。数学的整合性とか因果の連続とかを維持しようとすると、これは異界との接点の傷口を受け入れないという意味です。

　ずっと自分の世界に閉じ込められたままの人は、そこから出る場所を探さなくてはならないのですが、今までの自分があるからこそ閉じ込められているのであり、ということは出口を見つけるには、そこに断絶が必要なのです。

土星と天王星の間にあるキロンは、この損傷による破片が累々と蓄積されている場所と考えてもよいのかもしれません。しかしこの傷が実は萌芽であり、希望であると認識できたら、その段階で、私達は土星と天王星の間の溝を渡ることができます。

　傷とは希望であるとみなすのは、タロットカードの「17星」のカードに現れているように、17の数字を表します。サインでは17度とは常に16度の破損を、未来の希望として反対に見ていく姿勢であり、瓦礫の山で星を見ます。「17星」のカードの女性は守るべき衣服もないのです。この守るべき衣服とは、社会的な立場や鋳型、保証などですが、もちろん天王星はそれを剥奪します。ものではなく生命に。眠りではなく覚醒にシフトします。

　天王星的な人生を歩んだ事例として、モーツァルトを挙げてみることができます。当時の封建社会のルールに対して反抗的だったモーツァルトは、メーソンの関わりがなければ生存も不可能でした。社会ルールを横断するようなメーソンは天王星的ネットワークです。モーツァルトの土星は、水瓶座の5ハウスにあり、社会的な立場としては5ハウスの創作をすることが主軸になります。そこにモーツァルトの鋳型があるのです。

　天王星は7ハウスにあり魚座です。これが壁を突き抜けるネットワークとか交友関係としてのメーソンと考えてみるとよいでしょう。モーツァルトの月は射手座で、冥王星と合で4ハウスにありますから、月と天王星は射手座と魚座という柔軟サインで90度関係であり、射手座が反発するとなると、魚座はどこかに一体化する。土地から離れてはメーソン関係の人とのネットワークの中に入り込み、という交互運動をすることになります。

　今日の歴史では、モーツァルトは作曲家であり、メーソンとの関係はあまり主なものではありませんが、モーツァルト本人からすると、メーソンとの活動が人生のメインであり、作曲はそれに比較するとサブの位置にありました。これは7ハウスの天王星が人生の主軸であり、5ハウスの土星はその随伴機能と考えられていたことになります。

　タロットカードの「19太陽」のカードでは、肉体的な子供とエーテル体の子供が二人仲良く会話していますが、これを土星の子供、天王星の子供と

考えてもよいでしょう。どちらをメインにするかというと、社会的な価値観をメインにすると土星がメインとなり、人間の生命そのものを主軸にすると天王星の要素が主になります。

　この点で、自分のホロスコープの中で、土星と天王星がどこにあるのか考えてみるとよいでしょう。

　土星は凝固したもの。天王星は生命を取り戻すものです。冥王星も海王星も非物質的ですが、天王星は物質性にできる限り近づき、それゆえに物質性に対して強い影響を与え、その閉鎖的な秩序を打ち破る立場にあるということを考えて、自分の天王星がどこのサインにあるのか、どこのハウスにあるのかを点検しましょう。

　土星は一時的なもの、天王星はもっと永続的なものと考えるとよいのですが、ともに惑星であり、惑星意識ですから、天王星がエーテル体を示すものではなく、天王星はエーテル体の反映であり、それは小さな鏡の中に映ったものということを忘れてはなりません。天王星はエーテル体の受け皿であり、乗り物であり、天王星が主役になることはありません。

クンダリニ

　ヒンドゥーのヨガの哲学では「クンダリニ」というものがあり、これは強烈な生命力を示すものといわれています。シヴァ神と離れ離れになったシャクティは、3回半とぐろを巻いた蛇として、腰にあるムラダーラ・チャクラに眠っており、頭頂にあるサハスララ・チャクラに住むシヴァ神が迎えに行くことで、目覚めるといわれています。

　このクンダリニはタロットカードでは、「20審判」のカードに描かれており、ここでは眠った蛇が目覚める過程は、墓の中にある死体の蘇生であり、シヴァ神の呼びかけはチャルメラを吹く天使として描かれています。このクンダリニであるシャクティは、そもそもが蛇であり、墓石の外に立つ男女としての人とは別個のものです。つまり男女中性という3種類に分けると、ジェンダーのない中和的な柱で、これを身体ではスシュムナの柱といいます。しばしばシャクティとかクンダリニは女性的な力とみなされていますが、本来は中性的なものです。

　クンダリニという言葉は「螺旋」や「コイル」、「巻き毛」、「環」などを意味するクンダラという言葉から派生しているものだそうですが、カモワン版タロットカードでは、この巻き毛とか螺旋の図像として、真ん中に立つ人物の頭のターバンに渦巻きが描かれています。

　私はQHHTで、マグマの上空にいる自分を発見しましたが、その時とても気持ち良く、いつもこのような気分で暮らしたいと思いました。ムラダーラ・チャクラの腰に眠る蛇は、物質の中に眠り込んでいるという点では、土星作用の中に眠ると考えてもよいでしょう。

　土星は墓石、殻、死んでいくものを暗示します。上位の意識がラッパを吹いて、これを呼び起すシーンは、狭義には、土星に眠るものを天王星がゆり起こすことでもあります。

　アストラル体は生命のかたちを示しており、動物体にたとえられています

が、エーテル体はむしろ蜘蛛の巣や螺旋、コイル、巻き毛、環の形態です。岩とそれを打ち砕くエネルギーの渦という対比は、土星と天王星の関係と考えられるので、天王星の影響が隅々まで行き渡ることは、クンダリニが目覚めて活性化することに通じます。

天使のラッパは波動とか電気的なもので、この頭から腰まで行き来するということそのものが、天王星が示すエーテル体の作用を示しています。

天王星は単独で考えるより、外宇宙、冥王星、海王星と連鎖する手先として、土星に突きつけられるものですが、ホロスコープの中で、天王星があるサイン、サインの度数、ハウスなどは、硬直して死にかけた組織、身体性、習慣、惰性などに割り込み、ひびを入れて、生命を蘇らせるということのために、個人はどういう方法を使うのが一番得意なのかを示しています。その人にはその人の岩の崩し方があるのです。

日本国憲法図では、天王星は6ハウスにあり、双子座の22度、サビアンシンボルでは「田舎踊り」というものです。22度は着地方向に向かうことを示しますから、具体的にどうすればよいかを表し、双子座は風・柔軟サインとして、思いついたものを片端から手をつけます。

6ハウスということでこれは仕事です。計画性なしに、思いついた仕事を人からどう見えるかを気にしないで、行き当たりばったりで手をつけるという意味です。それが遠くから見ると、何か田舎のダンスのように見えてくるということです。ダンスという以上は踊りに関係します。

今、この原稿を書いているのは8月です。昨日、高知でよさこい祭りがあり、よさこい踊りがあり、世界中からよさこい踊りをする人が集まりました。これは田舎踊りに等しいでしょう。

戦後の日本が、霊的に開かれるために、エーテル体の部分として、固い岩や固い眠りを目覚めさせるのにどうすればよいかということになると、答えはよさこい踊りをすればよいということです。あるいは阿波踊りでも。見た目を気にしてはいけません。

見た目とは、外から見た視点で、これは山羊座と連動した乙女座などが作り出すもので、再び硬直に向かいます。しかし双子座は風・柔軟サインと

して、土の塊を解体し、飛び散るものですから、形を整えず、できる限り笑えるものにしていくということも好ましい。

　日本人は見た目を気にしないで、まるで田舎踊りのように働く、仕事をするということをすれば、日本のエーテル体は活性化し、日本の集団意識としてのクンダリニが目覚めます。これは日本のあちこちの火山が噴出するというものでもよいです。また田舎の活性化、つまり田舎のあちこちで踊りがあるということでもよいでしょう。言葉としては「踊る阿呆（あほう）」というのが最も適切です。

　戦後日本の太陽は土星とスクエアで、特に物質的に縛られ萎縮（いしゅく）し、緊張していますから、ここでは踊る阿呆になることが開放の手段だと考えるのです。双子座は交通とか通信。天王星は電子機器。電気製品とか、また自動車とかで、思いつく端から作り出し、世界中に散らばるということでもよいでしょう。世界中に日本の電気製品が拡大する。アフリカに日本の電気製品が少ないのならば、日本のエーテル体はアフリカにはまだ浸透しておらず、そこは硬い岩の世界であり、禿げ地です。揉みほぐして柔らかくするのに電気を通すというのは、怪しい電気治療器のようですが、日本が活性化するにはこれが一番適しているのです。

　バブル時代に流行した「パラパラ」は盆踊りの文化を持つ国民性に合ったダンスといわれていますが、単調な動作の踊りはトランス状態に入りやすく、10時間とか、ずっと踊り続けると確実に変成意識に入ります。そして幻覚症状も出てきます。

　マラソンも同じ動作を続けるので、これもパラパラや阿波踊り、よさこい踊りとたいして違いはありません。日本人はマラソン狂いで、過酷な設定になるほど参加人数が増加します。

　ずっと以前、私はヘミシンクで「最近、疲れているが何をすればいいか？」と聞いた時に、まずは金星からエネルギーを取り込むこと。次にストリートダンスをすればよいという回答でした。

　金星からのエネルギーは蛆虫（うじむし）のような形のものが多数ジャングルジムに降り注ぐというものでしたが、最近は、これを同じ虫でもWIMP（弱っちい

虫という名前のつけられた暗黒物質）に変え、またジャングルジムは身体のエーテル体のことですから、ここに金星を通じて外宇宙からの暗黒物質が入り込み、浸透すれば元気になれるということです。

　そもそもQHHT体験で、私は地上からはエネルギーをあまり取り込んでいないことがわかったのですが、そういう場合、このように宇宙的な供給がないと、生体維持にはいろいろと問題が出るのでしょう。

　また、このエネルギーが均等に染み込むにはストリートダンスをするということです。ストリートダンスは路上のダンスで、これは路上を意味する双子座にはマッチしていますから、ストリートダンスの部分は私というよりも日本人全員にいえることです。

　身体では手は双子座です。脚はどちらかというと太腿で射手座です。パラパラは下半身はとても単調な動きをしており、むしろ手の動きに細かさが出てきます。路上で単調にゆっくり前進しながら、上半身は細かいコミカルな動きをして、パラパラに似たわかりやすさがあれば戦後日本の国民のエーテル体活性化には適しています。

低次エーテル体と高次エーテル体

　シュタイナーは、アストラル体は物質界に関心を抱くことで低次な領域に向かい、結果として、もともとはアストラル体の下に位置していたエーテル体がアストラル体の肩代わりをして高次な領域を受け持つことになったといいました。この高次なエーテル体はメンタル体の場所に重なります。メンタル体は下位の領域に対してほとんど関心を持たない場合があり、その時にはアストラル体との架け橋として高次なエーテル体が働きます。

　メンタル体はロゴスであり、これを文字の精髄(せいずい)とたとえてみましょう。エーテル体は網目のようなものです。縦横に網目が走る時線がいくつか交差しますが、この線の結び目として、文字のロゴスがあり、これはシンプルな記号とたとえることができます。

　例えば、八つの点の結び目があると、この中に八つの文字をプロトコルにするアストラル体が作られます。アストラル体は同じ鋳型のものはみな自分とみなし、どこにでも出現します。いくらたくさんあっても、自分としては一つとみなすのです。振動論では、同じ振動のものは同じであり、そこに区別はありません。このアストラル体は限られた場に興味を抱くことで、普遍性を失い、この段階で土星と結びつきます。ただ、ここで文字とか線の話をしましたが、これはあくまでもたとえであり、物質として確認できるものを想定すると、メンタル体にも高次エーテル体にも該当しないものとなるので、たとえであると考えてください。

　低次のエーテル体は、この土星化したものに電気を通すように貫通し、他のものと結びつけ、広大な流通性を作って、アストラル体とはもともとは普遍的なものであることを思い出させます。土星化したアストラル体はエーテル体のおかげで、自分がここ以外のどこにでも移動できることを思い出すようになります。そのためには個別の欲望、特定の場に対する興味、執着心から脱却する必要があり、人間個人としていえば、個人のプライド、利害、固

有の考え方、個性への執着などを脱ぎ捨てる必要があります。そもそも人間はこれらの欲望や印象に同一化しており、自己が不在になっていることが多いので、同一化している印象から離脱することに、天王星や水瓶座が大きく貢献します。

クンダリニを呼び出すシヴァ神はサハスララ・チャクラにあるといわれていますが、サハスララ・チャクラは上位のコスモスとのインターバルの機能にほかならないので、もともとは、シヴァ神は、太陽系の外の恒星から来たと考えてもよいでしょう。

するとタロットカードの「20審判」の天使も、馬車、馬、御者、主人のうちの主人の部分、メンタル体、大天使意識です。眠り込んだアストラル体は、自分を作った元のロゴスを思い出したら、源流にまで直通の回路を昇ろうとします。ただし、下にあるものは自力で上がることは不可能だという法則があるので、やはりここではタロットカードの「20審判」のように、シヴァ神が上空から呼びかけする必要があるのです。もし、それがないなら、シャクティは永遠に眠り込むか、まどろんでいるままです。

またメンタル体がこのことに興味がない場合には、上位エーテル体が呼びかけをします。上位エーテル体はもう説明したように、メンタル体とアストラル体を結びつける役割でした。グルジェフのエニアグラムの図では、第2オクターブは、外宇宙との扉である9の数字の位置から外に出ることが可能で、恒星まで上がった後に降りてきますから、これが上位エーテル体に該当するのかもしれません。

基本的にアストラル体は、二極化された太陽の範囲の中にある、つまり太陽系の中にあるものですが、それよりも上位に位置することになった高次エーテル体は、太陽系の枠からはみ出して、その網目を恒星領域とか全太陽領域にまで拡大します。

チベットの民族宗教であるボン教がいう「天国への糸」は、上位エーテル体が加わることで、恒星にまで行く管、パイプ、筒になります。

私がスピカに向かった時には自分の身体が入るぎりぎりのサイズの筒で、この中を螺旋回転しながら移動しましたが、エーテル体の網目の線は、拡

大すると筒になるのです。ものの大小というのは、物質界から離れてしまえばほとんど意味をなさなくなりますから、それが針の先のような点とか髪の毛のような線でも、また巨大なトンネルでも同じです。大小のサイズが可変なので、宇宙船よりも搭乗員の方が、サイズが大きいということもよくあり、これに慣れるのに時間はかかるかもしれません。

　下位のエーテル体と上位のエーテル体は、もともとは同じ構造のものであり、つまりメンタル体は上位のエーテル体と関わることで、結果的に下位のエーテル体にまで降りてくることが可能ということにもなります。直接降りてくるというよりも、その影響が降下するという意味です。

　私がスピカに行った時には、戻る時に、スピカ意識を背負って、地球に戻りましたが、スピカ意識はアメリカにまで降りたので、そこまでは意識が及ぶということでしょう。これは一見、生命の樹の四つの樹の連鎖ルールには反しています。物質界には高次な領域との接点はありません。というのも物質界は、特定の時間、特定の空間というローカル性に閉鎖されているからです。しかしエーテル領域は高次なところまでは接点があるという意味では、物質界に接続する時に破れ目、傷、暗部、矛盾した場所、無が入り込むところ、あるいは逆に頂点などを探し、そこに降りてきます。

　スピカに行く時に、最初は通路がないというと、男達が溶けて筒になったのですが、男達は人の形をしているという点で土星領域です。溶けて筒になるという部分はエーテル体になったということで天王星化です。この時、筒が龍のような神話元型に見えるならば、通路として海王星も加わったといえますが、体験的に見てアストラル的な要素はあまりありませんでした。つまり筒がアストラル体らしく、印象や体験を味わう能動体として働いているように見えず、純粋に植物的な通路になっていました。

　この点で、筒はアストラル体を通さない冥王星と天王星の直通回路と考えてもよいのかもしれません。私個人のホロスコープでは、冥王星と天王星はパラレルで、これは黄経の一致でなく、緯度として冥王星が天王星の上に乗っていると考えてもよいので、エーテル体は、外宇宙の力が入ってくる専用回路としてしつけられているとみなしてもよいでしょう。

そもそもエーテル体がアストラル体の上位にある役割を受け持ち、さらに低次エーテル体と共鳴すると、メンタル体の降下の際に、アストラル体の頭越しに、上位エーテル体が運び屋になり、そのまま下位エーテル体につなぐということはいくらでも可能だとなれば、天王星の役割をもっとクローズアップしてもよいのではないかと思います。

ディーン・ルディアが天王星は銀河とつながると書いた時に、私はそれについては否定的で、ルディアのただの思いつき発言だと思いました。天王星は太陽系の中の、途中にある惑星にすぎないのです。しかし太陽系の外にある上位存在の方から働きかける限りにおいては、天王星までは恒星存在は降りてくることができるということです。もちろん、天王星の方からそこに行くことは不可能です。

この人の形から筒になることを、私は、最近はある本で「シェイプシフター」と書きました。これは通路となる存在であるという意味です。日蓮の七面観音は、妙齢の女性から紅龍に変身しましたが、この場合、龍はアストラルイメージなので、占星術的には、これは土星、海王星の通路といえます。機械のトンネルならば土星・天王星です。海王星ならば説明に寓意を使うでしょうし、天王星ならば何か数式のようなものになるでしょう。

エドガー・ケイシーは、天王星が獅子座の22度であり「伝書鳩」というシンボルでした。これは鳥がお手紙を持ってくるというものですが、エドガー・ケイシーのアカシックリーディングには、太陽系外の内容は入っているのかというと、冥王星の説明で書いたように、組織化された連合の通路を通じて持ち込まれることになります。そしてケイシーのエーテル体の働きが、メッセージの伝達ということに集約されます。もし、この伝書鳩の度数が冥王星にあれば、メンタル体は受信機能はなく、自分で作り出す創造作用ですから、伝書鳩が持ち込んだ手紙は、伝書鳩自身が書いたものだということになります。その先にあるのは暗闇で、誰も手紙は書けないのです。

アカシックレコードは地球範囲の記録としては12サインと同等というか12サインそのものです。太陽系の外にあるアカシックレコードは、その管轄範囲により違いがありますが、例えば、りゅう座のトゥバンにあるものは、トゥ

バンがグレートセントラルサンとして管轄している範囲のすべての記録を持っています。トゥバンはエジプト時代の北極星です。

　エドガー・ケイシーのアカシックリーディングは圧倒的にエジプトのものが多く、依頼者もエジプト時代に関係している人ばかりですが、地球範囲のアカシックレコードでは不足がある時には、トゥバンのデータを持ち込んできます。この時、アクセス権は連合の方にありますから、ケイシーはそれに許可を求め承認されたら、そのデータをリーディング可能ということになります。

　ケイシーはときどき恒星の影響などについても言及していますが、それは従来の占星術で説明されているようなものとは似ていないものでした。占星術で言及されている恒星の性質は、二極化された惑星から見た偏ったものなので、大半は使い物にならないことが多いのですが、恒星について知識を得るには地球アカシックレコードではなく、全太陽レベルの図書館からアクセスする必要があります。

月の軌道にある謎のもの

　日常の生活を満たし、既にそこに退屈さを感じ、実際の体験のどれもが、その行きつく先が見えていると理解した人は、実生活をルーチン化して、そこをあたかも消し去るかのようにトーンを落として、日常では見られないものを追いかけます。

　秋山氏の『Lシフト』を読んで、霊的存在と宇宙人の違いがいま一つよくわからないのですが、しかし霊的な存在はメンタル界とかアストラル界にいるが物質的でない。宇宙人はメンタル界とかアストラル界まで意識が通じており、その上で、物質的であるというふうに考えると、宇宙人になるためには、メンタル体、アストラル体、エーテル体の身体を持ち、それをそのまま物質界に引き下ろして、象徴に応じる物質体、象徴的であり物質的であるもの、象徴と物質体に埋められない溝があるわけではない身体を作り出すとよいのですが、このためには、現世で活発に生活しつつ、同時進行で2番目のボディを作るという巧妙な人もいれば、達磨大師の面壁九年のように、じっと動かない瞑想、ごろ寝、ひきこもりを続けるということも役立つでしょう。

　象徴的ボディと物質体が上手くマッチしている人は、「想念によって物質が動く」とか「想念によって宇宙船が飛ぶ」ということが実現できます。地球においては物質が単独の権利を主張するので、生体とは別個の乗り物を作らなくてはならず、それをナットとボルトで組み立てるのです。

　現実的な話として宇宙人のように、アストラル体、エーテル体が、そのまま物質体に浸透し、想念で意のままになる物質体を持つということより、地球という特殊条件においては、物質体は象徴的身体には従わないので、象徴的身体に従うような別ボディを用意して、そこに乗り換えていくという方がより実際性が高いと思えます。タロットカードが示しているのはこの方法論です。

この場合、新しく用意された物質体は限りなく物質に近い濃いエーテル体なのですが、ここに体験のすべての素材があると考えていくとよいのです。

『鑑定士と顔のない依頼人』という映画を見ましたが、鑑定士のヴァージルは美しい女性の絵画を集めながら、絵に描かれているような実在の女性を求めていた。つまりヴァージルは美しい絵画を真実のものとみなしておらず、それは代替物でしかないと思っていたのです。これでは本物の美術収集家とはいえません。

濃いエーテル体にボディを載せ替えるとは、想念で作られるイメージが真実であり現実であり、ヴァージルが好みの女性と会いたいと思えば、それを想像で呼び出し、会話したり交流したりすればよくて、そこで体験は完結し、不満は残らないということになります。「想念によって物質が変化する」とはそういうことです。想念によっては全く動かない現実の世界において、想念では動かない女性と会いたいというのはおかしな話です。なぜといって、この女性の好みとかイメージは、ヴァージルが作り出したものであり、他の人はそれを共有できないヴァージルの主観的な気持ちの上でしか成立していないのですから。

月はしばしばエーテル体に関係していると考えられます。生命の樹では、イエソドという腰の位置の中枢が月に割り当てられており、下のマルクトを物質にすると、その上のイエソドはエーテル体であり、またその上の太陽に割り当てられているティファレトはアストラル体と呼ばれています。これは地球を肉体とみると、その周囲にある月の軌道は、肉体の周囲の気の身体の輪郭を表し、月は地球にとってのエーテル体と考えるからです。

一方で、土星を物質的な輪郭と考えた時に、天王星はその外側にある軌道であるとみなします。小さな意味で月はエーテル体。大きな意味で天王星はエーテル体と構造的に似ているのです。

この場合、地球は物質的な肉体を象徴とするので、月のエーテル体とはまさに物理的なものの周囲にあるものであり、一方で、土星の外郭にある天王星は個別の物質というよりこの世界を認識している思考や印象のスタイルというカテゴリーの中でのエーテル体だと考えるのです。マクロで普遍的な

ところで天王星はエーテル体。個人として自分の肉体の周辺を見回すと、月がエーテル体を表すと区別するとよいでしょう。

多分、これだけでは納得できないと思うので、もっと詳しく説明します。

グルジェフは惑星意識H48を物質界。全惑星意識H24をアストラル界、太陽H12をメンタル界と定義しています。

シュタイナーとの整合性を取るために、私はこの順番を少し入れ替えました。惑星意識H48を物質界、H24の全惑星意識はエーテル界。二極化された太陽をH12のアストラル界。銀河にフラグを立てた恒星としての太陽の局面はH6でメンタル界という具合です。グルジェフの定義の中にはエーテル界というものがありません。アストラル界とエーテル界をくっつけてしまったからです。これはシュタイナーが鉱物と金属を分けないのと似ており、それぞれ違うところでアバウトなのです。

そこで肝心の物質界H48の惑星意識ですが、これは物質そのものを示しているわけではありません。この空気、もの、人、車が走っていたり、建物が立っていたりする世界全体を物質界と考えるのです。この物質界は、私達の思考とか思念の中にある特定の振動の世界です。

違う振動密度で生きている生物からすると、私達にはとうてい見ることのできない淡い領域を固い物質世界と見ています。彼らからすると、私達が見ている物質世界は、視界の中に入ってこず、ずっとこれを知らないままということも多いのです。

土星を物質界とたとえましたが、実際には、惑星はすべて土星も天王星も海王星も冥王星も物質界H48領域を表しており、惑星界は、私達から見ての物質界という思念の世界です。

自分よりも振動密度の低いものを対象化できるというのがルールであると考えると、地球住人の標準であるH48よりも速度の遅い振動のものを私達は物質として認識します。そして物質界と物質は違うものであるというのは、物質は個別に考えなくてはならないからですが、等しく、私達の平均振動密度から見ると、より低速のものだという点です。個別に見た上で、エーテル物質はH96であり、空気はH192、水はH384、木がH768などです。

振動密度が少し重い人の場合、H96のエーテル物質を対象化できず視覚化できないまま、それを自分の内的な感情として同一化するケースは多くなります。そういう人の感情はとても重苦しく、人にそれを押しつけます。振動密度が少し高い人は、H96のエーテル物質をものとして認識し、つまり内面に同化せず、外にそれを見ます。存在の相対差によって対象化できるものが違うので、ある人はエーテル体を見る。ある人はそれを見ることができないというわけです。

惑星は等しくH48の物質界の分類ですが、細かくいえば、斜めに配列されたような、つまり上の部分はH24に近く、下の方はH96に近いと考えた方がよいでしょう。つまり階段です。

これと同じく、エーテル領域を示すH96の月も、本来は七段階あるのが理想です。自分の振動密度によって、相対的に自分よりも低いものだけを対象化できるという点では、見えない月もあるのだと考えると面白いかもしれません。

かぐや姫は月の都市に戻りましたが、そんなもの誰も発見していない。実はエーテル界に存在しており、自分の振動密度が低い人は、それを対象化できず、もののたとえとしてしか理解できないのだと。

全惑星意識としてのH24がエーテル界。そして物質界としての惑星意識H48の内部においての反射が天王星であり、さらに物質としてのエーテル物質がH96で月に対応するというところを識別しないと、このあたりはかなり混乱するはずです。

「思念としての物質界」の中に属する天王星は冥王星が持ち込む外宇宙要素の架け橋にもなりうると説明しましたが、それではそれに似た要素も「対象化された物質性としてのエーテル体」を示す月にはあるのでしょうか。そもそもエーテル体は、物質的な肉体から抜け出す最初の架け橋で、カバラ団体でも、エーテル体を見て感じることが入門した人の最初の仕事です。

私は長い間、月の軌道には、宇宙的な知性が住んでいる宇宙ステーションがあると説明してきました。これは地球の周囲にある月の不足分を補う役割もあります。そもそも月はエーテル体を受け持つ天体とすると、月の役割

としては物質的な天体である必要はないのです。細かくいうと、エーテル体を対象化できない人から見て物質的に認識される月である必要はないということです。

　QHHTセッションを受けた時、この月のステーションは巨大なものであり、ほとんど月の軌道全体を覆うような構造でもあるように見えました。全体を覆うものであるというよりは、複数の宇宙船が点々と埋めているのですが、エーテル体での話なので、物質的観点としての正確なサイズということを気にする必要はありません。エーテル体以上の次元のものについては役割とか意味として考える必要があります。

　物質については、この役割や意味、意図などをすべて抜き去って、サイズや重さ、場所、時間座標などを考えますが、その考え方を気にしていると、この月の軌道にあるステーションについてはまさに謎だらけになり、理解不能なものとなるでしょう。物質的にいえば、存在しないといった方が正確です。ですがエーテル体を対象できるくらい十分に速い振動密度の人からすると、これは物質的に存在しているのです。地球から他のどこに行くにも、このステーションが最も身近なものであり、私からすると身近な空港ともいえます。

　QHHTでは、「(この月のステーションの私がいつも入り浸っている場所ではなく) もっと違う場所に行ってみたらどうか」といわれました。QHHTのプラクティショナーがどうしてそんなことをいったのかわかりません。私の癖としては行きつけの店が決まってしまうと、ずっとそこだけに頻繁に通うということが多く、他のエリアに行くことは思ってもみないことが多いのです。

　そこで、他の場所として、赤のエリアに行ってみましたが、そこに住んでいる人は植物を扱っていました。地球を取り巻く植物領域について研究しているか、携わっている存在で、その赤の領域から、というよりもその人から植物的な束が地球に伸びていましたが、もちろんこれは植物というよりエーテル体の網目です。

　この存在はリリスに関係しています。このステーションはかぐや姫の物語

の中に描かれた月の都市であり、かぐや姫はここに戻ったのです。そもそもかぐや姫は竹林の中で生まれ、竹林とはエーテル体のたとえです。月のステーションに関しては古来より童話などで伝えられています。

　月は地球の周囲を回転していますが、正確に地球の軸の周りを回転しているわけではありません。地球と月は、地球の中心から約4600km離れた場所にある重心の周りを回っています。リリスとは月の遠地点ですが、月の遠地点と近地点の中心点が月の軸です。

　かぐや姫は月の都市に戻ると、地球に住んでいた時のことをすべて忘れると書いてありますが、月の都市に移動すると、この月の軸は地球の軸ではないので、地球での記憶を再現できないのです。意識状態と記憶はいつもセットで、意識が変わると記憶も変わります。反対に地球の軸を中心にする生き方に戻ると、月の軌道にあるものは忘れます。

　リリスは地球から離れた遠地点であるという意味では、地球に対してはあまり協力的ではないエーテル体を表します。日常の生活の中に組み込まれず気のレベルに浮いたものです。しかし、矛盾している話ですが、月は地球の周りを回転しており、とことん地球に依存しており、地球がなくなると自分も存在できません。地球に依存しておりながら地球に協力的でないのです。

　そもそも天王星も土星に対しては協力的でなく土星を逆撫でします。月の遠地点のリリスもそれに似ています。キリスト教では、この地球生活、物質生活に協力的でないということから、リリスを邪悪なものとみなしました。支配者に従わないものはみな悪魔なのです。地上生活に閉じ込めるという政治的姿勢からするとリリスというのは困った存在で、反抗的ですが、スタピからすると、むしろ最後の手がかりのような性質も持っています。

　古い日本ではリリス的な人を「職人」と呼んでいました。地球磁場の内側にあり、「内輪から外への道筋」を提示するという点で、スタピからすると命綱的な性質でもあります。テレビのドラマ『鬼平犯科帳』では、金持ちの家に泥棒に入る時、内側から手引きする者がいて、その案内で夜中に盗賊の一団が忍び込みます。リリスはこの内部らの手引きのようなものです。

　アポジー（遠地点）としてのリリスは地球にはあまり従属的でないという

意味では、太陽に対して離心率の高い冥王星の立場とも似ています。月の軌道にあるステーションには外宇宙的な存在が出入りします。

　ビーナストランシットの金星は太陽の外の力を持ち込み、この金星は外宇宙との接点と書きました。私は赤のセクトのリリスが、ビーナストランシットの金星とも関係していることを最初は不審に思いましたが、実際にはいろいろと共通点があります。

　リリスのポイントの公転周期は9年ですが、サロス周期はこの2倍の18年です。

夜の女王

　リリスは、『ギルガメシュ叙事詩』では、女性の妖怪キスキル・リラ（キーシキル―リル―ラ―ケ）と同じものとされていて、ウィキペディアに掲載されたＳ・Ｎ・クレイマー訳では以下のようになっています。

> 竜がその木の根元に巣をつくり、
> ズー鳥が頂で若鳥を育て、
> そして妖怪リリスが中ほどに住処を作っていた。
> （中略）
> それからズー鳥は若鳥とともに山地へ飛んでいった
> そしてリリスは、彼女の住処を壊して荒野へと逃げ帰った
> 〈https://ja.wikipedia.org/wiki/リリス〉

　竜が木の根元に巣を作るという部分はクンダリニに似ています。クンダリニは大地を象徴とするムラダーラ・チャクラで３回半とぐろを巻いて眠る蛇です。
　リリスは樹の中ほどに住処(すみか)を作ります。この樹が生えている大地は地球のことで、樹はエーテル体としての宇宙樹です。リリスは大地に降りることはなく樹の中腹にいますが、「バーニーの浮彫」を参考にすると、脚は鳥の鉤爪(かぎづめ)になり、両脇に夜行性のフクロウが眷属(けんぞく)として存在します。
　月のステーションを私は昔から「中二階」と呼んでいますが、これを樹の中腹と考えてもよいのです。この木の根元の竜の巣でとぐろを巻く蛇が目覚めると、中二階を通って、ズー鳥は外宇宙に行くのです。これは塔の上に置いてあるアメノトリフネでもあり、月の軌道のステーションには数々の宇宙

船が置いてあります。

　鳥の鉤爪の脚を持つリリスはそもそも鳥族であり、人間のようにジェンダーを持ちません。日本では鴉天狗(からすてんぐ)などで馴染まれています。天狗系の頂点には猿田彦(さるたひこ)がいますが、つまりヘルメスと同系で、アンタレスを故郷とするグループと考えてもよいでしょう。

　西欧では嫌われるオオカミ、黒い鳥は、日本では反対に好まれており、リリスにおいても同じです。

　『死海文書』ではリリスについては、「彼女の門は死への門であり、その家の玄関から、彼女は冥界へと向かわせる。そこに行く者はだれも戻って来ない。彼女に取り憑かれた者は穴へと落ち込む」と書いてあるようですが、戻って来るとしたら、あまり上手く機能していないことになります。

　冥王星を通じてトゥルパを呼び出す。遠地点を通じて夢の中に案内者を呼び出す。この案内者は当人を連れ去り、二度と元に戻さないのです。

　それぞれの人のホロスコープの中で、遠地点としてのリリスの場所は、「冥界へと向かわせる」通路となり、それは天王星の役割の低次の領域においての、より物質的段階での代行です。リリスのあるサイン、ハウス、度数に関わることで、この穴が開きやすいといえます。リリスの場所を発掘することで「穴へと落ち込み」、樹の中腹の住処である月のステーションに到達し、ここからズー鳥になって恒星に飛びます。

　この役割のためにリリスは鳥の鉤爪を持ち、決して地上には降りてこないのです。これは夢の中で探すことが好ましいといえます。というのも目に見える現世にその反映物はないし、あるとしたら、もともとのリリスの意味からおおいに外れています。

　中世からリリスが排斥されてきたのは、リリスが日常の生活に組み込めず、日常の生活には貢献しない穴であるからで、この穴を封じることで、人間は土星の牢獄から抜け出すきっかけを失ったのです。

　バーナデット・ブレイディはアルゴルとクンダリニをこのリリスと結びつけています。クンダリニは、性的なエネルギーを上の次元に引き上げるので、地上の生殖などには貢献しないエネルギーの使い方を示しており、それは

地上的には不毛で非生産的です。

　最近テレビのニュースで、ある政治家がLGBT（レズビアン・ゲイ・バイセクシュアル・トランスジェンダー＝性的マイノリティー）には生産性がないと発言して物議を醸しましたが、LGBTもリリス類に分類されます。そもそもLGBTは物質的には生産性がないのですが、文化的な面や芸術方面では著しい生産性があり、この人々が文化を引き上げているような感じもあります。

　リリスを考える時に、「気のレベルにとどまり、決して地上的な反映物は存在しない」ということを忘れないようにするとよいでしょう。

　世の中に不適応なものはすべてリリス的なものです。日本では山に住み、なかなか平地には降りてきませんでした。

　エドガー・ケイシーのリリスは、水瓶座23度で、7ハウスにありました。7ハウスにリリスがある人は、例えば結婚相手に社会不適応のひきこもりとか、孤立者とか、変人を選びたがります。

　現実にケイシーの結婚相手がそうだったのかどうかわかりませんが、ケイシーのところにやってくるクライアントや相談者、協力者は比較的リリス的で、現世には決して満足しない人々ばかりだったのではないでしょうか。そもそもそういう人でないとアカシックリーディングの依頼には来ません。

 ヘカテ

　リリス元型と同じく、異界との接点になる神話元型は邪悪なイメージを与えられます。これらは日常の生活に対立するものだからです。
　リリスは地球生活に貢献しない月を表しましたが、視点は違えど似たものとしてヘカテもあります。
　神仙道での「三魂七魄(さんこんしちはく)」という言葉の七魄は地球が感覚として見たら12個、法則的には七つあるということに翻訳できます。横に12、縦に7です。
　魄はエーテル体のことですが、濃いものは限りなく物質に近く、それに振動密度を上げた人から見ると、薄いエーテル体も対象化可能な明確な物質なのです。自分が変化すると、それまでは希薄な気配でしかなかったものが、はっきりと岩のように硬い物質に変わるというのは体験しないとよく理解できないことかもしれません。
　フィリップのマニラのホテルで毎夜自殺者の魂魄(こんぱく)と対していましたが、最後の日には、私が眠りそうになるとベッドを激しく揺すぶって起こしました。また眠りそうになると同じようにベッドを揺すぶるということを繰り返して疲労困憊(ろうこんぱい)しましたが、実際に重たいベッドを揺すぶったのか、それともベッドの上層にあるモノノケとしてのベッドの複製を揺すぶっていたのかわかりません。ただフィリピンのマニラ近辺は地球の中でもエーテル成分の濃い地域で、驚くようなおかしなことがたくさん起きる地域です。濃いエーテル体というものを研究するには、フィリピンに行くとよいと思います。
　精神世界では、今後、地球がアセンションして、古い地球とアセンションした地球の2種類になるという話がありますが、そもそも惑星がアセンションするなどということは考えにくいのです。むしろ一部の人々が、今の地球とは違う地球、すなわち12個のうちの一つに移動するというふうに考えると、これは仙道のメソッドと合わせて、自然なものと受け取られます。
　古来より宗教が追求してきたものとも共鳴します。それに過去にもこのシ

フトはありました。七魄の一番下から2番目に、地球が移動したというよりも住人が移動したのです。

　私が書いたタロットカードの本では、このシフトは12感覚を巡回して斜めにずれ込んでいくという状態で、その場合、12感覚のうちのどれか一つに特に段差ができるでしょう。最もわかりやすいのは視覚で、目で見て違う世界が確認できる。するとそれに合わせて、他の11個の感覚も同調しやすいのではないかと思います。人により好みはあると思いますが、聴覚からシフトするというよりは視覚からの方が早い気もします。

　場として考えると、もう一つの地球に移動する時のドアは地球のあちこちに点在するポータルを使うということになります。空間的な入り口、時間的な入り口は似ています。この入り口はもちろん目立つところにはありません。今までの地球に住んでいる人が、気がつくことのない場所や忘却の中にあるもの、眠り込んだ時、気がついても瞬間忘れてしまう場所です。

　私は13歳の時、体育の時間、運動場で上空を見たら、そこに巨大な宇宙船があった。それを隣にいる級友に教えようとしたら、怒ったような顔をして頑固に顔を上げませんでした。この場合、操作されたというよりも、この昼の時間の隙間に置かれた映像に意識が同調できなかったのです。同調できればいつでも見ることはできた。目の前にあからさまに置かれているのです。

　私の場合、ときどきこういうことがあり、その時、他の人は記憶喪失するか、印象が意識の表面から取り除かれるのかもしれません。

　ヘカテは、真夜中とか、人がいないさびしい場所で、十字路、三つ辻に、犬を連れて出現するといわれています。十字路や三つ辻など、曲がり角、転回点は切り替えの場所であり、日本でならばここにサカ（坂、裂け）も加わりますが、ヘカテは異界の案内者となり、その場所から今の地球とは違う空間に入ります。

　ヘカテはアルコーンの一人で、12サインの下にある中間界360人の頭領を統率するといわれていますが、この頭領はサビアンシンボルでもあります。

　ヘカテはデミウルゴスの配下であるといわれていますが、別地球に移動す

るテーマでは、重要なのはすべて低位のより物質的な神格です。高位の神格はみなメンタル界とか上位エーテル界、あるいはアストラル界などに関係し、これらは物質的なところにはほとんど関わってこないのです。異次元移行のための技術問題ということを考え始めるとリリスやヘカテが重要です。

　私がヘカテの話を持ち出すのは、連絡役になろうとしている存在がヘカテのスタイルをそのまま借用していることに気がついたからです。一度目はどうして犬を連れているのか理解ができなかった。しかし二度目に、ヘカテのスタイルを使うというメッセージだと気がつきました。街中でも、ポータルとなる場所、時間はいくらでもあり、むしろ町中に穴が開いた方が面白いといえます。

　リリスは別地球とか外宇宙とつながる「気」の身体を作り出すことに貢献し、その後、出入り口の場所とかタイミングを案内するのがヘカテであると考えるとよいでしょう。

　占星術で、このヘカテの位置を探すことができるのかというと、まずは曲がり角であること、さらにリリスが月の軌道で地球から遠い遠地点を示していたように、今度は、実際に移動する月が痩せ細る場所とも考えられます。太った時には地上の生活の気力を充満させ、痩せた時には、物質的生活の意欲が減退します。

　月が痩せた時期は、知恵が出てきますが、満月に近づくと頭はぼんやりします。異なる世界に向かう扉を使おうと思っても、物質生活を強める月の力が充満すると話が逆です。地球には月が一つしかないので、そのせいで、地球は月に引っ張られて、太陽との距離が少し開きました。太陽の光が十分に届かないので、その隙間に人類を埋め込み、人類は太陽と地球の触媒として機能するようになったというところから考えても、月の力が強まると、私達の地球生活はより物質的になるのです。

　カルデアではヘカテは神の知恵を伝えるともいわれていて、そもそもヘルメスとともに道祖神ですから、ヘルメスの低位な意味とも重なりやすいのです。リリスは月を地球から遠ざけ、ヘカテは月を痩せ細らせますが、その分、反世界としての月の力が増加します。

西欧の魔術団体では、月が最も痩せた新月前の一週間は魔術活動には不向きであるといわれていました。ということは、こうした団体では、魔術に必要な気の力、すなわち物質直前まで降りてくるバロットのような濃い気を、月から借りているということになります。
　自然動力のようでこれはナチュラルに見えますが、このエーテル成分は、月から持ち込むと、どうしてもこれまでの地球生活に馴染まれたものに寄り添ってしまいます。私が書いたように、外宇宙に関わった金星から持ち込まれた気の力とかの方が便利に見えるのですが、それはあまり明文化されていません。
　西欧魔術団体の活動があくまでよりよい地球生活のために、という目的を持つならば、やはり気の力は月から持ち込むのでしょう。そもそも、こうした魔術団体はルーツがシリウス系であり、となると技術的には匠になった方がよいので、いろいろな種類の気のエネルギーを目的別に使い分けた方が理想的です。
　自然依存の場合には、新月前の一週間は座学だけをするように考えられているのですが、その後、エネルギー源を薔薇のエッセンスから抽出したり、想像力による呼び出したりとか、いろいろ工夫するようです。
　私が思うに、電気装置を作ってもよいと思います。
　古い時代には、動物の新鮮な血とか、また墓場で魄（はく）がまだ分離していない死体を利用するとかありましたが、後者の二つは全く人道的ではないので廃止されました。
　私のマニラのホテルでの体験は、墓場の死者に残留した魄ではなく、死んだ人の魂魄がぶらさげている魄の側が起こしたことで、だんだんと時間が経過するうちに魄は本人から剥離します。死んで一日しか経過していなかったのでまだフレッシュな魄が残っていたのです。

トランスサタニアンは
火星・木星・土星のリズムと似ている

　シュタイナーは火星をマクロコスモスへの誘(いざな)いといいました。木星はマクロコスモスでの夢見。そして土星はマクロコスモスでの行動と考えました。これはこの三つの天体が、地球よりも外側にあるために、地球の生活の枠からすると、マクロコスモスであると考えたからです。

　反対に、内向きのミクロコスモスへの誘いは金星、ミクロコスモスの中での夢見は水星、そしてミクロコスモスの中での行動は月としました。夜眠ってアストラル体が広い世界に開放されていく時、まずは火星がそれを誘発します。朝目覚めて、見える世界に入る時、まずは金星がその案内者となります。

　これにトランスサタニアン惑星を関連づけてみると、まず冥王星は太陽系の外の影響を持ち込む天体でした。太陽系から外に出ようとする意欲は冥王星にありますが、太陽系の外に出ると力尽きてしまい、そこで吸引側に回り、この吸引した力を太陽系の中に持ち込みます。恒星はメンタル界の意識を表していますが、この恒星が太陽系の中に降りてくる時に、冥王星をタクシーとして使います。

　私は1981年にスピカに行きましたが、戻り道でスピカの代表的な意識が、「自分を地球に連れて行け」といいました。そこで背中に背負って地球に連れてきましたが、これは自分がまるでアマテラスを背負ったヤマトヒメになった気分でした。1981年に、スピカ意識は私の通路を使って太陽系の中の地球に入り込んだのです。

　カバラの生命の樹の四つの連鎖では、物質肉体の樹はアッシャーの樹であり、これはアストラル体を示すブリアーの樹の下部と接触するので、アストラル体は物質肉体の頭の上に乗ります。しかし恒星を示すメンタル体は接触することができません。エーテル体を示すイェツィラーの樹の頭には、メンタル体を示すアツィルトの樹の足が乗ります。グライダーのような乗り物

で地球に戻る時に、スピカ意識は私の頭の上に立っていたわけでなく、背後にタンデム乗りをしていましたから、エーテル体としての私にアストラル体として乗ったか、アストラル体としての私にメンタル体として乗ったかのいずれかです。

　私の通路を使ったというのは、私が地球にいて、ここからスピカに行くと、この段階で地球とスピカとの通路ができたということになるからです。もし私が地球にいないのなら、この通路はできません。地球とスピカの通路はもともとありましたが、古い時代のものであるがゆえに忘れられており、現代にその通路を引きずり出したといえます。

　私の恒星パランでは、私は金星とスピカがパランで、金星表現の中に、スピカを持ち込むことになるのですが、惑星は一方的な方向に回転し、逆方向には向かいません。つまり二極化を作り出す作用でもあり、恒星の性質の片面しか捉えることができません。ただ金星はそもそも受け止めることを意味する天体です。金星に関係するといわれる腎臓の中の組織は、天から降る雨を受け止める杯の形をしています。すると金星・スピカのパランは、スピカを受け止め楽しむということにもなります。地上では芸術とか美術などでスピカ精神を表現するということになります。

　1981年にスピカと通路を作ったので、金星・スピカのパランの作用もよりスムーズに行うことができました。そもそも恒星パランで金星とスピカがパランしていても、これは机上の計算にすぎず、実際に金星とスピカの通路があるのかどうかはわからないのです。そうしたアストラル体の元型が太陽系の海王星の辞書の中にないのならば、計算上どう結びついても、現実にはその通路はありません。

　こういう場合も、まずは太陽系の外の恒星の影響は冥王星が持ち込みます。冥王星は「口」を象徴としており、口から入ってきたものは有機体の内部に浸透します。冥王星は太陽系の中への誘いです。これは火星の逆像のようです。火星がマクロコスモスに飛び出そうとした時、同時に冥王星は太陽系の外から太陽系の中に飛び込もうとするのです。

　次に太陽系の外から入り込んできた影響は、太陽系の中で自分に対応す

る乗り物を探します。海王星はアストラル体の乗り物ですが、外から入り込んできたロゴスは、まずは時間、空間の制限がないところで、自分が身にまとうイメージを探します。海王星の持つ記憶は、太陽系の中においては既知のものであり、既知だからこそそれを通じて、いろいろな時代やいろいろな空間の中に降りることができます。古代にはあり、現代では忘れられている元型ならば、ロゴスは古代にしか降りることができません。

ユリ・ゲラーのコンタクトしたスペクトラという宇宙知性は、地球に入り込む時には入り口は『創世記』しかないといいましたが、これは春分点が入り口だと説明しているのです。春分点の支配星は冥王星です。そして春分点から入り込んできた後には、それにふさわしいアストラル体を探しますが、アストラル体がどんな時間、どんな空間にもあるといっても、この時間と空間はエーテル体が特定の時間・空間に結びつきを作り出すものであり、アストラル体そのものは、むしろどんな時間・空間も認識していません。

型が同じものならば、それを自分とみなすということであり、2万6000年の期間の中に、3か所しか自分が降りる場所がないとしても、そのことをはっきりと自覚していません。むしろ気にしていないといえるでしょう。いろいろな時代に均等にマッピングするのはエーテル体だからです。

私はこれまでどんな体験をしても、これは神話の記述から一歩も出ていないことに気がついて、大変に驚いたことがあります。スピカに旅して、戻る時にスピカを連れてきたのも、猿田彦神話の模造です。人間の体験は、どんなものも神話記述の派生物です。この神話的な内容からはみ出した体験は痛みのある体験です。それは分断され、意味から脱落した体験だからであり、意味を失った体験をすると人は、そこに意識の連続性を保てず荒れ果てた存在となります。

太陽系の外から来た未知のものは、海王星の夢見の中で、自分が乗り込む神話的ボディを模索しますが、上手く見つからない時には、ずっとそこにとどまり、何百年も何千年もそこから降りてくることはありません。

私は1970年代末期にアンドロメダ宇宙人と会いましたが、その時、アンドロメダ存在は、アンドロメダ・ペルセウス神話を利用しました。太陽系の

中、地球の中では、それが降りる通路として定番であり便利だったからです。

　アンドロメダ姫は岩に鎖でつなぎ止められていましたが、人間は全員が身体に鉱物と金属を含むことで物質的存在として幽閉されています。つまり人間全員がまずはアンドロメダ姫のようなものです。通りすがりのペルセウスは特に用事はなかったのに、それをちらっと見て空から転落し、メドゥーサの首を使ってアンドロメダ姫を救出しました。メドゥーサを見た者は石になり、見ないままメドゥーサの力に触れると開放されます。人間は全員が岩に鎖で縛られているので、改めて見ないようにしながらメドゥーサに接触すると、クンダリニすなわちアルゴルの力に導かれ上昇していきます。

　恒星を二極化せずに本質的に捉えると、アルゴルは岩にすることと、岩を打ち砕いて開放するという作用があります。このアンドロメダ星人は私のクラスターの連絡役として、宇宙船団と地球の間を行き来する存在で、私が地球に生まれて来る時には、地球次元ぎりぎりにまで案内してきた存在です。

　アンドロメダ星人は宇宙飛行士という意味があり、いろいろな次元を旅するのが特技ですが、まず地球に降下する、また戻るということについての知識を持っており、他の宇宙知性であればこの行き来する技術がないので、いったん地球に入ると戻れなくなるケースもあります。

　太陽系の外の力は、海王星の記憶を夢見ることで、この太陽系環境の中で自分が乗り込む神話記述や神話イメージを選び、そこで特定の時間・空間の限られた場に入り込む時のスタイルが決まります。

　例えばアンドロメダ神話ならば、捕まって岩の場所に閉じ込められるというものです。またペルセウス、メドゥーサが迎えに来るというのも物語のセットで、戻り道も既に用意しており、これらすべて込みで捕獲されるということです。

　私が東京の大塚で会ったアンドロメダ星人はすぐに近くに宇宙船が待機しており、それがペルセウス、メドゥーサの役割です。この宇宙にある物質はすべての要素を含んでいるので、空気や水の中にある特定の成分を集めることで、地球の大気中で宇宙船を作り出すことが可能です。上昇する時には、この重い成分を開放します。重い物質を集めて身体にぐるぐる巻きに

して重くする、またそれをクンダリニとして開放するという手法そのものが、アンドロメダ、ペルセウス、アルゴルのマトリクスです。

　ちなみに私はスピカを地球に連れてきた時に、羽のように軽いグライダーで地球に降りましたが、このアメノトリフネはイザナミとイザナギの間に生まれたので、移動するのはヨモツヒラサカで、確かにグライダーは地球に降りる時に、ゆったりとした坂を自重で降下したことをよく覚えています。アメノトリフネには動力がなく外の風を受けて移動します。するとスピカから地球世界に入り込む時の神話型として、このアメノトリフネに乗り坂を下りるという鋳型が通路として活用されることになりますが、アメノトリフネは『ギルガメシュ叙事詩』の中では飛び去るズー鳥です。

　アメノトリフネは私が使えるアストラル体の一つですが、一つのメンタル体は、七つのアストラル体を持ちます。神仙道の三魂七魄という発想でなら一霊には三つの魂かもしれません。この太陽系においての恒星太陽は一つのメンタル体ですから、ここでは古典占星術のように七つのアストラル体は七つの惑星にたとえられます。

　太陽系の外から、太陽と兄弟的な関係にある六つの恒星がアクセスされた時には、それに照応するアストラル体が、この太陽系の中で引き出されることになりますが、そのためにはまずこの太陽系で、二極化された太陽が支配権を占有する前の時代から引き出す必要があり、それは鎖国前のさまざまな宇宙種族が行き来していた時代の神話元型類です。

　兄弟的な恒星がアクセスされると、それに伴いレイヤーになっているアストラル体が呼び出されるし、また地球も多層的な、違う層の地球がアクセスされることになります。

　そもそも七つのアストラル体は、太陽には兄弟が7人いるということの太陽系内においての模写です。

　直接物質世界につながるには天王星が使われます。これは行動を表し、シュタイナーのいうマクロコスモスへの誘いと夢見と行動という、火星、木星、土星の三つのリズムでは土星に対応しますから、天王星と土星は鏡を境に向かい合っており、ともに水瓶座の支配星でした。

土星は特定の時間・空間に存在し異なる場所に至ることを拒否します。同じ型のものは、違う場所には存在しません。この目的のために鉱物、金属を身体にぶら下げることになるのです。

　天王星は地球に張り巡らされた網目、舞台のロープ、植物です。都市は植物が禿げた場所に作られますが、森の中には天王星を通じて海王星の影響が入り込みやすいといえます。

　私は夢の中では、この天王星に対応するエーテル体は、都市の中に広がる大きな海として見ることがよくあります。

　天王星と土星は鏡像として対応しているというのは、土星は行動という意味で、特定の時間、空間に潜り込むが、天王星はその現場に行って、岩を砕くという意味が働くからです。土星との接点がなければわざわざ岩を砕きに行かない。ここでは一つは固め、一つはそれを溶解するという意味での裏表のようにも見えます。

　夢の中で京都の三分の二は水没していました。これがエーテル体が物質体に関わる時のやり方ともいえるでしょう。実際の物質的京都でなく、エーテル体としての京都すなわちフェイズ3領域では三分の二が水没しているとすると、なかなか良い兆候です。

　私は、以前、「京都は死んでいる」といいましたが、エーテル領域が浸透し、見た目では京都はそのまま、しかし体外離脱して、夢の中で見る京都は三分の二が水没しているとすると、これは価値のある都市となり得ます。

　以前、中沢新一の『アースダイバー』（講談社）のことを頻繁に取り上げました。縄文時代の海を、東京の地図と重ねて、エーテル的には縄文時代の海の影響がまだ残っているというものです。そして、私は中沢新一の本を読んで驚いたのは、私が東京の中で引っ越ししたルートはみなこの海を移動しているということでした。交通事故を体験したのも、また救急車で運ばれた先もそのルート通りで、これは私が引っ越しする時に、無意識や夢との関係で決めてしまう癖があるということも関係していました。ずっと船に乗って移動していたのです。原宿に引っ越した時、最初の1か月は毎日ボートのモーター音がうるさくて不眠症になっていました。天王星の視点で東京を見

ていたのです。

　クンダリニは腰のムラダーラ・チャクラに3回半のとぐろを巻いている蛇で、実際にはごくわずかに覚醒しており、つまり半眠状態です。また活性化しても、また眠ることもあり、必要に応じて、動いたり寝ていたりします。日頃から少しずつ目覚めているということは、クンダリニの覚醒とは加減の問題であるということで、目覚めている、目覚めていないというはっきりとした区別はないということです。

　天王星が土星と関わりを持つということは、ずっと覚醒するわけでもなく、また眠り込むわけでもなく、寝たり起きたり、エーテル体が物質体を壊し尽くすこともなく、物質体として眠り込むことを許さずというような関係性です。土星の側としては閉鎖し安定させることを望んでいます。しかし天王星はその反対です。両方が関わることで、どちらの都合も両立させたような、中途半端な状態になりやすいのですが、それが関わりであるということでしょう。

　天王星は土星を傷つけ、傷つけることで土星と接点を作るということになり、ここでやっと太陽系の外にあるものが太陽系の中に入り込んで、地球の物質世界にまで通路を作ったということになるのです。外から来たものが入り込み、夢見して、行動するという三つのリズムは、天王星と土星の場所で物質界に接触してしまうために、この亀裂によってやっと上手くいきます。

　シュタイナーのいう火星、木星、土星の三つのリズムは、外からの冥王星、海王星、天王星と似ているということでは、土星の塀に穴が開いていて、そこから外を見ると、反対に外から自分を覗いている者がいるというイメージで、火星・木星・土星セットを、冥王星・海王星・天王星の裏セットと見ることに馴染んだ方がよいようです。そうでないと土星内惑星の使い道がひどく狭いものになってしまうからです。

　トランスサタニアンのない旧来の占星術の世界観とは、人間は大地から生えてきたものであり、太陽系の外にあるものとは無関係であり、そして形に閉じ込められ、というよりも形あるもの以外はどこにも何も存在しないというものです。

しかし、正しい考え方として、私達は大地から生まれ、同時に天空からやってきたものが、この大地から生まれたものに生命と精神を与えて動くようにしたのです。そして天空から来たのならば、どこから来たのかをはっきりさせなくてはならず、ときどきそこに戻ったり、また違うところを覗いたりする。これが正常な本来の人間であるということです。

　私達は地球の所有物ではないし、地球には経験のために来たので、行ったり来たりということが自由にできなくてはならず、このために睡眠の中での夢見をもっと積極的に活用するということも必要でしょうし、この火星・木星・土星セットと、逆像として冥王星・海王星・天王星が符合しているという考え方は大切なのではないでしょうか。

タロットカードのプロセスとの対応

　本書を書いている前半の時期は、トランスサタニアンをどう着地させるかについて考え込んでいました。ダイレクトに説明すれば、これらは完全に反社会的であり、明らかに現世否定的なものです。占星術を現世御利益的に使うにはトランスサタニアンは必要がないのです。必要でないどころか妨害者になってしまいます。

　2017年に、私は、タロットカードはスターピープルに回帰するためのマニュアルであるという観点で分厚い本を書きました。

　ここでは現世的な体験はだいたい「10運命の輪」までで完了し、その後は「11力」のカードで自身の本質を取り戻し、天から降りてきたものを「12吊られた男」で熟成させ、その結果として「13死神」で地上を粛清し、整地した後に「14節制」で新しい自分を子供として産み出します。

　仙道と合わせて考えると、ここで腹に陽神を作ったと考えてよいかもしれません。地上活動を本質の意図に沿って、改めて展開したりすることは「15悪魔」のカードであり、そこで自分を外界に打ち出すということを習得しますが、そのことにほとほと飽きてしまうと、自分の一部でなく自分自身を丸ごと宇宙に飛び出させるのが「16塔」のカードの段階です。

　故郷の恒星に接触した後、地球に戻ってくるのは「17星」のカードで、星と接触した結果、本来の正しいボディを整える必要に迫られますが、そのボディを「18月」で太古の時代から探し出し、「19太陽」のカードでは肉体的な自分と、この本来のボディとの対話によって本来のボディを育成します。

　トランスサタニアンは、冥王星が太陽系の外の恒星の力を受け止め、海王星の段階で、太陽系の中にあるアストラル体を探しますが、これは「18月」のカードにも似ています。

　アストラル界とは、そもそもが、時間と空間がないので、太古の昔から自分の星のボディを探し出すというのは、地上からそう見えるにすぎません。

アストラル体は永遠だからです。アストラル体を作るというのは、実は正確に言うと、もともとのアストラル体に吸引されるという意味でもあります。肉体的存在がアストラル体を作るなどということはあり得ない話だからです。

その後、天王星の段階で、アストラル体が乗る乗り物とかあるいは道路のようなものを手に入れますが、天王星は現世としての土星の隣にあるので、「19太陽」のカードの二人の子供は、この大地から成長した肉体的な存在としての私と、天空からやってきたアストラル体としての私が対話している姿を描いています。トランスサタニアンの冥王星、海王星、天王星と降りてくる状況は、「17星」のカードから「19太陽」のカードに至るまでの段階に対応していると考えると比較的わかりやすいかもしれません。すると、火星・木星・土星と、冥王星・海王星・天王星が鏡のように映っているということも納得できます。「19太陽」で一人の子供が相手を見ると、相手も自分を見るのです。

ただこの場合、天王星は土星を傷つけることでしか関われません。土星は固め、天王星は溶かすのです。仙道では、この成長した星のボディは最後に肉体を飲み込んで「気化」しますから、天王星は土星を傷つけるというよりも、飲み込んで土星ボディはなくなってしまうということになります。飲み込むまでは「19太陽」のカートで、二人の対話は続きます。

スターピープル帰還の、古い時代においての表現である神仙道の場合、寿命が来た段階で、不死の身体に乗り換えることを「尸解仙（しかいせん）」と呼び、つまり「19太陽」のカードの対話は寿命が来るまでになります。しかし星の身体は成長するにつれて強気になり、そうおとなしいものではありません。グルジェフの事例を見ると、星の身体が完成度を高めた段階で、わざと自動車事故で肉体を損傷させ、二度と使い物にならないようにして、星の身体が乗っ取りをするということになる例です。星の身体が寿命までは待てないと言い始めるのです。

タロットカードの最後である「21世界」のカードは、分身としての星の身体が肉体を飲み込んで一体化することが描かれていますが、ここに至るのに具体的にはたくさんのやり方を選ぶことができるということです。

私はずっと長い間、占星術の教科書では惑星の年齢期を採用してきました。この場合、土星の年齢とは56歳から70歳あたりまでです。71歳から84歳くらいまでは天王星の時期になります。

　惑星の年齢域に従うと、星の身体は71歳以後主導権を握るようになり、人生はこれを軸に回るようになります。それまでは天王星、あるいは星の身体は、裏に隠れておとなしくしています。とはいえこれは冥王星、海王星、天王星の通路を通じて、タロットカードの「16塔」から「19太陽」までの体験が上手くなされた場合に限ります。

　天王星期に至るずっと前から、星の身体との対話をしている人はいると思いますが、強くなれば社会生活や現世的な価値観を壊してきます。おとなしすぎると、次第に見えなくなり、星に回帰する道筋もわからなくなります。星の身体の本格的な乗っ取りが起こるまでは、二人の子供はどちらが主導権を握るともいえないような状態で暮らすのがよいのかもしれません。

　達磨大師の場合には、星の身体を育成するのに9年かけましたが、この9年の生活は全く反社会的、非現世的生活ではないでしょうか。そもそも、壁の前にじっと座る生活などどこも現世的でありません。この9年は「19太陽」のカードを中心にした期間だと考えるとよいのですが、本書ではこれを12感覚を巡るリリスの9年間として説明しています。

　乗っ取りをすると「21世界」のカードとなり、また対話のみで徐々に星の身体がリアルになっていく段階は「19太陽」のカードの段階ですが、12感覚すべてがリリス化すると、この世に生きてはいません。

　占星術のサインの数字とか、またサインの中にある度数の数字は、ロゴスの要素を表していますから、これは冥王星が受け取るメンタル体の性質に対応します。冥王星を考える時には細かく考えるより、サイン数字、度数数字などを参考にした方がよいでしょう。

　アストラル体を考える時には海王星がある場所のサビアンシンボルなどは参考になります。エーテル体は天王星のサイン、ハウス、度数などを考えるとよいのですが、現世的な土星に当たらず触らずというのは、なかなか難しいことを考える必要はあります。

以前の本で、私は、社会活動は土星の年齢期までと説明していました。つまり社会との接点は70歳まで続ければよくて、その後は社会については迎合する必要はないと書いたのです。しかし現状としては、71歳以後の人でも、それまでと同じく社会貢献したり、働いたり、迎合したりする人は多数います。つまり社会的価値観から一歩も出ていないのです。これはタロットカードが示す人生のロードマップからすると明らかに脱落です。

コリン・ウィルソンは指導的で反抗的な人が人類の5パーセント存在し、残りの95パーセントはいったん成功するとその後は急速に堕落していくと説明していました。成功といっても、これは社会の中で適応したという意味にすぎません。

私は、スターピープルは3パーセントと説明していますから、5パーセントよりも少なくなりますが、かつては仙人は千人に一人といわれていたので、それでも比率は増えています。

寿命が延びた今日では、二人の子供の対話は続けるにしても、星の子供が主導権を握って生活のすべてを牛耳るのは71歳以後にしてもよいのではないかと思います。それよりも寿命の短い人は早めに天王星的方向に移し替える必要はあります。ずっと地上に住むつもりで見た視点と、やがては去っていくというつもりで見た視点はかなり違います。

地域社会に対しても、また政治に対しても姿勢は変わってくるでしょう。去るべき人からすると、いかなることにも過剰な干渉はしないということになります。スターピープルから見て、地上の伝統や文化、歴史などは何の意味もありません。それらが失われても気にならないのは、どんなものもアカシックレコードに記録されるので、見たい時にはそれを見ればよいのです。

天王星は改革性などを表しており、世直し行動などをするのは明らかに水瓶座、天王星の人ですが、スターピープルは、本来はお客さんであり、内部住人ではありませんから、いきすぎはしないことが多いでしょう。

自分のアストラル体を発掘する時に、ホロスコープの海王星の位置を参考にできますが、この時には地球中心のジオセントリック図と太陽中心のヘリオセントリック図の両方を参考にしてみるとよいと思います。というのも、

天王星、海王星、冥王星について考える時には、地球的視点というものを配慮する必要などないからです。
　地上から見ての視点が必要になってくるのは土星までで、それ以後は太陽を通じて降りてくるラインの方が重要にも見えるので、するとヘリオセントリックを参考にした方がより現実的かもしれません。ジオセントリックとヘリオセントリックを比較した時、土星の段階で最大の20度程度まで差が出ますが、その後、差は少なくなっていきます。しかし、サビアンシンボルまで考えると1度差でも大きな違いですから、これについては両方を比較してもらうとよいと思います。同じアストラル体でも、社会から見ての姿と、宇宙から見ての姿が違って見えるということもあるかもしれません。そもそもアストラル体は非局在的ですから、地上から見て、すなわち限られた時間・空間の枠から見ての姿はごく一部を見たというものであり、正確に本体をうかがい知ることはできません。となるとヘリオセントリックはより正確な場合もあります。
　私はヘリオセントリック図プラス恒星座標などについても本に書きましたが、恒星との関係は、三次元的座標ではあまり正確には読めないことも多くなります。空間位置や時間、度数などはみな地球的物質世界から見た視点だからです。これらは地球に映り込んだものであり、本体を示すことはないのですが、シュタイナーのいう「生前霊界との接点を持たない人は、死後は決してそれとつながることはない」ということからすると、地球に映り込んだ姿を手がかりにするということは、何もないよりはよほどましです。
　ヘリオセントリックも、恒星位置も、冥王星・海王星・天王星の位置も、ジオセントリックも含めて、あらゆるものを活用して、星の身体を池の底から発掘するということが重要です。
　人間の人生ですることは二つのパターンしかありません。不死の身体を開発するか、あるいは死ぬまで暇なので、暇を潰すための何かをするかです。
　後者のいろいろな行動には、それぞれ何か理由づけとか価値を与えたりすることもあるかもしれませんが、死んで消えていくものは最初から価値があるものはありません。不死になるか、すべて消え去るかどちらかです。子

孫を作って、全体として不死のボディを演じるということもしていますが、現代人は自我が個体にあるために、子孫に至るまでの自我や記憶の連続性はなく、途中で途切れてしまいますから、子孫に託すということはあまり有効性があるように見えません。

　古代民族であれば先祖の記憶はそのまま保持されており、全体として一人の人間とみなされましたから子孫には意味があったのです。

　星の身体としての応身は肉体がエーテル体で、その上にアストラル体、メンタル体が乗っています。冥王星と海王星と天王星のセットから、この三つの性質を考えていくことはとても興味深いことです。

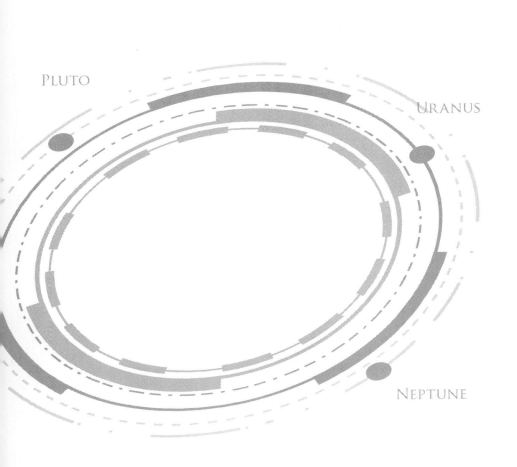

第2章

12サインと感覚

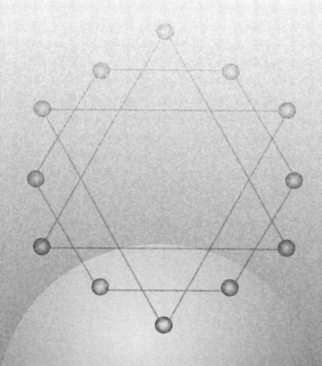

アカシックレコードとしての12サイン

　12サインは、地球の赤道の延長の天の赤道と、太陽の通り道の黄道の交点である春分点から、黄道を12に分けたものです。つまり地球と太陽の関係で作られたものです。しかし、12の区画というものは、もともとは普遍的なもので、これはアカシックレコードが記録される基盤を示しています。この普遍的なものを地球範囲にローカライズしたのが、12サインだと考えるとよいのです。

　宇宙的な範囲においては、例えばりゅう座のトゥバンにあるアカシックレコードのテーブルは、りゅう座が管轄する範囲のすべての記憶があり、ここには複数の恒星領域が含まれています。地球範囲の図書館、太陽範囲の図書館、全太陽範囲の図書館、全宇宙範囲の図書館と大きな差がありますが、根底の構造は類似しており、ロゴスで考えることのできる人、すなわちメンタル体を持つ人は、この共通性については自明のことだと考え、それぞれの層の対応も簡単にできるでしょう。

　地上的な12サインから離れた12のテーブルを読むには地上的な感覚は使えないというのはいうまでもありません。私達が生活する上で身につけてきた記憶やセンスなどは、上位の宇宙のアカシックレコードを読むのに邪魔になります。ここでは歴史とか伝統とかをすべて取り除く必要があるのです。意識の水準によってアクセスされる記憶は違う。ある意識状態に変化すると、それまで全く知らなかったような記憶が蘇る。歴史とか伝統とか具体的な記憶とか思い出を重視することで、異なる層のアカシックレコードは読めなくなってしまうのです。

　12サインは最もローカルな小さな範囲の記録盤です。シュタイナーは、この12サインと12感覚を結びつけようとしました。対応の決着はついていないのですが、アルバート・ズスマンはこの関係を固定して活用することにしました。

天王星、海王星、冥王星は、土星以下の物質的な領域を示すわけではないので、これらの惑星意識に対応する感覚も、物質的感覚とは異なり、超感覚的なものとなります。目に見える事象の中に対応物は見つからず、目に見える事象からは常に浮いている感覚なのです。しかし、12サインは、地球と太陽の関係で作られたものなので、地上的なものを地上的でない惑星で活用するという点で解釈に難しさは発生します。

　例えば、明治時代以前の日本人からすると、こうした非物質的感覚とか印象は日常生活の中で当たり前に体験していたものであり、これらを否定し、物質的感覚の中に閉じ込めたのは、西欧文化を取り入れた段階で生じたことでした。私はこれを異常なことだと感じます。

　今日は風が強くて、そこに管狐(くだぎつね)が歩いているというようなことを平気で見ていたのがそもそもの日本人だったのです。シュタイナーの話によると、西洋人は物質世界が死ぬほど好きというわけで、日本人はそれに毒されてしまったのです。

　私は2017年以後に書いた本では、12サインのうち、水瓶座、魚座、牡羊座の三つは、地上的な枠に入りにくいと書いています。水瓶座と魚座は地上から抜け出す。また牡羊座はまだ地上に入り切っていない。その点では、それぞれの支配星を、天王星、海王星、冥王星とするのが妥当で、牡羊座の支配星を火星にするのはあまり適切ではありません。

　火星は太陽系から外に飛び出すだけの力はないのです。ならば蠍座の支配星を冥王星でなく火星にするべきかというとこれも違います。というのも、蠍座の生命感覚は、密度を極端なまでに凝縮すると高められた意識となり、世界の壁を飛び越えて、異次元との接点を持つ可能性もあるからです。これは蠍座の15度で生じます。

　蠍座の支配星を火星と冥王星にしておき、しかし支配星が冥王星になるのは特例的な場合であると決める。牡羊座はまだ世界の中に入り切らないという段階では支配星を冥王星にして、また地上的な作用の火星に対して憧れているとみなすとよいかもしれません。牡羊座は世界から出たいのではなくこの世界に入りたいのです。

これまで占星術の体系では、12サインには、それぞれにふさわしい象意とか意味がリストされてきましたが、天王星、海王星、冥王星に関係する12サインの象意、感覚についてはあまり考えられていませんでした。ですから、それぞれの人が発掘する必要があります。

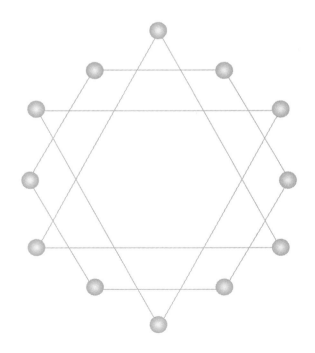

♈ 牡羊座、自我感覚

　春分点は意識体が外宇宙からこの宇宙に入り込む入り口で、タロットカードでは「1 魔術師」に対応するのが牡羊座です。「1 魔術師」は外の宇宙と行き来をするコウノトリ（ヘルメス）に運ばれてこの世界に入り込みましたが、まだこの世界にあまり慣れておらず、子供のように机の上で玩具遊びをして、これから世界の中に具体的に入って行こうと計画しています。むしろ、これから入って行く世界が、机の上の世界だと考えてもよいかもしれません。

　机は地面から浮いています。ですから、山の上にあるものと考えてみると、ここでいろいろ計画して、それから山の麓の里に降りるのです。この降下は牡牛座の初期のプロセスです。

　牡羊座は自我感覚ですが、この世界に入って来た人は、12感覚で構成された小さな範囲の世界の中で、まずは自分の存在を主張しなくてはなりません。環境の側から見ると、今までなかったものが、新しくこの世界の中に出現したのであり、存在する場所が親切に用意されていたわけでもなく、強引に割り込まないことには元の世界に押し戻されてしまいます。意味があるないにかかわらず、まずは主張しなくてはならないのです。

　意義は後からついてくる。その前にまずは自分を押し出す。自分が割り込むということは、それまでそこにあった他の何かを押しのけると考えてもよいでしょう。

　背後にあるのは、天秤座の触覚です。これは押しこまれて、自分の外にあるものを感じるという性質です。その意味では、牡羊座の自我感覚は、外にあるものを感じ取ることができませんが、自分を外に押し出すことの圧力感とか抵抗感は感じるでしょう。そしてこの抵抗体を感じないのならば、いつまで押せばよいのか、手ごたえは不明といえます。人間の意識は射出することで成り立つ。射出する者と射出される側で、ここに陰陽の関係が成り立つことになりますが、牡羊座の段階では、めくらめっぽうな方向に自分を射

出して、とりあえず手ごたえを得るということに終始しています。

　牡羊座は目的探しをしている。あるいは自分探しをしているというサインですが、自分とは何者かをはっきりさせるために手当たり次第に自分を押し出していると、どこかにすとんと落ちるものが見つかります。その段階で牡羊座の経験は終了し、牡牛座体験にシフトします。360度方向とか、あるいは球体の全方向に自分を押し出していると、自分の身体の場所に突き当たるとでもいえるのでしょうか。そこが自分らしさの場所といえます。牡羊座の自分探しは、当然自分の身体を探し当てたところで終了します。生まれたばかりの幼児は自分の身体を探し出せていません。

　牡牛座は書物の中の自分に関係しそうな行を見つけ出すことでもあり、また「1魔術師」のカードの中で対応するものとしては、机の上の気に入った玩具を発見することでもあります。牡羊座は一度、世界の中に入り、この世界の中で、自我感覚の押し出しによって、自分に抵抗する硬いものを発見することです。抵抗する硬いものは世界の手ごたえであり、生きがいともいえます。

　宇宙的な世界とか宇宙人とかに興味を持つ人は、かなり多くが牡羊座の初期に天体を持つ人達です。これは、牡羊座は、まだ世界の奥深くに埋もれておらず、外に対して閉じておらず、中途半端な敷居の場所にいるからということも関係します。

　春分点は外宇宙との扉という意味では、魚座の終わり頃にもまた宇宙的視野が戻ってきます。

　例えば、私個人でいうと、牡羊座に三つの惑星があり、そのうち水星は春分点に近いところにありますから、地上的経験に全く沿っていない宇宙から持ち込まれた知識を扱うのが得意になります。これは宇宙にいる誰かと話をするという意味ではなく、宇宙法則に触れるという意味です。このような人は地上にはたくさんいますから、そういう人達の間では通じやすい話でしょう。

　サビアンシンボルを研究したディーン・ルディアの太陽は私の水星と同じ度数にあるので、「1魔術師」の机の上の玩具遊びのように、360個の駒を

かき回す心理はとてもよくわかります。

　牡牛座になると、このうちのどれかの駒に深く埋没しますが、牡羊座の段階では、まだどれにも入り込むことができず、その全体を見ようとします。これが9度の「水晶球」などで表現され、見てはいるが自分はまだこの水晶球の中に入り込んではいないのです。

　最近、スターピープルとか宇宙人に回帰することは、古来より知られている仙人になることと違いがないことがわかりました。この牡羊座は異世界に対してはまだ閉じていない段階なので、この世ではない違う世界に住んでいる仙人も馴染みやすいものだと思います。地球世界に深く入り込みすぎると、こうした宇宙人とか仙人とかがリアリティを感じられなくなり、子育てとか消費税とかスポーツ界のパワハラ話題などにより真実味を感じるようになります。誰でもその人がいる場所を現実と感じますから、牡羊座初期の人ならば宇宙人や仙人は現実的で、消費税は彼方の世界の話題です。

　この牡羊座の投錨地点の定かでない自我感覚の押し出しを直接受け止めるのは反対にある天秤座ですが、同じ火のサインである獅子座、射手座は内的に共鳴します。また90度にある蟹座、山羊座などは抵抗によって受け止めます。自我感覚が、いろいろな角度によって変容していき、さまざまな違うかたちで波紋を作り出すのは興味深いことです。

　四柱推命ではさまざまな元素の絡みを自然界の風景で描く習慣がありますが、その点で牡羊座は「雲間から差し込む光」です。光は地上に届かないこともあります。

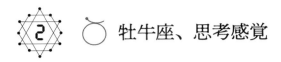 牡牛座、思考感覚

そもそも感覚というのは意識的な要素を持つ実体的なものではありません。

私達は生命を表現する時に、感覚的な手ごたえを利用します。感覚は質量性であり、生命は本質といえます。感覚は質量性であるということは、意識に対して多少のタイムラグとか抵抗性があり、意識に対しての完全な忠実性を持たないということもあります。それに意識を感覚で表現してもどれもこれも、どこか間違いになります。似ているが正確な表現はしていないのです。

ですが、世界の中に深く眠り込んでしまうと、この形骸的な質量性を自分の実体だと感じてしまうことにもなり、ひどい時にはもう感覚の中から元の意識を抽出できないようにもなってきます。

2の数字は意識を陰陽に二極化してしまう段階ですが、これは意識と感覚的要素を組み合わせていく段階です。意識そのものは自分を自覚できない。だから自分を感覚的なものへ射出することでやっと意識は活動できます。牡羊座の段階ではこの関係が確立されておらず、「何をしていいか」や「どこに向かえばいいのか」が何一つ決まらない状態でした。

同じ2の系列の11では、意識と質量性を改めて分離します。ですが、最初の段階の2では、意識を二極化して、意識の働きに質量性を背負わせていくということです。この段階で、意識は感覚と結びつけられた後は、それ以外の方法は思いつかなくなります。ある特定の感覚と深く結びつくのです。

牡牛座は固定サインなので、この関係性に揺れがありません。そして11の水瓶座になるまでは、この分離はできなくなります。

牡牛座は思考感覚と考えられており、これは思考ではなく思考感覚です。思考は何かの概念とか形態を作り出します。私達の本質は思考ではありません。思考は、つまりは感覚的要素を創始するのです。

聖書の『創世記』に、はじめに神は天と地を創造されたと書いてあります。

そもそも最初は天と地の概念などなかったのです。しかし、グルジェフの定義したＨ６である高次な思考は天と地を分けた思考の型を作り出したのです。天と地は分かれているもの、原初の段階で、このように決めてしまうと、その後の細かい出来事は、すべて天と地の区分がある中で生じるようになります。天と地を分けたのは思考ですが、これが実際に天と地が分かれているという視覚映像で確認できるのは乙女座の視覚です。

　牡牛座と乙女座は120度で同じ土の元素です。山羊座は特定の狭いコスモスを構築しますが、この狭いコスモスの中では、天と地が分かれており、どこを見ても、はっきりそのように見えるのです。

　私達は自分と思考を深く同一化させているので、この思考は自分ではないということに気がつきにくいと思います。思考にしがみつくことで、思考は身動きが取れなくなります。しかし思考と自分を分離していくと、思考は自分と別個に動いていくものだと理解します。

　さらにこれが肝心なのかもしれませんが、思考というのは個人が所有できないということです。これは共有されており、「これは自分の考えである」とはいえないのです。自分がこう考えたというのは、初めから存在する考えの一つを指差したのです。たとえでいえば、球体のようなものの内側に、プラネタリウムのように思考一覧表があり、ある時はある思考を指差し、また違う時には違う思考を指差したのです。

　マーク・ローランズは、「考えることをやめると思考がやってくる」といいましたが、考えてもわからなかったので諦めて昼寝することにしたら、ふっと思考が湧いてきたという体験は誰にもあるはずです。しかも硬いものを投げつけられたように思考ははっきりとやってきます。

　思考は外界の変化に反応しづらい鈍さがあり、また外界に無関心です。一度思考すると、周囲の状況に全く振り回されません。一度、天と地が分かれると、ずっと変更しません。天と地が分かれていない世界に住んでいる知性体もたくさんいますが、そういう人達とは、私達は考え方が合わないので、コミュニケーションできないどころか、見ることもできません。

　思考はよく牛にたとえられます。牛はゆっくり歩きます。そして食べ物を

何度も胃から外に出してまた取り込みます。思考は何度も反芻(はんすう)することが多いと思います。

　私はヘミシンクの体験では頻繁に釣鐘のような形の中に入りました。そこは薄暗く、内側には文字が描かれています。まるでプラネタリウムのようです。これは２牡牛座の思考記憶域、タロットカードでいえば「２女教皇」の持つ書物であり、そこには世界を作り出す基本の言葉がまるで聖書のように書かれています。書かれているものは一つひとつが基礎的な思考で、この書物のどれかの行に思い入れをして、深く入り込むことで、その人の具体的な特徴を帯びた人生が始まります。

　書物をアカシックレコードと考えてもよいでしょう。アカシックというのは「アカーシャ」という言葉から来ていて、これは第五元素としての空の元素です。それを四元素に分解すると、時間と空間が生まれます。四元素を作るとは世界をさまざまな角度で落差のあるものにしていくことであり、差があると元に戻ろうとする作用が働き、これが時間を動かし、また空間の差異を作り出します。私達はアカシックレコードの書物のどれかの行を選んで解凍して、特定の時空間の表現にしていき、この中を歩きます。つまり書物においては静止情報でしたが、解凍すると動画になります。

　これらは神話言語で記述されており、つまり極めて振動密度の高いものなので、私達の実人生のように振動密度が低く、物質密度の高い存在状態では、この神話言語からはみ出すことができず、しかも意識化もできず、そこに従属して、つまりはシナリオに動かされているという状態になります。書物の文字よりも振動密度が高い意識になれば、今度は反対に書き込みするということもします。

　人体では、この書物は松果腺(しょうかせん)の周辺部位、それに対応して、胸、腰に配置されています。生命の樹では「２女教皇」のカードは、ケテルとティファレトの間のパスに配当されました。書物はこのケテルとティファレトの間のややティファレトに近い場所にあるという印象でしょうか。

　四つの生命の樹の連鎖で、頭のケテル、胸のティファレト、腰のイエソドに同じものが転写されていきますから、結果的に書物は頭、胸、腰にあるの

です。下に行くほど内容は具体的になります。

　牡牛座に天体がある人は、この埋め込まれた書物を発掘し、それを読んでいくことが重要なテーマにもなります。つまりそれは自分にとって最も向いたもの、適したもの、可能性、才能、お金を儲けられる方向性、先祖の残した財宝、ルーツなどを発見することになります。必ずそれを自分の身体から掘り出さなくてはならないのです。

　もちろん、この身体というのは物質的身体と多少重なりますが、物質的身体ではありません。物質的には松果腺の周りをいくら掘っても書物を示す証拠物件は見つかりません。図書館はたいていエーテル体にあります。高次エーテル体が連動できたら、りゅう座の図書館にも連動させることはできるでしょう。

　牡羊座の段階では自分探しをしていましたが、これは本質と質量の結びつけが「仮つけ」のような状態で、牡羊座の人にはその関係に確信が持てなかったのです。しかし牡牛座の段階では、人は身体と結合し、身体という書物との関係が切り離せなくなり、いやおうなく、自分の資質通りの人生が展開されていきます。

　所有することは所有されることということで、質量性、感覚性に深く縛りつけられます。牡羊座の人は山の上にいましたが、崖から落ちて、牡牛座の中に入ります。

　チャクラでいえば、山の上とはサハスララ・チャクラであり、崖から落ちた場所はアジナ・チャクラと考えてもよいでしょう。生命の樹では、このアジナ・チャクラは、ビナーとコクマーというふうに二極化されており、世界は質量性であり、また世界の維持のために二極化が必要なので、ここでやっと世界の中にちゃんと入れたという実感が出てきます。書物の特定の行に深く埋没するので、すると、牡羊座の時に見ていたような全体像は見えなくなり、部分的視界になっていきます。

　土の元素である牡牛座、乙女座、山羊座はすべてこの部分的視界、限られた世界ということを強固に確立することに貢献し合います。牡牛座は土・固定サインですが、この固定サインとは一度決めると、二度と変更しないと

いうように、天と地は分かれているのが当たり前であり、それを変更することなどあり得ないと思うくらい、思考感覚というのは変化しないものなのです。変化すると世界が崩れてしまいます。

　この世界は確実であり、疑いようがないと思うのは、この思考の中に入り込んでいるので、それ以外のものの見方は不可能であるという意味なのです。

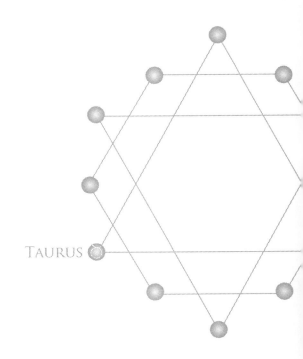

TAURUS

4 ♊ 双子座、言語感覚

　思考を細かく分解すると、それは言葉になります。思考を表現するのに言語が必要です。牡牛座は土・固定サインで、動かない固まりのようですが、これを細かく分解していくのは風・柔軟サインの双子座になります。

　誰かが死んで、その家族が死んだ人の持ち物を丸ごと遺品整理屋さんに処分を依頼します。整理屋さんはトラック数台分の荷物を丸ごと運んでいきます。一つの山のような固まりを細かく分解すると、その中にたくさんの種類に分類できるものが含まれており、宝の山を分解することはとても楽しい作業にもなります。

　一つの山にも木々、動物、昆虫など、たくさんのものがあります。肺は双子座の象徴ですが、肺は空気を小分けします。言語は細かく小分けしていくもので、人によってさらにどんどん細分化します。あまりにもしつこく分解していくと、最後は源流を見失って意味のないものにもなっていきます。意味を失う境界線は人によって違うのではないでしょうか。意味のない仕事を続けると、たいていの人は荒廃し、自分の人生に秩序と意義がないことを嘆くようになりますが、これは双子座のやりすぎということです。

　そもそも自分が何を言いたいのか、意識的に吟味している人は、やすやすと言葉を発することはできません。言葉にこだわらなければ、つまり正確に伝えようという趣旨がないのならば、言語は淀みなく出てきます。意図がはっきりしない言葉とは、思考のルーツからは離れてしまった言葉であり、これは牡牛座から遠ざかる双子座ともいえます。それはルーツから離れた迷子ともいえます。

　私達は何か説明しようとする時に言葉は意識していません。英語に慣れていない人は、そもそも英語の表現に気を奪われているので、言葉を使った説明が十分にできないのです。言葉で表現するには、その表現の土台となる日本語や英語というものを意識から消し去る必要があるということです。

消し去るには自動化が必要で、日本語や英語に習熟して、それを意識しないでも自由自在に扱えるようにしなくてはなりません。

　思考への自己同一化から手を離し、自分と思考は同じものではないと認識し、さらに言葉そのものの土台を意識しなくなると、私達は受け取った印象というものをそのまま自動的に言葉に表現することができます。

　私はよく夢の中で、あるいは何か印象を感じると、そのまま言葉の説明として受け取ることがありますが、これは感覚的な受信機として、言語感覚を使ったということです。

　オーラを見るというのは、たいていの場合、色を見ることだと思う人が多いと思いますが、思考感覚や言語感覚で受け止める人は、それらを概念とか言葉の説明として受け取ります。

　美術館の装置のようにボタンを押すと説明が始まるのです。言葉には順番があったり、また説明に時間がかかったりしますから、それが面倒だと感じる人は、他の感覚を使います。本を読むには時間がかかります。しかしそれを絵などで表現すれば一瞬で受け止めることが可能です。言葉は配置とか順番で表現する意味が変わるのです。

　牡牛座の固まりを分解するのが双子座ですから、この分解の手順、段取りに双子座の意義がかかっているということなのでしょう。双子座の5度などは同じ言葉の入れ替え遊びをしますが、それによって表現するものが全く変わってしまうことに驚きます。

　双子座は言葉遊びがすぎてしまい、意味を反対にしてしまうこともよくあります。詭弁や本末転倒などはお家芸です。分解して新しい意味を作り出したいという目的で、使い古されたものを見ると、すぐさまそれを覆して、違うものに見えるようにしてしまおうとするのです。

　タロットカードの「3女帝」は、思いつく端から新しいものを作り出します。この生産機能は止まることがありませんが、この休みない思いつきを続けるためには、軸を忘れる必要があり、これがアレハンドロ・ホドロフスキーの説明によると、未完成の鷲ということで表現されています。

　未完成の鷲は、最後の場所まで飛べない。たいてい途中で断念してしま

う。飛翔力、つまりタロット式にいえば、剣の力が不足しているのです。剣の力が完全であると、最後は無(む)に到達します。分解、細分化は、果てしなく続けると、出発点の無の反対側にあり、無と照応する無限に到達します。

しかし双子座は、牡牛座に続き、世界の奥深くに入り込み、そこで探検をしたいのですから、この無と無限という異次元との扉には行きません。行くとすべてが台無しになるからです。むしろ無と無限に挟まれた世界の中で、多彩な、賑やかな体験をしていきたいのです。

# 蟹座、聴覚

　音を発するには振動する素材が必要です。楽器は弦を振動させたり、また素材を叩いたり、こすったりします。
　地上においては音を発するには物質の助けを借りていますが、音を出すにはその物質を大地から切り離し、自由に動けるようにしていかなくてはなりません。そしてものには固有の音がありますが、大地というベースから切り離して、そのもの固有の個性をより強調することが多くなります。この切り離しと独立性というのは、さらに先に進みます。
　私達は音楽を聴いて、この音楽が示す内容に興味を集中させる時に、音そのものに興味は向けておらず、いわば音を消しています。言葉を理解する時に、単語そのものや国語そのものを消してしまうように、音の内容を聞く時には、音そのものを忘れるのです。
　オーディオマニアは純粋な音楽マニアではなく邪道といわれるのは、音楽ではなく音を聞こうとするからで、除去するべきものをわざと取り上げているのです。感動的な音楽を堪能するのに高価なオーディオは必要がなく、ラジオでよいのです。
　物質や音そのものから独立して、音楽の内容に集中することで、作曲者の意図が理解できます。音楽は音楽そのもので独自の世界を作り上げています。さらに周囲の状況からも独立しており、深刻な境遇とか状況の中でも軽快な音楽は聴くことができるのです。
　ズスマンなどは音楽とは霊的なものに集中しているのだと説明しました。霊とはメンタル体であり、魂はアストラル体で、魂が受け取るものにはまだイメージとか色、さまざまな多彩な印象というものがありますが、メンタル体になるとまさにロゴスの領域であり、ここでは音楽でも、音階が作り出す概念ということに特化されていく傾向があります。霊的な音楽は抽象的なのです。

シュタイナーはアントン・ブルックナーの音楽には多少メンタル界があるといいましたが、ルートヴィヒ・ヴァン・ベートーヴェンやJ・S・バッハ、他の絶対音楽の要素が強い音楽はメンタル界により接近しています。

蟹座と山羊座は180度の協力関係があります。山羊座の均衡感覚は、特定の場とか音を基礎にして、そこに小宇宙としての全体像を打ち立てます。

音楽でいえば調を決めることで、どんな調の上にも同じ構造の建物を建てることができます。この独自の区画の中で全体像が構築されなければ、音楽は何を意味しているのか不明になります。動物は絶対音感なので、この音楽が示す内容を理解することができないといわれています。

動物の場合、自然界の中に部品であるかのように組み込まれており、環境と切り離して自分独自の世界が形成できないのです。山羊座は座標を作り、蟹座はどういう座標でもその内容物を応用的に聞き取ります。同じメロディなら、高い音でも低い音でも同じことを表していると理解できるのです。姿形が違っても、同じ共感をできるのが蟹座です。

天王星、海王星、冥王星は、物質的な土星の基礎から離れたものを意味するので、これらの働きはより音楽的といえるのではないでしょうか。

もし、物質的なものと結びついた聴覚ならば、それは純粋には音楽的ではないし、音の天使性を感じることはできなくなります。天王星、海王星、冥王星ならば、物理的な音を消し去ったところでの音楽の意味するところをより純粋に受け取ることもしやすいといえます。天王星、海王星、冥王星では、具体的に耳に聞こえる聴覚を対象にしていません。天王星、海王星、冥王星での蟹座とは、耳で聞こえない音楽と考えてもよいでしょう。

例えば想像力で音楽を聴いてください。私は高校生の時に、授業中、授業があまりにも退屈なので、オーケストラのスコアを見て交響曲などを想像力で聴いていました。一番のお気に入りはピョートル・チャイコフスキーのピアノ協奏曲でした。

天王星、海王星、冥王星においては非物質的聴覚について考えなくてはならないのですが、私は夢の中とか、気を抜いた時とか、いつも決まった男性の声を聞くことがあり、この場合、言葉の内容は伴うのですが、音なき音

ともいえるもので、天王星の聴覚といえばよいでしょうか。

　双子座の言語感覚の後に続くので、蟹座の聴覚は、双子座で作り出した多彩さの方向のさらに発展系に見えるかもしれませんが、12サインは三つのサインの連なりが一つのテーマを発展させ、4番目ではその流れは終了・停止します。

　双子座がいきすぎると、後戻りができないくらいの分散化、細分化、無機化が進行しますが、蟹座で流れを止めます。双子座の先に進むという意味では、まず双子座で、情報や印象を細分化していき、その後、蟹座で、このばらばらになったものを、新たな視点で結びつけると考えてもよいでしょう。

　水のサインは常に結合性です。双子座という風のサインでばらばらにしたものを、異なる観点でまとめていくという意味では、蟹座は双子座の細分化をどこで止めるかの決定権があります。双子座がいきすぎると、全く荒廃した後戻りの利かないものになるので、蟹座は適切なところで止めるでしょう。

　音楽は、いろいろと転調しても、そこに同じメロディという意図を聞き取ることができます。あるいは、全く違う曲なのに、そこに同じ趣旨とか、共鳴するものを感じ取ったりもします。これらは双子座の活用する言葉とは違う認識力です。

　音楽は国境を越えるといいますが、言葉の違う人同士でも、音楽は共通のメッセージを伝達します。差異性のあるものにも共通点を発見するということと、音楽は、実は情感とか情景とか、何一つ具体的な要素には縛られないということには関連があります。具体的なものに縛られる性質ならば、もう差異性のあるものには共通点を感じることができなくなるでしょう。音楽は物質性や状況、言葉から独立しています。

　ちなみに私は音楽を、言葉のエッセンス部分と考えています。私は人のエーテル体を見る時に、そこに生き物の姿とか人の姿を見ることはありません。もちろん、アストラル体でなくエーテル体ですから、生き物の姿をそこに見る方が不自然でもありますが、生物の形を模造したイメージを抱くことはありません。そこに筒や蛇、龍のような形で見ることが多いのですが、これはメロディの視覚化ともいえます。

時間的な順番として前から後に続くものは、空間的に展開すると、身体の頭から尾までの形に変換されるので、つまりは楽譜のようなものです。胸の部分が五度にまで盛り上がっている。これはハイテンションな龍です。この形そのものが一つの意図や意味、メッセージであり、言葉で伝える内容よりもよりエッセンスを伝えていることが多いと考えます。

　魚座は12サインの最後にあるのですが、ここでは12サインの体験の総決算が起こります。象徴的で非物質的なものに、強固な結晶を作り出す、つまりアストラル体を作るという意味になるのです。魚座の支配星は海王星であり、これはアストラル体を表します。これは魚座の30度の「石に刻まれた顔」というところに表現されています。蠍座は、生命感覚として、この象徴的な存在性の内部に強い充実感と快感を満たしていきます。このアストラル体が自分をはっきりと意識するには、蠍座の生命感覚は不可欠です。

　イーゴリ・ストラヴィンスキーは「音楽は何も表現できない」といいましたが、それに反して、多くの人は、音楽は恋愛感情とか風景描写とか、具体的な体験などと結びつくものだと考えています。

　エマニュエル・シャブリエは、スペイン旅行をして、スペインの思い出を音楽にしましたが、それはシャブリエの妄想を描いただけで、現実のスペインからはかけ離れています。シャブリエは、スペイン音楽が持つステレオタイプな印象を模しただけで、現実のスペインを見ていたわけではありません。これは音楽の真実の姿ではなく、まだ音楽になり切れていない音楽を示しています。

　魚座はアストラル体の結晶を作り、蠍座は内部に力を満たし、蟹座はこのアストラル体の活動を躍動的にしていきます。最終的な音楽が完成度を高めると、ストラヴィンスキーのいうように、地上のいかなるものにも関係しない、地上的には完全に役に立たないものになっていきます。

　魚座とより深く結びつけると音楽は抽象的になり、山羊座に結びつけると、徐々に具体的な場を思い起こさせるものになり、牡牛座と結びつけると思考の表現となり、というふうに変わるでしょう。

　エンリオ・モリコーネに興味があって、いくつかの映画を見ましたが、映

画音楽に使われる付随音楽は、山羊座の影響が濃い音楽だといえます。放任しておくと、音楽は具体的なシーン、状況からどんどん離れて、似て非なるものとなっていきますから、ときどき不自然な映画音楽を聴くこともあるでしょう。映画の内容とは全く別のことをいっているのに、そのことに気がつかないという人もいます。モリコーネはやりすぎの部類で、映画の内容を凌駕(りょうが)することもあるのではないでしょうか。

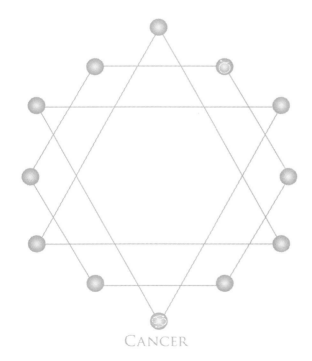

⑥ ♌ 獅子座、熱感覚

　シュタイナーは12感覚と12サインを結びつけようという試みの中で、最初から最後まで、獅子座には熱感覚を割り当て変更することはなかったようです。ロゴスを重心に生きている人、すなわちメンタル界の比率の高い人は、たいてい12といわれると共通しているとみなすので、12サインと12感覚は同じものであると考えます。

　また、アカシックレコードのベースは12のロゴスで作られると考えると、12サイン、12感覚、アカシックレコードは同じであるとみなします。ここに具体的な証拠とか、事例は必要ありません。高次思考センターは根底的なロゴスで考え、具体的な要素はすべてそこから派生し細分化されたものであり、この細分化された結果のものが、原因の部分に影響を及ぼすことはありません。何にしても12サインと12感覚は12という点で同じものであり、そこに区別があるとすると、ローカルな場でできた垢がこびりついて違いが発生したにすぎないのです。

　熱感覚というと、うっとうしいとか、しつこいとかの印象を感じます。哺乳動物には体温があり、これが動物を環境から独立させている所以です。

　私は数年前に、平常の体温が34度台だったことが長く続きましたが、この時に自分独自の意欲は全く作り出せず、要求されたことだけをこなしていました。

　「熱意」という言葉がありますが、これは何かに向けて関心を集中させ、なおかつ、それを継続させることを示しています。そこに自分の意欲や存在感、主張というものがあります。自分が存在するという実感。これが強いほどに周囲との温度差が生まれ、温度差があることで、反対に外界の対象に関心を向けることになりますが、しかし温度差が激しすぎると、周囲とのコミュニケーションは困難ともなります。

　獅子座は火・固定サインなので、熱源が身近な環境にあるわけではなく、

しかも継続する熱であり、周囲の状況によって火が強くなったり弱くなったりすることがないのです。ただし外界の誰かに期待したりすると、その反応によって気落ちしたりはしますが、これは獅子座としては不完全です。周囲に関係なく、自分の熱を維持する必要があるのです。

　私は、音楽は環境から独立していると書きました。

　例えば、ある音楽を聴くと、いつもの決まった熱感覚が呼び覚まされ、それは若い時でも老いた時でも変わらないことに驚きます。私は高校生の時にグスタフ・マーラーのある歌曲に心底感動しましたが、最近久しぶりに聴いて、作り出される熱感覚は全く同じであることを確認しました。獅子座の熱さはいつまでも変わらず磨り減らないのです。

　獅子座の熱感覚は、牡羊座の自我感覚と120度で、同じ火のサインですから連動します。連動すればするほど暑苦しい主張というものになります。それは外界を押しのけて、環境に自分をどんどん押し込み、めげることがありません。同じ火の射手座の運動感覚が加わると、状況に合わせて自分を出したり引っ込めたりしますから柔軟性は出てきますが、牡羊座と獅子座だけならば、この即応性質はほぼ皆無となります。

　体温が高くなると匂いが強くなります。ゴリラは興奮するとすっぱい匂いがするそうです。

　反対にある水瓶座は嗅覚で、これは物質の周辺にある匂いに敏感になることで、非物質の中にメッセージを読み取るというものですが、獅子座の熱感覚が強まるほど、この発信する匂いは強まり、なお本人は自覚しないということになります。

　空気はグルジェフ水素ではH192であり、この中に火あるいは熱のH96があります。これは視覚化すると、空気の中に何か魂があるように見えてきますが、この火は霊ではありません。霊は特定の場に存在する性質ではないからです。また無機的な熱はなく、熱そのものが意図であり主張なので、どこかに熱を感じたら、それはそのまま何かを主張しているとみなすべきです。

　カセットコンロの火でも、それは何らかの主張を表しています。ガスコンロの火はたいてい荒っぽく、食材の微細な部分を壊してしまうと感じます。

牡羊座と同じく獅子座の熱感覚は、受信する感覚ではなく自分を押し出す感覚ですが、世の中では、何か「起こす」、つまり火を「熾す」ことができずに苦しんでいる人がたくさんいます。火を熾すことができない人は、外で発生した火に反応することでしか自分の生きがいを見出すことができません。自分の生きる目的もわからず、常に待ちの姿勢にある人からすると、迷惑でも自ら火を熾すか、あるいは変わらない熱源でいつまでも熱い人は憧れの人になるかもしれません。

　熱源にこれこれこういう理由で、というものはありませんから、理不尽な要求をしたり、不公平であったりすることは多々ありますが、そもそも熱感覚は、周囲との温度差を生み出すという意味で、およそ公平さというものに欠けています。

　しばらくテレビでパワハラする業界のドンのことが話題になりましたが、こういう人達は獅子座の初期領域での冥王星の人が多く、何か屈折があって主張しているわけではなく、ずっと続く単純な熱源が他の人に比較して強いだけです。他の人の主張を聞き入れるかどうかは、その後の学習や教育によって獲得されるものであり、熱感覚そのものには人の意見を聞くという働きはありません。

　獅子座の支配星は太陽です。占星術の太陽は、真実の太陽を示すことはめったになく、たいていは地球の投影ですが、それでも、このずっと輝く太陽ということを獅子座は意識します。

　高度な獅子座は、実際に恒星を支配星とするのではないでしょうか。

　地上的な獅子座は、占星術で示すような太陽を支配星にします。

　恒星は暗闇の中で一人輝き、これこれこういう理由でという相対的なものを持ちません。無から有を生むとは根拠のないものから発していくということでもあり、根拠のない主張、根拠のない行動を作り出します。誰の役にも立たず、道具主義でなく、自発的に楽しむということができるのが理想です。

　社会的な人格というのは、他の人と支え合って生きることですが、獅子座の熱感覚には、この社会性というものが欠けていることが多くなります。もし、獅子座の熱源が、その前にある蟹座から来ているものだとすると、社

会性はありますが、恒星を支配星にしていると、高度な意味で社会性はなくなります。ここでは社会というのは、人と人が複数で協力して作る共同体であるという意味です。恒星に社会性は考えられませんが、惑星には社会性が考えられます。

　蟹座から生まれてきた獅子座。牡羊座から生まれてきた獅子座。熱源のことを考えていくと、いろいろな獅子座が考えられます。固定サインである以上はほとんど変化しません。

 乙女座、視覚

　私達はよく見間違います。文章を読んでも肝心なところを見落とします。
　何を見ても注意深く見ることは滅多になく、どういう対象にも自分の中にあるイメージを押しつけることが大半で、それはズスマンによると目の中で考えてしまうからだといいます。乱雑な模様を見ると、人によって、この中にさまざまな違うものを見ますが、この見たものによって、その人が何を考えているか判明します。何を見ているか判明すれば、何を見ていないかも判明します。
　私達は漠然とした外界に対して、特定のものを見て、それ以外のものを視野に入れないという選択をしていますが、これを見たくないために違うものを見ているということもあるのです。
　乙女座の支配星は水星で、これは分岐をしたり、分割したりする天体です。水星は肺に関係しますが、肺は空気を小分けして、全体的なものを細かく分けていき、この中の特定のものに注目します。水星を支配星にするサインとして、双子座は、小分けされた対象を転々と移動し、乙女座はこのたくさんのものの中の一点に集中します。
　乙女座の手前にある獅子座は熱感覚ですが、これが視覚に反映されると映像に対して濃淡を作り出すことになります。色には身近で熱いもの、遠くて寒いものという格差があり、最も熱いものは赤で、最も冷たいものは紺色や紫色です。これは熱感覚による「身近／身近でない」、あるいは「馴染める／馴染めない」という区別が入り込んでいると考えてもよいでしょう。
　視覚は選択性と、関心の強弱、馴染める馴染めないなどと差別化が激しく、誰もが同じものを見るというのは困難ではないかと思います。視覚は思考の反映であるとともに、存在感覚としての熱感覚の反映で、私達がこの世界から遠ざかる時には、視覚は徐々に希薄になり真実味を失います。
　例えば、元気がなくなり、この世に関心がなくなると、見えている映像は

色褪せてきます。赤は接近色ですが、興味がないと、赤はとうてい接近色とはいえない無機的なものに変わります。

　私は中学生とか高校生くらいの年齢ではよく気を失っていましたが、視覚映像はだんだんと色が薄くなり、よそよそしくなり、灰色に近づき、そして最後には何も見えなくなっていました。意識はあるので、違う世界を見ているのですが、この世界での自分というものは気絶していなくなるという感じです。

　視覚は特定の対象にはっきりとフォーカスしますが、フォーカスすると、今度は無意識の側はそれ以外のものをフォーカスするという二極化を起こします。あるものに形を与えることは、それ以外のものにも形を与えて定義することであり、視覚は表と裏に分岐するのです。

　私達はこの片面のみを意識しますが、実際にはどれかを強く見れば見るほどに、無意識ではそれ以外のものをより強く見ています。この視覚の表と裏が生じるのは、その分、視覚というものが二極化の片方ばかりを重視しており、その偏りがいわば見すごせないくらいにいきすぎており、全体的存在性という観点からすると極端すぎるからです。

　この例として、ある色を見ると、私達は無意識にその反対側を補完します。私はオーラを見る練習をする時に、最初の段階ではいつも補色を見る練習をしてもらいます。赤の色紙を見ると緑の補色がその周囲を取り囲みますが、その後、赤の色紙を取り除くと、空間に鮮やかな緑色が残り、この残像を意図的に引き伸ばすとずっと緑色は空中にとどまります。これに慣れてくると、赤の色紙を使わないでも、空中に緑色の形あるものを見ることができるようになります。

　何もないところに色を見るというのはオーラを見る初期練習にはとても役立ちます。視覚は今のところ物質依存というか、物質を見るために使われていますが、視覚を独立させると、何もないところにものを見たりするし、色も光から独立して、色そのものが単独で成立するようになります。オーラを見るにはこの物質依存ではない色を見ることが必要です。

　最初の出発点としては、物質の形を見ることです。同時にこの時に、強い

排他機能によって退けられたものは、無意識の方で見ているのだということを意識します。この見えていないものを見るように、意識の表に引っ張り出すことで、それが架け橋になって、独立した視覚映像や色が見える段階に入ります。二極化された片割れは物質に依存している。片方はそうでもない。この二つを合わせると、統合化された独立映像や色の領域に至るというわけです。

　土星と天王星は物質とエーテル体という対比がありました。物質とエーテル体はいつも並列しています。タロットカードでいえば、「19 太陽」のカードのように二人の子供が立っており会話しています。この二人を合わせて、カードにも描かれているように、やっと上空の太陽のようになるのです。

　土星と天王星の関係は、山羊座と水瓶座の関係ともいえます。山羊座はもので、水瓶座はものの周囲に漂う匂いであり、ものが分解すると匂いが残ります。これは赤の色紙と、その周囲にある緑色の補色と似ていると考えるのです。

　乙女座の示す視覚は限定性と偏りが強すぎるので、人間は視覚ばかりに気を取られると緊張し疲れてしまいます。視覚ほど疲れさせるものはありません。リラックスする時にはたいてい目をつぶります。

　乙女座の視覚は、天王星、海王星、冥王星の領域に適用すると、あらゆる点で非物質的な視覚ということになりますから、何もないところに見る視覚ということになります。あるいは見えるものの裏側に押しやられたものを見るということです。

　太陽の光は強すぎて、背後にある恒星を見えなくさせました。天王星、海王星、冥王星は見えにくいか、見えない天体です。そもそも視覚意識としては、これらは見えないものを見ようという話になってくるのです。

　あるいは特定のものにフォーカスしないで、もっと大きな範囲に視野を広げることです。

　書店に入った時、一冊一冊の本ではなく、そのホール全体を見ることです。天王星は身近なものから遠ざかるという性質でもありますから、小さなところから目を離していくことなのです。

天王星、海王星、冥王星について扱う場合には、他のサインもそうですが、これまでの12サインの解釈を変更するか、拡大しなくてはなりません。どんな印象も、この天王星、海王星、冥王星では非物質だからです。
　視覚は思考の反映として、見たものすべてに考え方を押しつけています。この思考感覚は牡牛座が作り出したものでした。乙女座は牡牛座と土のサインとして120度であり、協力関係にありますから、牡牛座の思考を、乙女座は柔軟サインらしく、柔軟に変形しながら、あちこちに投影しているのです。そもそも視覚には客観性とか精密さは存在せず、おおまかには地球の集団意識の思考の投影の産物ですから、そこまで本気で精密に見なくてもよいのではないかとも思われます。
　つまり最初の前提から、必ずといってよいくらいに見間違いと見落としはやってしまうもので、私が思うに7割は見落としをしているものだと思います。意識的に見間違いするのは本人の自由です。目的により変えてしまうことも許されると思うのです。ただし人とコミュニケーションする時にはその時だけ合わせるとよいのではないかと思います。相手の幻想に合わせるには工夫が必要だとは思いますが。
　人は誰でもその意識にふさわしい記憶をアクセスするということを説明しましたが、意識と感覚・記憶は本質と質量の適合セットなので、意識の水準が似た人々は同じ映像を見ることになります。
　天王星の視覚は、主にエーテル体のエネルギーの流れを見ます。海王星の視覚は、アストラル体の映像化した姿を見ます。冥王星の視覚は、このアストラル体のイメージの根幹にあるワード、ロゴスを視覚化します。ロゴスは概念なので、これを視覚化すると数字や図形に置き換えることが増えます。
　シュタイナーは図形とか数字を使って考えてはいけないといいましたが、これは、実は、多くの人はその本質のロゴスを見なくなって、その形の面に意識を向けてしまう癖があるからです。家紋やエンブレムの背後には神聖幾何学がありますが、これはロゴスと結びついており、エーテル体のエネルギーの流れに、ロゴスを埋め込む現場を見ていくことになります。
　非物質的に見る視覚映像に、自我を埋め込むと、それはやがて自立的な

生命になります。そもそも自我とは意識の連続性、記憶の継続を表すものであり、何らかの視覚的映像イメージのものが、それ自身で継続しようとする力を持てば、それは生き物です。私達が何か架空のイメージを作り出し、そこに自我が乗り換えてしまえば、それが私達の新しいボディにもなります。このためにはこれまでの肉体イメージに対する癒着から離れて、少しずつ感覚をシフトさせていくことが重要ですが、エーテル体の12感覚というものは比較的シフトしやすいのです。

仙道の「気化」とは、トゥルパを作りこの中に自分が乗り込むこと、あるいは乗り込まれることであり、そのために長い時間をかけますが、長い時間をかけるのは馴染むためです。12感覚のすべてが異なる振動にシフトすることは、異なる山羊座の部屋を打ち立てることです。

今まではドの上に建物が建っていたら、今度はレの音の上に打ち立てるというようなことです。天王星、海王星、冥王星の示す12感覚に馴染むことは、この目的のためです。

視覚は感覚の中で最も比重が高いので、何もない空中に、人々が見ているものとは違う映像を見たりするということはトレーニングとして重要だし、それに深くリラックスし、またとても楽しい体験になることが多いのです。これはエーテル体というのはエッジが尖っておらず、神経を刺さないからです。

物質的に生きることは針山を歩くように緊張を強いる生活なのです。それは物質というのは振動が低く、その分、限定されており、狭いところに無理に自分を押し込めなくてはならないからです。それに物質とは瀕死の生命性です。

牡牛座の思考感覚と、乙女座の視覚と、山羊座の均衡感覚は緊密な協力関係にあり、どれも外せません。山羊座の均衡感覚がないと、乙女座の視覚は視覚の基盤となる土台を見失い、統合失調症のように支離滅裂な映像を見ることになります。特に非物質的なものを視覚化する場合には、座標を明確にすることは死活問題になります。視覚は思考の投影なので、思考が支離滅裂になると、見ている映像は混乱したものになります。絵を描いても

らうとすぐにわかるでしょう。

　秋山氏の『Lシフト』を読んで、私は12サインとは宇宙船であるということに決めました。秋山氏のいう宇宙船はチャクラのように七つの階層を持っていますが、12サインは特定の世界に入る入り口が春分点であり、世界のどん底が秋分点です。

　宇宙船は一番低い腰の部分で時間と空間にチューニングすると書いていますが、12サイン、12感覚は底部の乙女座、天秤座の視覚、触覚で、特定の時空間にぴったりとチューニングしており、それ以外の感覚はもっと柔軟で軽いので、この底部に合わせることができるのです。どこかに向かうのは乙女座の視覚で、そして飛び立つのは天秤座の触覚です。

　空気の中に高次な振動の物質が増えてくると、空気の中にいろいろな映像が映り込み始めます。空気はまるでスクリーンというよりも、いろいろな立体的な映像を抱え込んでいる卵のようです。

　国によって、空気の中に含まれる成分は違うので、場所によっては、この空気の中に出てくる映像は出やすい国と出にくい国はあると思います。といっても、既に説明したように視覚は思考の反映であり、思考を映し出しやすい空気と、そうでない空気があるということにほかなりません。

　視覚は思考の反映であるということは、唯物論的な思考であれば、空気の中にいろいろなものが見えるということを拒否します。

　日本人は江戸時代くらいまでは、空気の中にいろいろなものを見ている種族でしたが、明治以後、西欧の合理主義的な思想が入り込んでくるにつれて、非物質的なものはだんだんと見えなくなってきました。見える見えないは思想の問題なのです。

　最近、自分には狐が取り憑いているので、伏見稲荷に引き取ってもらいたいという人がいたら、実際のその狐を何人もの人が見たりしますが、現代では、これはもののたとえとしか受け取られません。ですが、子供時代を思い出してみたら、自分の母親でさえ大きな風船のように見えていたとか、あるいは私のようにソングラインのような道に見えたということもあったでしょう。

8 天秤座、触覚

　天秤座は秋分点からスタートしており、これは12サインの折り返し点から始まるサインです。

　昔の図絵で人体を12サインに沿わせてエビのように折り曲げたものを見たことがある人は多いと思いますが、折り返し点の腰は乙女座と天秤座の場所です。牡羊座は世界の中に入り込もうとしていた。そして乙女座でその人は世界のどん底に到達し、世界の中に入りたいという目的は完全に果たされます。それよりも先はなく、袋小路の壁に当たったと考えてもよいでしょう。

　視覚映像はあまりにも固く、この見たもの以外の可能性はどこにもありません。そこで、今度はここから世界脱出のコースへ方向転換します。結局、世界とは限定知覚のものであるということです。この限定性を解除してしまうと、私達はどこの世界にも入り込めなくなります。違う世界とは違う限定性です。

　私達は世界に視線によって深くつかまります。つまり乙女座の視覚は、世界の中に釘づけになることを意味します。乙女座は私達を意識と対象に二極化して、私達の全体像を見失わせることに一番強い力を持っています。その後、天秤座の触覚で、自分は皮膚の牢獄の中に閉じ込められ、宇宙からは追放されていることを自覚させます。

　生まれた直後の幼児は、この触覚がどこにあるのかわかっていません。ですから、紐を肩にかけて両足に紐の端を結び、足に負荷をかけることで足がどこにあるのかを教えなくてはなりません。だいたい触覚は等身大のサイズになっていないのです。しかし成長するにつれて、教育によって、触覚は身体とぴったりと同調するようになります。教育しないことには自分の触覚を機関車にしてしまったりします。

　身体と触覚を合わせても実際にはすべてがぴったりしているというわけにはいかないかもしれず、あちこちに不明なところがあります。

蛇は枝に巻きついたりできますが、この時、蛇の触覚はどのくらいマルチに働くのだろうかといつも気になり、蛇の触覚を想像したりしていますが、なかなかわかりません。人間が身体サイズで生きるというのは簡単な作業ではなく、曖昧模糊とした視覚映像をはっきりさせ、そこに触覚を沿わせ、他の感覚も適合するようにして、だんだんと肉体として生きている自分という場所に、自分の部品を揃えていきます。

最初は道端でつまづいて倒れると、その時いくつかの感覚の部品がばらけてしまい、また拾わなくてはならないのですが、大人になるとこのまとめが上手になってきます。

成長して触覚が明確に身体サイズになった後、この皮膚の牢獄から開放されたいために、触覚でさまざまな外界のものに触れていきます。自分以外のものがここにある。外界に触れる都度、改めて自分が閉じ込められていることも自覚しますが、天秤座の支配星は金星で、そもそも金星は楽しむことを意味しますから、この触覚は楽しさを刺激します。何に触れても基本的には楽しく、気持ち良いもので、この「気持ち良い」という印象は、自分とは違うものに触れることで自分が輪郭から解き放たれることに通じていきます。視覚は対象に外から接近して対象に縛りつけられることですが、触覚の気持ち良さは、今度は対象の中から外に解放されようとします。

そもそも目をつぶってしまうと触覚はだんだんと曖昧になり、自分の身体の輪郭から離れていくことにも気がつくでしょう。深くリラックスすると自分の身体のサイズがよくわからなくなります。それに何か触れた感じがあっても、実は身体の輪郭とは違うところで触れていることにも気がつきます。

自動車が好きな人はいつも乗り慣れた自動車の運転席に座る時、車体のサイズにまで触覚が拡大していることを感じます。視覚によって補わないと、触覚は輪郭を拡大してしまう癖があります。もし、視覚が物質以外のものまで見てしまうくらいに変化してしまうと、触覚もそれに伴って必ず拡大します。そもそも乙女座と天秤座は隣なのですから、視覚が拡大すると触覚も拡大します。

ちなみに、私は夢で自分のクラスターに関係する人々と交流していますが、

この時、映像イメージとして相手を感じることもあるが、同時に漠然と触覚的にも認識しています。直に触るという意味ではないのですが、実在感を感じるのです。熱感、自我感覚、思考感覚、言語感覚などが連動すると、ますます相手を確かなものと感じてしまうことになります。
　オレンジ色の何か柔らかい感じ、熱くはないがしかし熱感のあるもの、少し湿度感がある、それはバネのように動いている、いちいち反発したり親和したりする。そしてしゃべっているし、この言語を認識することができます。
　スピカ星人を地球に連れてきた時には、私の肩に乗ったスピカ人の手の平の感触をはっきりと感じました。しかしそれを「何かにたとえてくれ」といわれると難しいです。ただ羽のように軽いものだといえます。この触覚を色にたとえるとオレンジと灰色が混じったものです。
　視覚と触覚は秋分点を取り囲み、世界のどん底にあるものなので、この二つを揃えると、それは最も実感的なものとなります。錯覚というものは一部の感覚だけ使い、他の感覚がついてこないものです。
　12感覚の連動が増えるほどにそれは錯覚でなくリアルとなりますが、視覚と触覚は一番生々しいわけです。それは現実、それは現実ではない、このくっきりした区別はそもそもありません。これは感覚の比率の問題にほかならないからです。「確かに見て、触ったんだ」となると、本人には妄想とは言い難いものになるでしょう。
　ロゴスは二極化されることで、アストラル体になります。二極化されると、光と闇が発生します。つまり光がある世界とは、二極化されたものであり、ロゴスのメンタル界では、まだこの光が生まれていません。メンタル界は暗く沈んだ中にあり、空間的広がりが作られておらず根底的です。
　私はロゴスの言葉を意識する時に、この暗く沈んだものを実感します。まだそこでは生命が生まれていない。このメンタル界、冥王星領域においての触覚は、表現しようのない不思議なものですが、それでも、ここにも触覚は成り立ちます。メンタル界、アストラル界、エーテル界、物質界のどこにも12感覚があるとみなすとわかりやすいのですが、もちろん、メンタル界では12の数字そのものであるとみなせばよいのです。その概念はここから生み

出された、と。

　触覚は牡羊座の自我感覚とは反対にあるものなので、それは押し出すのではなく、触れられること、押されることです。触覚を伴いつつ広がるとは、この押された実感が、だんだんと範囲拡大していくことです。つまり、押してくる力が弱まってきたという感じかもしれません。

　意識は射出することで成り立つと考えられていますが、これは射出された側でも意識が成り立つということです。触覚はこの射出されたことの実感であり、秋分点の境界面で、視覚と触覚の間に、何か大きな逆転が生じました。見ている時には感じなかったのに、触れられた時には感じます。この感じる側で実感する意識は、小さなところに収縮しようとする意識でなく、反対に、今度は大きな方に拡大していこうとする意識です。

　この秋分点の折り返しがないことには、縮小し続ける意識は拡大方向へ転換できません。創造意志は死んだ方向に向かうことが運命づけられており、だから天秤座で転換をしていき、源流に戻ろうとしているのだと考えてもよいでしょう。

　アンドロメダ・ペルセウス神話では、通りすがりのペルセウスは、岩につながれたアンドロメダ姫を見たために転落しました。そして手に持ったメドゥーサの力によって、アンドロメダ姫ともども、今度は解放される方向に向かいます。

　天王星、海王星、冥王星の三つの天体で、この触覚の天秤座を扱うと、非物質の面で触覚を確認してほしいという話になりますが、そう難しい話ではありません。実は、多くの人はこの非物質的触覚も休みなく体験していますが、それを意識に浮かび上がらせていないだけだと気がつくかもしれません。目を向けてみると、私達は身体の輪郭とは違う触覚をたくさん体験しているのです。

　札幌で、台風の後に地震があり、北海道全域で一度停電になりました。この時、頭に刺激が来たという札幌在住の人の話を聞きました。日本地図を人体のように見た時、北海道は頭であると考えることもできます。

　天変地変は、物質界に少し傷をつけてエーテル界を刺激することであり、

すると、北海道の古い記憶が刺激されたことになります。

　例えば、中国や韓国を通らないで、北から日本にやってきた蘇我氏のチームはずっと長い間、女国（アイヌの人々）と共同的にやってきたといいます。その後、南下政策を取ったのです。これらは北海道の大地の底に埋め込まれた記憶ともいえます。これが刺激された時には頭よりも少し大きな輪郭での触覚が刺激されたりもするでしょう。そしてこの触覚的刺激を通じて古い記憶を引き出すこともできるでしょう。

　身体輪郭とは違う触覚を刺激すると、そこには違う記憶が蘇生します。既に説明しているように、意識状態と記憶は連動しており、触覚範囲が少し違うと、少し違う記憶も出てきます。

蠍座、生命感覚

　小さな箱に入ると、そこでは気が散らなくなり、集中感覚が高まります。
　ある詩人は家を新築する時に、壁にカプセルホテルのような穴を作りました。創作はこの中に入って行うのです。エクトル・ベルリオーズも作曲には狭い部屋の方がよいと考え、日本でいう三畳くらいの部屋で作ったといいます。
　私はカフェでよく原稿を書きますが、この時には、イヤホンで音楽を聴いていると、何か閉じ込められた感覚が強まり集中力が出ます。
　蠍座の生命感覚は、この充実感、集中性、生命力の高まりに関係します。もちろん、この手前の天秤座で、感じる感覚を手に入れたので、今度は感じる感覚をもっと凝縮しようと思ったのです。エーテル体の網目の中に、アストラル体が宿るのと同じように、触覚の包囲網の中に、生命感覚が集中して集まり何か象徴的形を取ろうとしているのです。集中することで、そこには高められた意識が働き、集中していなかった時には決して手に入らないような充実感が手に入ります。圧縮されたものは力強く、それは強い影響力も発揮するでしょう。
　蠍座の蠍とは地に落ちた鷲ですが、もともとの鷲の場所に回帰するためには生命感覚の高まりが必要です。生命感覚を強めるのに最も簡単な方法は、複数の人を集めて、支配的な立場に立つことでしょう。権力とはこの強い生命感覚をもたらすのですが、これは蠍座の15度の手法で、誰もが使う手法でもありません。
　力を集めるのに他にもたくさんの方法はあります。人を集めて支配し力を蓄積するには、人々が自由に動き回っては困るので、ここから国家の閉鎖性なども生じました。15度の手法は間違った使い方をする時、極めて有害ですが、どんなものもエネルギーや力が集中すると、その誤用は大きな被害をもたらします。

小さい箱に入れると、この中にある生命感覚が充満するのは早くなりますから、複数の人を集める場合にも、少人数ならば蓄積は早まります。国家くらいのサイズになると時間がかかります。箱は目に見えない箱もあります。カテゴリーとか分野なども箱です。私達には常に安らげる家というものが必要です。野生の猫でも縄張りはありますが、これも箱です。
　また人が依存症になるとは、この生命感覚という実感を手に入れるのに特定の手段に走ることを表しています。この強い生命感覚がないと、生きた心地もしないしとても空しいのです。どんなことでもよいので、生命感覚が満たされると生きた満足感があるのです。
　反対側には牡牛座の思考感覚があり、高められた生命感覚があると、思考感覚も高められ、それはどんどん高度になります。思考感覚はそうそう簡単には変化しませんが、蠍座の生命感覚も日々変化するというものでもありません。思考感覚はこの生命感覚の実感に支えられてもいます。
　狭い場所に閉じ込めると生命感覚が濃縮されて集まるということから、祠には気が集まり、そこにアストラル体が降臨しやすくなります。天王星、海王星、冥王星においての生命感覚とは、もちろん物質的に狭いところに集めるのでなく、感情、精神、想像力によって集中していくことでそこに集まるパワーを感じることを意味します。
　祠のようなものを作る時にも、祠の壁や枠は、エーテル物質で構成することになります。エーテル体の網目の空白にアストラル体が降臨すると説明しましたが、アストラル体は同じ型のものは同じとみなすので、するとエーテル体の網目を重ねて、複数の場所に同じ空白を作ると、何重にも上書きされるアストラル体が形成されるという意味にもなります。重ねられたものは、もちろん強い集中力やパワーを持つのはいうまでもありません。
　そもそも人を集めて集団化することの力強さも、この重ねていくことから来ています。同じようなタイプの人が何百人も集まっている光景を想像してみてください。同じような動作でたくさんの人が踊ると迫力が増すのはボリウッド・ムービー（インド映画）を見るとわかると思います。
　エーテル体の枠や箱とは、目に見えない枠ですが、これは気を集めるので、

例えば、同じ名前のチェーン店なども、そこには特有の力が集まります。似たような種類の異なる名前のチェーン店が増加しても、違う名前のグループには違う生命感覚が集まっています。

　地上には強い力が集まる場所があり、これをパワースポットというのかもしれません。蠍座は８番目のサインであり、これは８点を囲んだ立方体を象徴しています。立方体以外でも、例えば正八面体も、星型正八面体も８点で構成されます。これらはみな強い力が集まります。そしてそこに高められた意識が働きます。

　地上のパワースポットは土星依存ということになりますが、惑星グリッドのようなものはそもそも物質的に見えないものであり、これで作られていく力の場は、天王星、海王星、冥王星にふさわしいものかもしれません。地上のパワースポットは必ず山とか物質でラインを作るので、限りなく物質的に濃い力が集まりやすいでしょう。濃いものは濃いものとして、足を引っ張るなどの弊害も出てきやすくなります。物質的なパワースポットは物質的な力を与えるので、その人を物質的に閉じ込める性質も備わっています。

　アストラル体は神話元型ですが、この神話元型は生きておらず、静止した、美術館の絵のように見えるかもしれませんが、それは私達が物質的に生きているからで、アストラル体からすると、自分は三次元的な存在であり、物質的に生きている人間は短命で取るに足らない存在にも見えてきます。

　12サインではアストラル体を作って結晶化するプロセスは、12サインの最後の段階の魚座であり、30度の「巨大な岩の顔」はこの非物質的結晶化です。

　アストラル体は、魚座、蠍座、蟹座という水のサインの協力でできると考えると、蟹座の音楽的な聴覚は、七つの法則を、物質にも場所にも状況にも依存しないで独立的に形成することを表し、蠍座の生命感覚は、物質的ではない箱に力を充満させることを示します。アストラル体の内部には強い生命感覚が満たされているのです。

　私達が物質に依存しないで箱を作り、そこに力を満たすと、もちろんそのリアリティが強まり現実的であると感じるようになり、この充満度次第で、

アストラル体とコミュニケーションするようになり、夢の中で、アストラル体と会話するということが可能になります。

リリスやヘカテも神話元型であり、それらは個人を表すことはなく、抽象的な概念ですが、この抽象的な概念をボディにしているのがアストラル体やメンタル体ということなのです。人間は蛇が脱皮するように、人間の皮を捨てて、アストラル体になることが可能で、これが仙人になること、あるいはスターピープルに回帰すること、グルジェフのいう条件つきでない人間になることです。この場合、物質世界の具体的なものに何一つ触れることはなくなり、細かい情報は一切見えなくなりますが、存在の振動密度と記憶は連動していると書いたように、アストラル界においての多彩な情報というものは休みなく受け取ることになります。

天王星、海王星、冥王星の領域では、蠍座の部分で見えない枠や箱の中に生命感覚を満たすということが重要なテーマになってきます。

例えば、想像上で、いったん空中に建物を作ると、忘れた頃にも、まだその建物には気が満ちてくることを確認できるし、誰か知らない人が一部を改造していたりすることを発見して驚きますが、物質依存しない蟹座の力が強まると、このような行為も真実味が出てきます。

天王星、海王星、冥王星においてはことごとく非物質のテーマなので、これを通常の占星術の解釈と混同しないでください。土星以内の惑星で構成される占星術は、物質生活のためのツールであり、天王星、海王星、冥王星はそれらを全部ひっくり返しています。

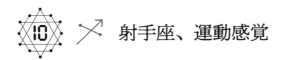

射手座、運動感覚

　蠍座はタロットカードで言うと「8 正義」のカードに対応しています。狭い箱に閉じ込めて、その中の生命感覚を、密度を高めていきますが、力が凝縮すると、やがてはち切れそうになります。
　また内部にあるものが高度になると、それにふさわしい箱に置き換えたいと思うようにもなり、あるいは、この力そのものが箱を運ぶことになります。
　例えば、スポーツのチームで実力のある選手を育てると、やがてはその選手は自分の実力にふさわしいチームに移籍したがると思います。蠍座からするとせっかく育てたのに、それは裏切り行為と思うかというと、そうでもありません。というのも、生命感覚を凝縮して高められた意識を作り出すことは、そもそもが、現状から突破したいという欲求から来ているからです。
　蠍座は大地に落ちたサソリがもともとの鷲の場所に戻りたいので、力の凝縮はちゃんとその成果が出たことを示しています。ただ蠍座は水・固定サインで、射手座は火・柔軟サインですから、蠍座の終わりから射手座に飛び出すには、ここに大きな段差があり、すんなり移行していくようにも見えません。力を集めるために閉鎖した箱を作ったのだから、箱から出るのは難しいように見えるのです。
　水のサインは、その後に必ず火のサインに推移するのですが、この推移は水のサインの特質が限界に来て、これ以上は水のサインの特徴は続けられないという時です。蠍座から射手座への移行が大変に感じるとしたら、まだ十分に高められた意識が作られていないと思うとよいです。蠍座から射手座への移行は、自分の振動密度に忠実な世界に移動しようとすること、そのために、過去の愛着とかにこだわってはならないということです。
　どんぶりを作っていたが、だんだんと中身がグレードアップしてきた。こうなると、それに合わせて、器も変えなくてはならないと考えるでしょう。
　射手座とは中身に応じた器を探す旅でもあります。

十分に高められた意識が形成されると、蠍座を象徴とする「8正義」のカードから、次の「9隠者」のカードに移行し、模索、探索、移動などをしていきます。しかし次の場所が頭でわかっているわけではなく、半ば本能的に予感だけを頼りに旅をすることになります。

　射手座は筋肉に関係し、それは今までの場所に反発して移動します。また筋肉はある場所とある場所をつなぐように作られており、つり橋のようなものだと思うとよいでしょう。未知の場所に向かうのに不安定なつり橋しかないわけです。

　射手座はグレードアップのサインですが、蠍座で手に入った生命感覚が高められたものになるほど、より高度な場、箱に向かうことになりますから、射手座の水準は、その手前の蠍座で集めた力によりけりということもあります。

　火の元素のサイン、牡羊座、獅子座、射手座はすべて外に押し出す力であり、射手座の運動感覚は紆余曲折しながら前進します。獅子座の熱感覚は火・固定サインなので、ほとんど変化しないものですが、射手座の火・柔軟サインが加わることで、火の力は進化するのです。

　この火のグループの中にある牡羊座は支配星が冥王星です。冥王星はメンタル界の模造に関係します。そのため火のサインは、基本的にはメンタル界の模造である考えてもよいでしょう。メンタル界はその前に何もない暗闇があり、自分からすべてが始まるという根源的な創造性です。12サインの中にある火のサインは、その縮小形態として、自分から押し出す、始まるという要素が強いといえます。

　アストラル体の模造である海王星は魚座に関係するので、水のサインの三角形はアストラル界を反映したものと考えるとよいでしょう。水瓶座の支配星は天王星であり、風のサインはエーテル界を反映したものと考え、土のサインは物質界を示したものとなります。

　サインも惑星も、それぞれこのメンタル界、アストラル界、エーテル界を示すものではなく、その模造でありますから、働きかけられることはありますが、自分の方から働きかけることはありません。どんな小さな世界にも、

大きなものが映し出されていくということなのです。

　射手座は火・柔軟サインなので、メンタル体の反映であり、そのレベルに向かって質を高めていくということに大きく関係します。日ごとに抽象化が進み、実際的物質的なことを次々と切り離して、純粋精神を高めようとします。道具主義でなく、実用性がなく、そんなことをしても全く収入にならないというようなものを真剣に追及することが射手座らしいといえるのです。

　射手座は思想、哲学、宗教などに関係しますが、これらはメンタル界への回帰願望から来るものであり、思想、哲学、宗教がメンタル界を示すということではありません。

　そもそも運動は、自分の意志でここからあそこに行くというものではなく、到達地点が自分を引っ張るという未来からの呼びかけという視点で考えてみると、とても楽になるところがあります。射手座の楽しさは、探求を続けているうちに、それまで全く自分が知らなかったことを発見したり思い出したりします。未知の探索は自分が変化していくことで達成されます。

　意識状態が変わると、それにふさわしい記憶がアクセスされると書きましたが、蠍座で生命感覚を高めて、高められた意識が手に入ると、そこでこれまで全く知らなかったような記憶が蘇生してきます。それは、最初は漠然とですが、次第に明確になってきます。するとその人は、必ずその場所に行きたくなります。

　カルマというのはその人の繰り返された行動により作られていきますが、意識が変わり、記憶が変わってしまうと、このカルマ作用は意味をなさなくなるともいえるでしょう。それは記憶と結びついているもので、記憶を違う場所に取り残すと、そこにカルマも一緒に取り残されます。しかし、また異なる記憶を引き出すと、そこで新しいカルマも発生すると考えてもよいかもしれません。

　蠍座から山羊座への移行において、射手座で存在の重心移動が起こり、それはその人のメンタル体に忠実なかたちでの移行です。

　超越瞑想（TM瞑想）では、特定のマントラという呪文を唱えることで、その人の意識を超越的な状態に持っていくという手法ですが、言葉はメンタ

ル体そのものではありませんが、その反映であり、感情や身体をそこに同調させることで、少しずつ移行させるという効果はあるのではないかと思います。

　射手座では、できる限り抽象的で概念的なロゴスを打ち出すことで、この高度なところに移行していくということがより自然なかたちで行われるのではないでしょうか。それは自分の根本的な生きる目的をはっきりさせることであり、その目的が人生を作り出したのだと考えることであり、生きる目的をシンプルな記号として考えてみることも役立ちます。

　超越瞑想では、グルから文字が与えられる。この文字は珍しいものではありませんが、珍しいものだとむしろ効果は薄まります。グルから与えられる文字よりも、自分で根本目的を目指す記号を考える方がもっと効果的です。

　これは例えば、射手座の12度の「時の声をあげる鷲に変化する旗」というサビアンシンボルの旗と考えてもよいでしょう。具体的なイメージになればなるほどメンタル界から離れますから、極端にシンプルな記号の方がよいのではないかと思います。

　メンタル体は足手まといなアストラル体を脱ぎ捨てる都度、自分にふさわしいアストラル体が張りついてきます。それが異なる記憶に移行するということでもあるでしょう。

 山羊座、均衡感覚

　蠍座で集中して高められた意識を獲得すると、それに導かれるように、射手座の運動感覚では、自分にふさわしい場所を求めてさまよいます。
　射手座はグレードアップする性質なので、高度な火の力を獲得し、それにふさわしい場所として、山の上の鋭利な傾斜の崖にでも、小屋、建物、箱を作ることになります。
　射手座は運動感覚ですが、山羊座は均衡感覚として、座標を作り出すもので、座標を作り移動し、また座標を作りという繰り返しによって、理論体系とか、哲学体系、数学的な体系は作られていきます。というよりも、人生そのものがこの移動と節目作り、また移動というものの繰り返しですし、学校にしても学年などの節目を作っています。
　山羊座の均衡感覚というのは、限られた狭い場所に、バランスの取れた空間を作るということです。その空間は他の空間から独立しています。独立しないと、他の空間の影響に引きずられて、自身のバランスある立脚点は作られないからです。
　惑星は自転することで公転の影響を忘れようとしますが、私達の身体の中の臓器もその独立性を主張すれば、外界のことを忘れるので、例えば、肝臓は自分が人間の身体の中に所属していることを知るとショックを受けるのではないでしょうか。
　山羊座の均衡感覚を説明する時に、山羊はどんな不自然な場所にもまっすぐに立つというイメージを借りています。例えば地球は高速で回転しています。私達はこの上に立っていても、どこかに飛ばされることもなく大地に直立することができます。
　狭い場の中に立ち、そこで静止できるのです。この時、地球が高速回転しているのは、地球と太陽、あるいは他の惑星との関係で成り立っています。この外界との関係を切り離し、地球の大地という場に知覚を閉鎖すること

で、私達はそこに立つことができるのですが、一つの流れにさらわれないようにするには、それに対して反対の流れをぶつけます。だから、私達の山羊座王国は六つの方向の流れがすべてぶつけられて静止したところにあるのです。

　山羊座の均衡感覚は、どんな小さな場にも全体的な要素を縮小的に封入するので、さまざまなサイズの山羊座の箱があると考えるとよいでしょう。そして小さな箱はより大きな箱の中に所属しており、これらはマトリョーシカのようにたくさん重ねられています。小さな山羊座の箱で閉鎖した暮らしをしていると、より大きなところでの正当なことも、不当な圧力に感じることになりますから、国が決めたこともそれより小さな箱の沖縄からすると、極めて不公平な要求のように見えます。

　時間の中の山羊座としての節目、座標は、1年であれば、春とか夏とか四季の区切りにもなります。節目を作るのが重要なのは、節目という静止点を作ると動きを対象化できるからです。何となく感じているが、はっきりと認識できないものは、見るための座標、節目を作ることではっきりとわかるものになるのです。

　川の流れの中に杭を打つということです。魚は静止できません。ですから魚は水の流れを認識できません。水の流れと一体化しているので、自分が水の中にいるということが意識に上がってきません。人間は静止できるので、自分以外のすべてについて認識し、その特性を活用するということが可能になるのです。しかし大きな意味では、人間も静止できておらず、同一化してそれを見ることも知ることもできないものが多数あります。

　私達は自分の振動よりも低いものを対象化できるが、自分の振動よりも高いものは対象化できず、対象化されます。高度な振動のエネルギーの流れを私は認識することがないし、それは最初からなかったものとみなされます。しかしそれに対象化されているので、その意識が私達を運んでも、それは私達にはわからない。眠る幼児が親の運転する自動車で運ばれてもわからないように、です。

　つまり、山羊座の座標を打ち立てる行為は、特定の振動の場所に打ち立

てるのです。そしてそこからいろいろなエネルギーの流れを認識するが、あくまで自分の振動よりも低いもののみということです。私達がより進化するとは、山羊座で家を建て、そのことで初めて意識化するものがあり、意識化した段階で、さらに高い位置に家を建て、ということの繰り返しの中で、全く漠然としてわからなかったものに道筋を立てて進んでいくことなのです。

　射手座の運動感覚は自分が動いているという点で、しばしば無意識です。しかし、山羊座で静止することで、動きを意識することができるようになるという点で、射手座では予感にすぎなかったものも、山羊座になって初めて、それが何だったのか理解できます。そのため自我を作るということも、山羊座に関係したものです。行動は自発的に行われているというよりも、未来の意図から引き寄せられて夢遊病のように行われます。

　旅は段取りを決めて行くのでなく、予感に導かれて行くのが理想です。私は頻繁に本を書きますが、どこから手をつけたらよいのかわからないところから手さぐりで始めます。書き終わった段階で、何を書きたかったか、何を解明したかったかははっきりとわかります。それは常に確信を与えます。書くことは山羊座行為であり、それは形になり、固くしっかりしたものであり、これができると、次にどこか進むかということもわかるので、考えを書かない人は、たいてい堂々巡りして前に進まず、気がつくと出発点に戻っていた場合もあります。つまり山羊座が足りないのです。

　ただし、この山羊座の小さなところに閉じた世界を作り出すとか、節目を作り出すという作用からすると、必ず期限があり、いつまでも続けるわけにはいかないという条件がつきます。

　蠍座の生命感覚は狭い箱に閉じ込めると凝縮すると書きましたが、この狭い箱は山羊座が新しく作り出すものでもあります。12サインの順番を意識的に一つずつ体験していくと、射手座の探求の後に、新しい山羊座の場を作り出し、水瓶座で離脱しということをすることになります。山羊座の場は定期的にリニューアルしなくてはならないというのは、同じ場を改善するというよりも、場そのものを定期的に変えていくことも多く、この山羊座離れは水瓶座で起こります。

有働由美子アナウンサーがNHKを辞めて民放に移動することも、より進化するために安定した山羊座から離れたのです。ですが、この山羊座離れはすべての人が次の段階に進むために行うわけでもなく、中には、自分個人の範囲が置かれた場にふさわしくなかった場合もあります。ほどほどの身の丈の範囲にいると誰もがリラックスできます。今の自分には無理な山羊座空間にいると、自分の均衡点を休みなく壊され続け、ひと時も安心できなくなるのです。

　グルジェフは参加してきた生徒にワークをさせましたが、それだけでなく、座学では、生徒の一人も安心させませんでした。つまりやっと理解できたと思うと、誰もがそこで安心して立ち止まります。理解できたと思うやいなや、さらに難しい課題を提供する。この繰り返しの中では安楽はなく、だからピョートル・ウスペンスキーは脱落をしましたが、これはウスペンスキーがさらに前に進むために離脱したのではなく、ウスペンスキーの身の丈の範囲を超えそうな段階で停止したというわけです。脱落したのか、前進したのかは、その後の活動内容を見ればわかることでしょう。

　ウスペンスキーはグルジェフ体系から一歩も前に進めたり改良したりできなかったのです。そして徐々に教えは停滞し、形骸化したのです。

　出口王仁三郎の教団では分裂したり脱落したりする者が多数いて、それらが多くの新宗教を作りましたが、これらは王仁三郎を薄めたもので、脱落者は自分の能力ではもうこれ以上は無理という段階で脱落します。しかしこの脱落者は、世間との架け橋になります。教祖と世間にはギャップが大きく、この隙間を埋めていくのです。

　日本は日本という山羊座の場であり、それは北朝鮮の山羊座の場とも、韓国の山羊座の場とも違います。もし、北朝鮮や韓国とか、特定の国がそれ自身で自立しておらず、まっすぐに立っていないと感じたとしたら、そこには山羊座の均衡感覚が作られておらず、まだ外部的な何かの影響に晒されているということになります。それは自立しない依存的な国、あるいは国以前ということになり、不安なもので、いつ滅びるかわかりません。

　山羊座のテーマが上手く達成できていない人は、いつも不安だし、いつも

気になることがあり、他の人の言うことにひどく影響を受けたり、揺らいだりします。山羊座の要素を確立するのに何が足りないのかは、牡羊座から順番に山羊座までの10個の項目を考えるとよいでしょう。12サインの体験は順番に歩いていけば、自然的に、それをまとめた山羊座の建物ないしは王国が形成されます。

　今日の社会での問題とは、この山羊座の王国ができてしまうと、そこにずっとこだわり、そこから決して出ようとしないとか、あるいはリニューアルしないということです。山羊座の帝国は、そこに期限があり、それを過ぎても固執していると、必ず腐敗し、矛盾した要素が次々と噴出します。

　山羊座の特徴は閉鎖的であるということですが、外のことを知らずに過ごすことが多くなり、気がつくと、全く時代遅れになったとか、古臭くなったままということになりやすいのです。

　山羊座の帝国の中では、その場所特有の価値観や習慣、道徳などが発生しますが、これは他の場所と共有できません。ただし、風の元素は土の元素を解体して、この中の成分を分別して再整理しますから、次の水瓶座であれば、山羊座を解体し、使えそうなものを拾うということになります。水瓶座は山羊座を解体しないわけにはいかないので、水瓶座の勢力が来るまでは、山羊座の王国は維持できるというふうに考えてもよいでしょう。特定の土地の古くから続く伝統や文化は必ずいつかは失われます。

　水瓶座はそこに価値を認めれば再利用するのですが、それは理屈として納得できるものだけであり、馴染んでいるから、愛着があるからというものは、水瓶座からするとほとんど無意味です。

　山羊座の支配星は土星です。それは硬直したもの、死んでいくものでもあり、つまり終わるということが約束されているといってもよいようなものです。墓標と考えてもよいのですが、墓標があると、それを取り除くことができます。墓標がないと取り除けない。しかしあると、はっきりこれを取り除けばよいのだとわかるのです。

　水瓶座は改革性ともいわれますが、改革は古い習慣があるからこそ、そのやりがいが出てきます。水瓶座は墓標めがけてやってくるといえばよいので、

実は、水瓶座は山羊座に依存していると考えてもよいかもしれません。
　解体業者は、解体するべき荷物がないと、何もできなくなってしまいます。
　通常の生活の中で、12サインは小さな範囲から大きな範囲まで、それぞれ速度の違う惑星の循環によって体験していきますが、この体験を果てしなくループすることで、より高度な成分を抽出しています。繰り返せば繰り返すほど、山羊座の成分は非物質的になるのはいうまでもありませんが、本人から見ると、それは十分に物質的です。
　山羊座の帝国作りは、壊すために作るとか、死ぬために生まれるというようなものですが、そもそもホロスコープそのものが、霊的生命体が死んだ墓標であるという観点からすると、こういう言い方が自然です。
　これは画家が、本当の絵を描きたいために、次々と絵を描いて廃棄するような行為です。次々と絵を描いて廃棄する行為がないなら、自分が本当に描きたい絵には永遠にたどり着かないでしょう。
　こうした姿勢で生きている場合には、例えば家を建てて、死ぬまでそこで過ごすという考え方にはならないでしょう。秋山氏の『Ｌシフト』を読むと、宇宙人はUFOを団地のように積み上げて都市を作っているそうで、すぐに移動できるようになっているといいます。これは未来の住宅としての理想ではないでしょうか。
　地球は人類のために生きているわけではないので、地球に対する遠慮というものが必要で、気に入らないと都市をすぐに壊してしまいます。ちょっと背中が痒いのでかいたら、その地域の都市が壊滅し、住民が何千人も何万人も死んだりするのです。

# 水瓶座、嗅覚

　形あるものはいつか死にますが、その時に腐敗します。そして腐敗すると、それまで形の中に納まっていた要素は、空気中に開放されていきます。

　私達はこれを匂いとして感知します。物質を主体とみなした時には、この周辺に漂う匂いは断片が漏れ出したように感じますが、視点を変えれば凝固から解放された実体が拡散を始めたのです。

　「11力」のカードは11番目のサインである水瓶座と似た意味ですが、女性は自分の下半身からライオンを引き離します。それまで同一化していたライオンを、実は自分のことではないと言い始めるのです。

　常に何らかの印象に同一化して生きている私達は、11の数字の段階で、印象の中に眠り込んでいない純粋意識としての自分を取り戻そうとするのです。ものはすべて象意と事物の結合ですが、象徴と事物を切り離すと、物質的身体を持たない象徴そのものが空気の中に拡大していき、さらにそれそのものが独立して存在することになります。

　水瓶座は、この空中に浮き出したものを直接感知し、その方が実体であると認識します。といっても、印象と意識は多重的に重なっていて、最初の段階では、物質的事物と同一化した象徴的意識を事物から引き離します。この場合、事物はこの象徴的なものを閉じ込め、輪郭のくっきりしたものにしたので、事物から離れると、象徴的な意識は輪郭がはっきりしないものとなり、これが漠然と匂いを放つものとなります。匂いというのは気配のことであり、そもそも物質的匂いの話ではありません。

　次の魚座の段階では、この事物から切り離した象徴的な意識を独立したものとして、事物に依存しないでそれ自身の輪郭を持つものとして固めます。最終段階では、魚座30度の「巨大な石の顔」というシンボルのように、気でできておりながら固い結晶になります。

　ずっと未来になると、今度は象徴的実体と、さらに純粋に意識を切り離

そうとするプロセスが生じます。これはアストラル体からメンタル体を分離する段階ですが、12サインの水瓶座の段階はこうした先の話をしているわけではありません。人間存在は、複数の階層の意識の十二単のようなものなので、質量性としてまとわりついている周縁性を次々と切り離すと、どんどん何者でもない存在となっていきます。最初は、物質から気配を分離するということで、事物は沈殿したものであり、匂いが実体であるという点から、水瓶座は嗅覚に関係すると説明しているわけです。

　宇宙の中にあるすべてのものは、宇宙のすべての要素を含有しています。石ころの中にも神から天使、人、空気、水、六価クロム、ヒ素などすべてが含まれています。

　私はインドに旅行した時に、インドの空気の中に高次な成分が大量に含まれていることに感動しました。さまざまな場所を観光するよりも、この空気を味わうだけで満足だと思いました。

　水瓶座は、嗅覚によって、こうしたものを意識的に感知し、また双子座の言語感覚などと連動させたら、それと会話したり、意図を言語化したりできるでしょう。それができるようになるには、言語感覚や嗅覚を、物質依存から解放する必要があります。

　匂いは、単独で成立しているというより、事物から立ち上る状態であり、つまり事物から離れようとしている最中で、事物からまだ独立していませんが、ここに物質や事物と関係することのできる水瓶座の、あるいはその支配星の天王星の利点があります。海王星や冥王星はもう物質とは関わることができないからです。離れること、分離することというのは、つまりは関係性を持っているからこそできることです。

　物質とエーテル体を分離するということは、水瓶座の大きなテーマです。５度の「先祖委員会」では、目に見えないネットワークに関係し、自分の魂のクラスターとの交流が始まりますが、これは物質や物質的印象から解放したからこそ、その存在に気がつくのです。

　タロットカードの「11 力」のカードは、ライオンと女性が分離するということが大きなテーマとして描かれていますが、分離した後の経験として、新

しく何かの印象を身にまとうという行為は、同じ2の数字の系列の「20審判」のカードで行われることです。

　最初は、無意識的に「2女教皇」の段階で、人は世界の中の人格タイプや物語の中に入り込み、それと自分を深く同一化させるので、以後、切り離せなくなりますから、そこから独立するために山羊座で明確に対象化するということが必要なのかもしれません。特定の人格タイプは、地上に生き続けることで必ずカルマ成分を作り出し、それ固有の癖を持ち、動作の癖や感情の癖、思考の癖などを持ちます。非常に大きな勘違いでもあるのですが、多くの人は自由に生きるとは、この自分の持つ固有の癖に隷属することだと思っています。

　ズッキーニが好きな人がズッキーニを食べられることが自由だと感じているのです。この深く同一化した癖は個性ではありません。個性とはアストラル体の特徴を表し、基本的にそれは神話的特性です。

　アンドロメダはこういう体験をする、デメテルはこういう行動をするというものです。これは極めて高度な振動のレベルでの特徴であり、どんな個性に接しても、深い感動を味わうことになります。

　私達は自分が何かの印象と同一化したまま、それに従属して生きることを、自然で素直な生き方をしていると感じますが、水瓶座はこの自然性に対してちゃぶ台返しをしていきます。

　最近、日本でも細かな天変地変が多く、台風と地震が連続して到来し、土地の液状化とか、長期の停電なども起きています。安定した大地は眠りでもあり、同時に私達もこの眠りの中に、大地の中に埋もれて生きていますが、エーテル体の目覚めとして、天王星の影響が持ち込まれること、ライオンから人を引き剥がすことが、この天変地点の揺すぶりの中では比較的容易になるということもあります。物質世界においての不穏な事態は、エーテル体からすると生命の目覚めを意味するからです。

　敗戦した後の復興期の日本は元気だったというのもエーテル体が活性化していたからです。物質的に安定するというのは多くの人が無意識になることであり、生命力としてのエーテル体は衰弱します。

12サインの土の元素は物質界に。風の元素はエーテル界に関係しますが、人間が土の元素に深く埋没すると、風の元素は反発感を強め、土の元素を傷つけようとします。

　例えば、ある惑星が土のサインにあり、もう一つが風のサインにあって90度になっていると、風の元素の側にある惑星は、土の元素にある惑星に対して否定的な行動を取ります。水瓶座と牡牛座の90度だとせっかく手に入れたものを捨てたりするのです。物の所有でなく理念の所有をしたいからです。

　賭け事で大金をスルというのは獅子座と牡牛座の関係ですが、これは開放のお祭りのようなものなので、風と土の対立ほど緊張感はないでしょう。風の元素が土の元素を傷つけるのは、そもそも人間がアンバランスに土の元素に偏りすぎているからです。地球社会では、土が過剰なものが当たり前なので、それが公平なバランスというふうに錯覚します。

　物質界とエーテル界の関係に着目すると、これは対立と緊張というものがあり、それに対立と緊張こそが励みなのですが、天王星は冥王星と海王星の出先機関というところに目を向けると、天王星は冥王星と海王星の影響を物質界に刷り込もうとしているのです。

　物質界に少し傷を入れて、この傷の中に、新しい芽を挿入するというのはアコヤ貝に真珠の種を入れることと同じなので、物質界に生きる人間はそれに耐え切れないで、少なからず死んでしまうこともあります。これは地球の物質界ではそうなるという意味であり、柔軟な物質界があればこのような事態にはなりません。想念に反応するオリハルコン（ヒヒイロカネ）のような金属があるという世界であれば、傷つける、壊すというような状況はそもそも起こらないでしょう。

　とりあえず現状の地球状況においては、水瓶座は攻撃的で、物質の眠りと安定を壊そうとします。現状の地球状況においては、水瓶座の天体を持つ人はたいてい怒っています。

　乙女座が無意識に恐怖に支配されているという点では水瓶座は怒っていますが、乙女座も水瓶座もそのことを自覚していないかもしれません。

13 ♓ 魚座、味覚

　嗅覚は空気中に広がるものを嗅ぎ取り、それを識別しようとします。味覚も口に入れたものを識別はしますが、それは食事の最初の段階です。

　鯵を食べる時、「これは鯵だ」という区別ができるのは最初だけです。その後、体内で鯵が見事に解体され、食べた本人と混じってしまいますが、この混じっていくプロセスは、体内の深いところで進行しており、私達の意識には上がってきません。というのも、このような情報がすべて上がってくると、私達はそれに忙殺されて何もできなくなってしまいますから、神経はこの体内の出来事を遮断します。

　特に口の中に入り、鯵が持つ自己防衛本能とか特徴を壊す時には激しい戦いが体内で生じており、この暗闘が意識に上がってくると、いかに激しいものか驚くことになるでしょう。

　水のサインとしては、蟹座の聴覚は、音の中に物質からは独立した全体性を持つものを感じ取ります。音楽は感情や感覚を伴いますが、思考でもあり、トータルなものが音の中に乗っています。絶対音楽は抽象的な思考であり、そこに情感とか風景イメージの比率が減ります。聴覚は音そのものを消し去り音楽が示そうとしたものに一体化します。

　蠍座の生命感覚は、密度の高い実感に一体化しており、そこに生きているという充実感を感じます。同じ水のサインの魚座では、蟹座や蠍座で受け取ったものを、今度は味覚として受け取っているのです。

　独立した生き物である鯵を、まず味覚でそれは鯵であると認識した上で解体し、形が違ってもそこに自分と共通のものを引き出すことで人と鯵の落差を解消し、蠍座でその生命力を吸い取り、最後は、鯵は影も形もなくなって一体化します。もちろん、一体化不能な部分は排泄します。

　大岡昇平原作の映画『野火』では、死に行く戦友が自分を食べて一緒に日本に戻って欲しいといいます。食べればその生命と一体化するのですが、

この時もいったん戦友の人格は解体しなくては食べた人が死んでしまいます。

インドの空気を吸った時、そこに高次な感情の成分が含まれていることを感じましたが、それは甘い味がしました。ロンドンでも、ニューヨークでも、空気はみな日本に比較すると甘いのです。ロンドンはウエストミンスター寺院から漏れ出る腐臭が混じっているように感じますが、これが発酵したものの甘い味わいでもあると思いました。

腐臭というのは、輪郭のはっきりとした物質的存在と、それが分解して霊的になっていく間の断絶が少ないことを意味します。

例えばイギリスの映画『ノッティングヒルの恋人』を見ても、そこに描かれた景色にはロンドン西部のぼんやりとした輪郭と、甘い匂いと腐臭が漂っており、決して無味無臭とはいえません。

ズスマンは、魚は舌そのものであるといいました。すると、魚はいつも水を全身で味わっているのでしょうか。多分、そこに強い快感を感じています。水をすり抜けた時に、その摩擦の中で、水の香りと味が強く感じられるでしょう。

私達は何かを食べる時に、その食物を視覚で確認します。

私個人のケースでは、特に視覚で確認しないことには、味覚は輪郭がはっきりしていないために、その食物が何であるかを味覚だけでは特定できないことも多いのです。しかし、そもそもどういう分類のものを食べたいかということにもさほど興味は持っていないので、今、味わっているものがどの食物を表しているか不明になっても気にはなりません。さらに一体化すると、対象化はできないものです。

水瓶座で事物と象徴を切り離し、この象徴的なものを空中で、物質依存なしで知覚しますが、魚座では、この象徴そのものを単独の生命として結晶化させ、自分のアストラル体として完成させます。この完成が30度の「巨大な岩の顔」というサビアンシンボルで表現されています。

このアストラル体が強固に結晶化できれば、魚座の直後の春分点から外に飛び出しても、空中分解しません。嵐のようにエネルギーが渦巻く中でも直立できるのです。このアストラル体を作るために、食事をして、さまざま

な生物を取り込み、その生命力を摂取して、自分のアストラル体を太らせています。できる限りたくさんの種類の生命を併合した方が、このアストラル体は応用力と広がりが大きくなります。

　青汁しか飲まないという人がいましたが、この場合、取り込む生命力のバラエティはそう多くないので、シンプルなアストラル体を作りたいということです。

　冥王星は太陽系の外のものを持ち込みます。これは口を象徴します。食物を食べる際、舌に乗せた時に、肝臓はその食物を消化する準備を始めます。これは体内の辞書の中に、これに照応する記憶があるのかどうかの点検です。照合できないものは、そもそも消化できないからです。

　この肝臓の処理プロセスは、アストラルのレベルでは海王星と似ています。物質的には肝臓が受け持ち、似た構造としてアストラルレベルでは、海王星領域で太陽系アカシックレコードの辞書に照合して、合致する神話元型、アーキタイプなどを模索します。このアーキタイプは時間、空間の差がなく、すべての時間、空間に広がることが可能ですが、しかし地上からすると、このアーキタイプは数千年前からもう使われていなかったという場合もあります。

　山羊座が示す特定の場は、狭いスペースなので、コンビニの棚のように、売れ筋と死に筋をはっきりさせて、死に筋はすぐに取り除くので、山羊座世界ではよく知られているアーキタイプしかありません。食通はあまり見当たらない珍しいものを引っ張り出してくることに興味を抱いています。普通だとお腹を壊しそうなものを食べようとします。象徴思考ができる人は、食べ物一つ取っても、その背後に神話元型があることをすぐに察知しますから、自分のアストラル体を作る時に、これを加えるともっと素晴らしいものになるに違いないと思うと、勇気をもってそれを口に入れるでしょう。これは危険を伴うチャレンジで、有害なものを食べてしまうと人は死ぬのです。

　魚座のプロセスは、12サイン体験の最終段階であり、自分のアストラル体を作るというテーマがここで完了し、すると地上にいる理由がなくなるし、春分点を通じて、宇宙に飛び出します。12サイン円盤は地球には戻ってき

ません。

　ということは、私達が地球にいる理由もわかってきます。地上では、さまざまなアストラル体が、物質に閉じ込められて、力を弱められ、瀕死の状態で生きていますが、これはそれぞれのアストラル体のサムネイルが展示されたシートのようなもので、ここからいろいろなものを取り込んで自分のボディを作ります。宇宙空間ではこんなことはできません。なぜならそれぞれのアストラル体は壮大で力強く、それを食べようとしても、反対に食べられてしまうことも多いからです。

　このような書き方をすると、「私は食べるために、特に、珍味を味わうために地球に来た」という話になってしまいますが、それも間違いではないでしょう。ただし食べるという意味では、映像やイメージ、空気、臭い、音も食べているわけです。

　せっかく水瓶座で、無意識に同一化している印象を自分から切り離して、純粋意識を取り出したのに、改めて魚座でなぜ別個の印象と一体化するのかというと、無意識に同一化しているものは機械化されていて、他を認識できる余裕などないということと、粗悪なものとの一体化ではなく、もっと高度なレベル、つまり高められた感情やアストラル体としての部分で一体化して太るためです。つまり水瓶座はすぐれた選（よ）り分け力があるということです。

　この魚座の、食べていく作用は、12サイン宇宙船が春分点から、外宇宙に飛び出した後、どこかに行くことのできる機能にもなります。どこかの惑星とか宇宙に行くというのは、その行き先のアストラル領域を食べることだからです。齧るのでなく齧られてしまわないようにするには、アストラル体を強靭（きょうじん）に太らせる必要があり、これがサビアンシンボルの固い岩という表現になるのです。

　スパイダーマンは、あちこちのビルに飛びますが、このビルが惑星、星雲界、アストラル領域と考えるとよいでしょう。スパイダーマンが繰り出す糸は、エーテル体のことです。どこかの世界に着くというのは、その世界を食べること、一体化することにほかなりません。

　タロットカードの大アルカナが示すことはスタピに回帰したり、また仙

人になったりするまでの手順ですが、12サインを12感覚とみなした時には、「21世界」のカードで、腰の周りに配置された12のものとして回転させながらより高い世界にシフトします。12サインはこの時の一つひとつの部品を示しており、とてもわかりやすい便利なものです。

　一方で、12サインを数字のロゴスと見た時、これはタロットカードの1番から12番までの経過と同じ意味を持ちます。魚座はアストラル体の結晶を完成させるプロセスであるというのは、タロットの「12吊られた男」と合致させるのでなく、「21世界」のカードで、ぐるぐると回転する12感覚においてのまとめの段階であると考えるとよいでしょう。

　新しい世界に入ることはまた牡羊座に入ることであり、この12サインの螺旋回転は永遠に続きます。

第3章

リリス

リリスの12サイン

まずは少し気になるリリスの12サインから説明しておこうと思います。

地球に依存しておりながら、それでいて地球に従属しない、はみ出し月成分としてのリリスは、地球の磁場の範囲にある内部から異世界に入る時のために用意されたものであるので、非物質的肉体を構築するのに役立つのです。

地球の磁場の範囲にありつつ、地球にはどっぷりつからないリリスは、地球生活以外は存在しないという考えの古い時代には、その意図が全く不明でした。そこでさんざん悪くいわれたのですが、次元シフトとか悟り目的では、はっきりと役割が存在するのです。

通常の月が日常生活に貢献するとみなすと、この月の中ではみ出し領域ともいえる場所にあるリリスは月の振動、すなわちエーテル物質の振動が、いつもの月よりも違うものに変わっていくことを示唆します。

七つのエーテル領域があるとすると、違う領域にシフトしようとする。スターピープル、アントロポース、仙人は、地球人類の肉体とは振動が違う肉体を持ちます。これは地球人類からすると物質といえないエーテル物質に肉体のベースが移動します。

大まかにいうと、スターピープル、アントロポース、仙人は、意識の頂点が恒星にあります。つまりそれを故郷にしているということです。タロットカードではこれは「17星」のカードに描かれています。この絵柄の中にいる女性は大地に接触できず、水の上に置かれたスノコに座っています。ここで描かれた水はエーテル体のことです。意識の頂点が恒星に接触していると、一番下の肉体は地球に着床できないのです。

一方、地球肉体で生きている人は恒星に届きません。これはタロットカードの「7戦車」に描かれています。車輪が外され、戦車は大地に釘づけです。戦者は天蓋(てんがい)が開いて天空の星に向かって解放されていますが、実際に

は意識的にはそこに届くことがなく、開いたまま待機しているという姿勢です。これは植物でいえば、花が空に向かって開いているという光景です。

　どちらも寸足らずになるということですが、スターピープル、アントロポース、仙人、あるいはグルジェフのいう条件のつかない「人」は、最終的に肉体の下限が濃いエーテル成分となり、これを応身と呼び、どこにでも飛んでいくことができます。

　地球の特殊条件で、地球の物質は想念には従わないので、固い鎧のようなもので、スターピープル、アントロポース、仙人に回帰するには、この肉体を脱ぎ捨てなくてはなりませんが、その前に、次の新しい肉体であるべき物質を手に入れておく必要があります。この肉体素材はリリスがその手引きをすると考えるとよいのではないかと思います。

　私がリリスに接触した時、手に繊維を持ち、地球には禿げ地が多いといいましたが、禿げ地とは想念に従わない物質を示しており、繊維はエーテル物質です。リリスはこれらを管理しています。

　ここでもう一度、『ギルガメシュ叙事詩』のキスキル・リラについての詩を引用してみます。

　　竜がその木の根元に巣をつくり、
　　ズー鳥が頂で若鳥を育て、
　　そして妖怪リリスが中ほどに住処を作っていた。
　　（中略）
　　それからズー鳥は若鳥とともに山地へ飛んでいった
　　そしてリリスは、彼女の住処を壊して荒野へと逃げ帰った

　「彼女の住処を壊して荒野へと逃げ帰った」というのは、かぐや姫が、決して地上に定着せず、月の都市に去ったということと似ています。荒野は地上的都市がない場所です。この場所に戻るためにクンダリニという円盤の

推進エンジンが用意され飛び立つ時にはアメノトリフネとなります。

　ズー鳥は最初は神殿の守護をするように、エンリルから命じられていたのですが、自分もエンリルになりたいと願い、トゥプシマティという石版を奪いました。トゥプシマティは、この世界のロゴスを記した書物であると考えるとよいでしょう。これと一体化すると世界の中心に居座りますが、ニヌルタが後にトゥプシマティを奪還しました。

　ズー鳥はこの世界にとどまることなく、よその世界に行くしかないと思います。この地球専用の「2女教皇」の持つ書物を持ち続けることができなかったのです。書物を奪いたかったということはこの地球に住みたかったのでしょうか。

　リリスも蛇もズー鳥も去るということに関係し、この世界にとどまるということを表していないのです。この世界にとどまることができるのは、蛇が眠っている間だけです。

　いつの間にか、占星術の月の遠地点が、このリリスと同一視されるようになりましたが、占星術で使われるリリスについての誤解としては、リリスには背徳的な性的性質はないということです。そもそも性的性質がないこと。

　鉤爪を持つリリスはズー鳥とともに鳥族で、ここにジェンダーはありません。社会に参加する気がないので、反社会的な性質でもなく、むしろ超社会的です。

　エーテル界を全惑星意識H24とみなすと、天王星、海王星、冥王星は物質界としての惑星意識H48であり、この中で天王星はエーテル界を惑星界の中に反射したものですが、さらに実際のエーテル物質を示す月としてのH96の中で、地球生活に貢献する月と違う、地球に貢献しない月としてのリリスが仙人用ボディになりやすいと考えるとよいのです。

　スターピープル、アントロポース、仙人に回帰する人は、生きている間は、物質肉体で生きるボディと、リリス的なボディの二重性の中で生きます。このリリス的ボディは、まずは恒星に行き、自分の故郷を思い出さなくては形成されません。リリス的ボディは月の軌道で手に入るとしても、これに乗る本体は、もともとは恒星存在だからです。最終的には「21世界」のカードで、

この第二の身体は肉体を飲み込み、その人はスターピープル、アントロポース、仙人として生活するということです。
　達磨大師は壁に向かって9年間瞑想していたといいますが、これはエーテル体の分身との交流であり、また分身が身体から出て世界を旅行する時、この分身の目は自分でもあるので、9年間じっとしているように見えて、実は世界中あるいは宇宙をあちこち飛んで、まるでイギリスのテレビドラマ『ドクター・フー』のような体験をしていたので少しも退屈ではありません。
　リリスは9年で12感覚を一巡するので、12感覚を一つずつ「気化」するのに適したサイクルです。

♈ 〔1〕牡羊座のリリス

　リリスは空気中に滞在し、その後の鉱物、金属というものを身にまとうことがないので、気の身体のままとどまり、地上の目に見えるものには決して組み込まれません。

　達磨大師の面壁九年という言葉は既に一般語になってしまいました。わき目もふらず集中するという意味を持つそうです。達磨大師は9年の瞑想で悟りを得たといわれていますが、悟りはそのずっと前から得ています。9年壁に向かっていた間にしていたこととは、腹の中に陽神としての分身を作りそれを育て、それに12感覚を与え、後にその分身に乗り換えたのです。

　残った達磨大師の肉体は、絞り込んで杖にしたという言い伝えもあります。言い伝えは事実かどうか確認してはなりません。これらはみな象徴的なことを語っているからです。そして仙人になる、気化するというのは象徴的生命になるという意味です。

　事実とはその抜け殻というか搾りかすです。杖は地上との接点を表し、大地に立つのは両足ですが、それとは違う第三の大地との関わり方という意味で、ときどき職業とか立場などを意味していることがあります。

　達磨大師の作り出したシステムは、その後ずっと仙道として残りました。これが杖ということでもあり、この杖によって弟子がたくさんできたと考えてもよいでしょう。

　9年間かけて分身を固め、それに乗り換えた。リリスはそもそも地上にはおらず、樹の中腹にいた。樹は生命の樹でもあり、身体でもあると考えてもよいでしょう。

　リリスのいた樹の中腹は、達磨大師が陽神を作った腹の場所と似ています。かぐや姫も竹の中腹にいました。

　9年かけて12サインを一巡するリリスを、そのまま達磨大師のトゥルパ形成とその完成の手順と結びつけてみるとよいでしょう。となると、牡羊座のリリスは、まずはリリスの種を作り、これが「1 魔術師」として、室内で、

つまり腹の中で、机の上のおもちゃを手にして、子供のように遊んでいる風景を思い浮かべましょう。

　胎児としてのリリスと考えてもよいかもしれませんし、まだ活動の方向性は発見されていません。方向性を見出すのは牡牛座からです。牡羊座は自我感覚であり、これは自分を主張することで、「ここに私はいます」というメッセージの発信です。

　リリスが牡羊座にある段階とは、肉体とは違う気の身体の自分が生まれた、発生した、主張しようとしているということです。

　『ギルガメシュ叙事詩』では、キスキル・リラとしてのリリスは妖怪と書かれますが、妖怪は私が最近よく説明するシェイプシフターで、人と筒が混じり合った形態です。人と動物の混合は物質体とアストラル体が混ざっていることのたとえですが、人と筒は物質体とエーテル体の混合です。リリスは地上に住まないという意味では、人の地上的な欲望にも関わらない。

　腹の中にあるリリスを育てるには、クンダリニを活用するのは不可欠です。これは腰に３回半のとぐろを巻いて眠る蛇だといわれていて、「竜がその木の根元に巣をつくり」の部分に当たります。

　クンダリニはブレイディにいわせると、女性の性力ですが、腰の中心点からエネルギーが上がるので、性的な分岐を示すイダ・ナディにも、ピンガラ・ナディにも関係しません。したがって女性の性力ではありません。

　クンダリニは鳥が飛び立つ動力にもなります。中腹で待機して、やがて荒野に飛び去るリリスは、そもそも鉤爪を持ち鳥族であるということを考えると、最初から飛行士のようなイメージで考えた方がよいもしれません。

　達磨大師も成長した陽神を体外に出して、あちこち旅をさせています。

　牡羊座は、まだ地上に降り切っていない場所でもあります。牡羊座の最後の30度の「アヒルの池」というシンボルが示す場所が、人体の頭の頂上であり、牡牛座になると、そこから下界に急激に水が降下していきます。この傾斜の鋭い坂はヨモツヒラサカです。柳田國男のいう、山のてっぺんの先祖が住む場所がアヒルの池であり、牡羊座はこの山の上に住んでいます。

　牡羊座は頭を表しますが、その根幹には松果腺があります。牡羊座は幼

児の段階を象徴していますが、幼児の段階では、松果腺は石灰化も機能停止もしておらず、それが原因で、身体の外にあるものや非物質的な情報を受け取ります。

私はこの年齢時に、母親が一人で買い物に行った時に、どこのお店に行ったか、そのコースなどをありありと見ていました。

牡羊座にリリスがある人は、この頭の中にあり、現代では不要といわれている器官を目覚めさせるのが他の人よりも容易でしょう。リリスは社会では不要です。松果腺も大人の世界では不要なのです。

ルネ・デカルトは頭の中に小人が住んでいると考えましたが、これを牡羊座のリリスと考えてもよいかもしれません。

UFOとか宇宙人とかの話題に熱中する人は、思いの外、牡羊座の要素が強いのですが、これは牡羊座がまだ外の宇宙との関わりが切れていない場所であり、この世界に埋もれ切っていない人も出てきます。

秋山氏の『Ｌシフト』によると、アセンションはやっと最近になって生じるそうです。地球がシフトするというよりも、人類のいくぶんかの人々が別の地球にシフトするという方が自然ですが、リリスが牡羊座の人は、この世界に入り切っていない自分がいるので、このシフトの影響を察知しやすいのではないでしょうか。

ただし、リリスが牡羊座にあるといっても、そういう要素を意識的にクローズアップしないことには、この要素は埋もれたままですから、自分はそんなことはないという人は多数います。地上的自分とリリス的自分を両方意識する人は少なく、リリス的要素を無意識の側に遮蔽することが多いでしょう。

星はこのようになっているが、これは自分には当てはまらないという人がいると思いますが、占星術で出てくる特徴は、何もしないでもこうなるということを示していません。人間が生理学的奴隷になった時には、その人を特徴づけるのは物質的身体の癖、性質のみであり、星の配置はあまり重要ではありません。

生理学的奴隷から抜け出すとは、エーテル体を発見し、そのエーテル体

の上にはアストラル体、メンタル体が乗っているということを自ら発見することですが、こうしたエーテル体を発見する手がかりとして占星術があるのです。地上に降ろされた梯子の一番下の横木として、占星術を使うように設計されているので、そこに踏み出さなければ占星術は有効性を持ちません。

　占星術は流行しない方がよいのだと私は常々いっていますが、生理学奴隷から抜け出す気がさらさらない人に占星術を押し売りすると、解釈の間違いがたくさん起きます。

　リリスが牡羊座にある人は、リリスが子供段階にとどまって頭の中に埋もれているとみなし、これを積極的に開発して、牡羊座のリリスを足掛かりにして先に進むとよいのではないでしょうか。

　牡羊座らしく、「荒野に住んでおり」、都市には行きたくない。いつも何もない空間、何もない空を見ていくということも開発の助けになります。リリスは気の身体ですから、それを育てると松果腺機能が目覚めて、さまざまな非物質的映像が映り込むでしょう。

　牡羊座は自我感覚であり、自分を外に押し出すことです。すると、この人は自分を外に押し出す自我感覚が常にリリス的になるので、他の多くの人はそこに違和感を感じる可能性はあります。何かがちょっとずれている。自分達の仲間ではないと感じるかもしれません。このリリスに何か惑星が合していると、その惑星がリリス化されます。

　リリスは9年周期なので、寿命が火星と木星の間くらいで、木星以下の天体は簡単にリリス色に染まります。

　月とリリスが重なった人がいましたが、何をしてもどう工夫しても、地上の生活に満足することはできませんでした。牡羊座はまだ地上には降り切っていないので、地上に降り切ることがないまま、自分にとってよい按配(あんばい)の姿勢を模索するとよいのです。

　小曽根秋男氏の「Stargazer（スターゲイザー）」によると、作家のブルース・チャトウィンのリリスは牡羊座の23度です。牡羊座には他に30度の木星があり、頭の頂点の部分、あるいは少し上の部分で活動をしていく要素が強まります。特にリリスの度数からすると、自立的で積極的です。ある日、

会社にファックスで辞めると連絡し、姿を消しました。オーストラリアで荒野を旅してアボリジニーと交流したことが最も重要な体験だったのではないでしょうか。この世にないかのような場所。頭の中心が、そこに行けと命じたような。

〔2〕牡牛座のリリス

牡牛座は2番目のサインなので、これはタロットカードの「2女教皇」と似た性質です。

女教皇は分厚い衣服に包まれ、顔と手しか露出していません。衣服はエーテル体の象徴であり、エーテル界は森、林、植物の密集した場所を象徴します。女教皇は書物を持っていますが、この書物はエーテル領域にあるもので、決して物質的に存在するものではありません。この書物は私達の身体に埋め込まれていますが、身体を解剖してもそれは見つかりません。

身体組織はエーテル体と物質との比率が場所によって違うので、中にはエーテル要素が強い部位もあり、またほとんどが物質的な部位もあります。地球アカシックレコードとしての書物は身体の中にあるので、この身体の中にある記憶を読むには、脳の新しい領域である新脳ではなく、古い層である古皮質の部分を使う必要があります。

タロットカードでいえば「18月」のカードでは、上層に眠る新脳、中層に吠える犬としての旧皮質。一番下に上昇してくるザリガニとしての古皮質があります。ここではカードの下の方をアクセスします。現代人は個人主義になってきたので、これがほとんどできません。

エーテル体の知覚は、変成意識とか、また夢の意識ともいえますが、意識の深い領域に入り込んで、この書物に書かれている内容を読むということに、この牡牛座のリリスの人は時間を使うとよいのではないでしょうか。

新しい脳と関連深い左脳と、右脳はたいていの場合、あまり連絡をしていませんが、バイノーラル・ビートなどを使うと、左脳と右脳が連携し、結果的に右脳は古い脳の情報を引き出して、左脳に伝える回路を作ります。そこで引き出されるものは言葉にならない言葉です。というのも、現代語では翻訳不可能なものも含まれています。

この探索は深く興味を刺激すると思われるので、長い時間を使っても退屈しません。しかし人類の人になる前の歴史なども引き出されていき、人に

よっては動揺します。リリスは人の発祥の前からいると考えてもよいでしょう。

リリスの持つ書物は、太古以前の歴史、創世記の前の歴史まで記されています。リリスは地球生活に貢献しません。これは書物としては明文化される以前のものを示していることになりますから、太古の記憶、今の私達の常識を覆してしまうような内容のものを読むことになります。

リリスは月の軌道の地球に最も遠い場所を示しており、この月の軌道に置かれた宇宙ステーションにリリスがいます。これは象徴的なことを説明していますが、エーテル界以上の世界では、象徴こそが事実となります。地球上においてはこのエーテル界との断絶があるために、象徴と事実は切り離されているので、私が月のステーションでリリスと会って会話したという話をするとフィクションとして理解するしかなくなります。

人間がメンタル体、アストラル体、エーテル体を取り戻していくと、ロゴス、象徴が浸透し身体化したものが人間ということになるので、すると象徴的な体験のすべては事実と受け取らなくてはなりません。

私がこの月の軌道にあるステーションで遭遇したリリスは、地球に繊維をつなぎ、また地球上においての植物の分布を調査しているというようなことをいっていましたが、この植物は「2 女教皇」の衣服のことでもあります。女教皇は顔と手だけが露出し、それ以外のほとんどは衣服に覆われています。

私達の身体の周囲にはエーテル体というオーラがありますが、肉体には物質的な面の情報があり、オーラの方には、精神、感情、心理などに関係する情報があります。これをそのまま書物とみなしても構いません。

エーテル体と結びつく身体感覚のあちこちを探索し、またタロットカードの22枚に対応する22の頭蓋骨を書物として探求してみるのもよいでしょう。頭にあるものは、身体にそのまま投影されているもので、これは一部を切り取ってもそこに全体の縮図があるということなのです。

感覚という点では、不快感や違和感に目を向けるとよいです。まだ目覚めていない感覚が刺激される時、それは眠った人を起こした時に、相手が不快感を示すのと同じような反応をするからです。せっかく寝ていたのになぜ起こすのかと怒り始めます。

そもそも、感覚というのは、かつては意識であり、それが繰り返された挙句に意識に上ってこなくなった残滓(ざんし)なので、それを刺激することで、過去には既知であったが、ある時代から未知になった言葉を呼び覚まします。
　リリスは人類の発祥以前から存在していた。こうした古い言葉が、身体の感覚と結びついていると考えてみるとよいでしょう。痛みは分離意識ですが、痛みでなく、やがては気持ち良さとか快感に変わる。しかし、まだそこに至らない居心地の悪さや違和感が、牡牛座のリリスを起こすことには関係するでしょう。

♊ 〔3〕双子座のリリス

　私は長い間グルジェフの思想を好んでおり、どんな本でも引用していましたが、この双子座のリリスの項目を書く日の朝、夢の中で、グルジェフは双子座を過剰に強調した人間で、ドラゴンテイルを推進力にしていた人間だという謎の説明がありました。

　双子座は言語感覚を示しており風・柔軟サインです。リリスは月の領域でも未知の隠れた部分を表し、つまり双子座のリリスとは知らないことがあるとどんどん分け入っていくというものですが、リリス領域とは危険地帯でもあり、好奇心で危ない場所に入り込んで窮地に陥るということでもあります。

　かつて香港には危険な場所として九龍城砦（くーろんじょうさい）というのがあり、世界で最も人口密度の高い場所でした。今はもう取り壊され住宅街になっているので、見る影もありませんが、入ると二度と出てこられない九龍城砦に興味本位で入ってしまうようなことを、双子座リリスの人はしてしまいがちです。

　確かにグルジェフの本には、知らないというだけで何でも興味を持つ習性があったと書いてあります。双子座の情報を細分化、分岐させていく本性はやりすぎると元に戻れなくなります。つまりルーツから離れていく性質があるのです。

　ドラゴンテイルとは、月の降点で、月の本能的領域へ、下方へ降りる入り口です。ということは、よく知られた明るい、既知の場所でなく、整理されていない本能的領域に入り込んでいくということを示しており、夢ではこのことに決然とした態度で向かい、迷いはなかったと説明がありました。未知のものに頭を突っ込むというのは双子座では11度が代表で、これが反対の射手座の11度では奥義の探索のようになってきます。

　平成天皇は双子座の19度にリリスがあります。天皇の行動の特徴を表すものとしては慰霊の旅があります。慰霊というのは、浮かばれないまま中間次元に止まっている霊を尋ねることですが、どうして浮かばれないまま

止まっているのか。そもそもリリスは現世的な領域からは浮いたままですが、これは浮かばれないのではなく、浮かんでいたいのです。

リリスは、天国にも行かず地上にも降りてこない場所で、異次元への案内者として働きます。

天皇が慰霊している対象の存在はどこに落ち着くべきかが判明しない霊です。真の安らぎや安堵（あんど）は恒星としてのメンタル界に戻ることですが、日本の場合、敗戦した段階で、集団意識が日本が帰属する本来の恒星には戻れないように止められている面もあり、こういう状況の日本では、天皇さえもが根底的な慰霊はできないのではないでしょうか。「もう少しお待ちください」というしかありません。

天皇のリリスが双子座にあるというのは、慰霊をしようとしているよりも、このリリス的な生き方に興味と楽しさを感じていることでもあると思います。この双子座のリリスは、裏に隠れた未知のものに対する知識欲が強烈に刺激されます。果てにある、浮かばれない、荒れ果てたものが好きでもあります。リリスの足元には必ず蛇の巣がありますから、それは巨大なエネルギーを作り出す鉱脈で、休眠した宝の山の上を見つけ出すということでもあるでしょう。

いずれにしても、異なる世界に向かうには、リリスを裏にあるものでなく、表にあるものと定義を逆転させなくてはなりません。そして眠る蛇を起こすのが好ましいといえます。

双子座は情報、言葉ですから、いつも常識を転覆させるような知識を追求する傾向があると思いますが、陰謀論などに熱中するのは好ましいかどうか不明です。というのも、陰謀論の根底には、自立性のない思考能力があるからです。

見捨てられ孤立した境地を味わうには、アイソレーションタンクもお勧めです。どこか山奥の岩の隙間に落ちてしまい、救助隊も来そうにないという気分になります。見捨てられたことに積極的な意義を見出す段階で底力が開発されます。

♋ 〔4〕蟹座のリリス

　月は地球の周りを回っていますが、しかし正確には地球の中心を軸にしていないし、またリリスは地球から遠い遠地点です。日常生活を無意識的に繰り返して維持する機械的な自動運転要素が月ならば、リリスはこの日常の生活には役立たない、距離感のある気の力の塊を表します。

　ネットで見ていると、恐山は「逆パワースポット」だという話があります。パワースポットは力を与える。しかし逆パワースポットは力を抜いてしまう。古い言葉に、「ケガレチ」、気の枯れた地というものがありますが、これを極端にすると、逆パワースポットになります。

　そして恐山は異次元へのポータルですが、つながっているのはあまり高度な異次元ではなく、魂魄の魄が生きる次元ともいわれています。しかしここではそれが重要です。なぜなら、精神性とか感情のレベルで高次なレベルに行くのはもっと違うところで追及されるテーマであり、仙人ボディとしてのエーテル体ボディを形成するには、身体という次元において少し上にある振動の世界、やはり魄のレベルの力が欲しいのです。

　リリスはいつも空気の中にいて、昼とか表立ったところには出てきません。蟹座は聴覚を表しますから、するといつもは聞こえない音、あるいは聞き取ることに慣れていない音を聞くことを表すでしょう。

　例えば音楽の場合、西洋音楽に慣れていますから、私達は七音律で聴くことに慣れています。これに慣れてしまうと、半音の半音などと細かく分割した音を聞き分けることは難しくなるし、七音階とは違う音律で表現された音楽に関しても違和感ばかり感じます。しかし、リリスは公文化されていない聴覚を表すので、メジャーな文明の勢いで消されたような音律、音階、音などを示すことになります。それは不思議な感情を刺激します。

　H・P・ラヴクラフトの書いた『エーリッヒ・ツァンの音楽』のバイオリン（ヴィオル）の音がどんなものか知りませんが、異次元に誘うような音楽だとすると、これは蟹座のリリスを示します。異なる調でもそこに同じメロディ

を認識するという意味で、蟹座は共感力でもあるということでは、蟹座のリリスは、多くの人が無意識に追いやったような情感や感情、振動を聞き取ることになります。

　音楽は物質や状況には依存しない独立した表現であることが特徴ですが、リリスの役割とは、地上的な習慣に迎合しないで、他宇宙との通路となり、なおかつ、可能な限り濃密で物質に近い気の力を充填(じゅうてん)することなのですが、他宇宙につなぐ時の一番近所にあるものは金星です。つまり地球、リリス、金星、外宇宙という回路の途上にあるといってもよいでしょう。そのための呼び出し信号は常に発信されています。私達の聴覚がいつもは聞き分けていないのです。

　ディートリッヒ・ギュンベルは9000Hz以上の音は通常の耳ではあまり聞くことのない天使的な信号を表現しているといいましたが、私達はこうした高い音は、音として聞き取るよりも、何かしら圧力感として感じることが増えてきます。もちろん、平均的な可聴帯域上限は1万6000Hz程度なので、9000Hzは年寄でない限りは容易に聞き取れますが、さらに高い周波数の音の中に、この蟹座リリスの信号は紛れています。

　私の個人的な見解では、音の周波数が高いと、皮膚のどこかに触られたと感じます。

　これを聞き取るには、深い沈黙、静けさがあるとよいでしょう。沈黙の中で、遠くからの呼びかけを聞こうとする意志があると聞き分けられます。

　はみ出す、脱線する、違和感、今まで眠っていた感覚を呼び覚ます、これらがリリスです。

　しかしたんに脱線でなく、それが外宇宙との通路となるような意味での脱線です。私が会ったリリスは、手に繊維の束を持ち、それを地球に漁師のように投げかけています。これは「天国への糸」です。蟹座においては、それを音として聞くことができるのです。

　視覚が乙女座だとすると、聴覚の蟹座は60度の関係で、蟹座では映像を音として受け取るということも多いのです。

　私達の身体はずっと振動しています。あらゆる物質は振動しており、この

一定の振動が続いていることが物質として認識されているのです。粒子は波動に変換可能といいますが、物質の形が維持されているのは振動が定性的に維持されているからです。リリス信号が身体に食い込むと、身体のあらゆる場所に染み込んできます。聞こえない音に包まれていると考えるとよいでしょう。

　例えば、音楽のアルバムを漁って、自分にフィットするリリス的な音楽を見つけ出すのも面白いかもしれません。よく知られているもの、有名なものにはリリス的なものは多くないと思います。できる限り違和感のある、時には不快感を感じるようなもの、しかし後にだんだんと好ましくなっていくものが適しています。

　蟹座のリリスの人には聴覚が鍵ですから、自分用の音楽を探す、特有のメロディを探す、楽器を作るということもよいでしょう。蟹座のリリスの人なら確実に、外宇宙通路としての音を見つけ出すことができます。

　個人的には、七音音楽よりも、十二音音楽の方が好みで、これはステレオタイプ的な情感を乱してしまうのですが、その方が健全に見えてしまいます。

　私はオーディオマニアですから、スピーカーもその違いによって、かなり特殊な情感を刺激するものがあり、スピーカーは違いが大きいというのはよく知っています。国によっても違いますが、最近になるほど世界中のメーカーは音が似てきています。マニアックな音を求めて制作する場合、たいていは個人が作っているものが多く、イタリアのソナス・ファベールというメーカーも濃い特徴を持っていましたが、創始者が退いた後は、ごく普通の音のメーカーになってしまいました。古いソナス・ファベールの音は蟹座リリスを思い出させます。「ソナスの音はエロい」とよくいわれましたが、私にはこの「エロい」という表現がちょっと理解できません。

　逆パワースポットという意味では、ディプレッションの挙句、谷間が逆に落ち着くものに感じたという時も、蟹座リリスが奏でるものでしょう。この世界での裏は、エーテル界では表という具合に、位相が反転しています。

♌︎ 〔5〕獅子座のリリス

　リリスは天体ではなく月の軌道の上にある座標にすぎません。そこでその人の生き方とか傾向という面で漠然と現れますが、特に月のトランジット、他の惑星がトランジットで、このリリスの地点を通過した時に傾向として浮彫りになりやすいので、それで自分のリリスがどんなものか確認してみることもできます。

　たいていの場合、生まれてから後にいろいろな天体が果てしなくそこを通過しますから、だんだんと明確に意識化されているはずです。注意力がそれを拾っていくことで、人生の中でこれがクローズアップされるので、放置していたらずっと気がつかないままという人もいます。

　私達は注意力の集合体であり、放置しないで抵抗したもの、こだわったものをかき集めて、私達の人格が出来上がっています。これはホロスコープの天体全体にいえることで、個人の注意力は、あるものを強調し、あるものを弱めているので、ホロスコープを見ただけでは、その人がどのような偏向をしているのかはわからないものです。

　そもそも、リリスは裏に隠れたものということですが、地球が二極化したり、また次元上昇とか、アセンションという話題が出てきたりすると、反対に、このリリスは裏に隠れたものではなく、表に出てきて道案内として有効性を持つことになるので、これまで長い歴史の中で待機していたと考えてもよいかもしれません。待機中は、あまり積極的に使わないように悪いレッテルを張りつけていたのです。

　リリスそのものの意義は太古の昔からあり、古い時代には日常的に使われていました。それは地上に神々が住み、いろいろな宇宙人が地球に出入りしていた時代です。大英博物館にあるバーニーの彫像を見ると、この古い集団的記憶が蘇りますから、写真を待ち受けにしてもよいのではないかと思います。

　獅子座の熱感覚は自分を主張する、目立たせる、世界の中心にいるかの

ように振る舞うというもので、それなりに暑苦しいものですが、リリスが裏に隠れたものを意味するならば、一般的な流行で認められているようなスター性でなく、もっとマニアックなものになりやすいでしょう。

　獅子座の熱感覚は、状況を踏まえず、自分を目立たせたいので条件つきというのは気に入らないと思います。しかし地球アセンション説とか、地球二極化ということでならば、違う世界に自分を押し出すための熱感覚、あるいは熱意、熱い心として徐々に強気に主張ができるでしょう。

　秋山氏の『Lシフト』によると、アセンションは2020年までに起こると書いていますが、これはおそらく精神上のものであり、それでもやはり獅子座リリスの熱感は発揮しやすくなると思います。

　古い地球からリリスへ。リリスから金星へ。そこから跳ね返って、金星的地球へというようなコースは、ビリヤードのように、思考、感情、身体感覚を順次変容させることですが、今の時代ならばさほど現実離れには見えないかもしれません。現実離れして飛ぶのでなく現実が飛ぶからです。

　新しい地球というのは、簡単にいえば、想念が形になりやすい世界です。今の地球ではそれは禁止されています。というのも、自分の興味とか想念をコントロールできない人が、想念が形になる世界に住むと一瞬にして世界を混乱の中に巻き込みます。

　獅子座の熱感覚は変わらない熱源で、これは望みや夢、願望が安定して変わらないという意味でもあり、この熱感覚が主張しているものは実現しやすいといえます。もし、自分が目立つような、あるいはスター的な存在になる世界はどんな世界なのかを想像してみましょう。自分のリリスの獅子座願望が生かせるような世界が、新しい地球でもあります。

　獅子座は芸術表現、芸能表現などに関係しますから、世の中では、あまりメジャーにならないような凝ったものに興味を持つ傾向がありますが、この趣味にもっと時間をかけるのがよいでしょう。むしろそこにすべてをかけてもよいのです。

　自分の生活の中でリリスが裏に隠れたものであるとみなさず、もっとそれを表の時間にして、そこにお金と時間を費やすのがよいのです。獅子座にお

いて浪費とはご祝儀にほかなりません。
　リリス的生活は生産性のない生活です。それは富国強兵方針には最も貢献しません。結婚にも適合しづらいのですが、たいていは結婚をして、そして上手にこの結婚のステレオタイプ的な義務から逃れている人が多いでしょう。抜け道などいくらでもあるからです。
　獅子座は自己表現という点で、おかしな自己表現をする人が多いかもしれませんが、なぜおかしな自己表現をしたいのか、ありきたりな存在になりたくないのです。

♍ 〔6〕乙女座のリリス

　乙女座は視覚を意味します。

　リリスはそもそも月の軌道にあり、地球にも最も遠い場所であり、月はエーテル体とか心霊エネルギー、気、バイオプラズマ、オディックフォース、オルゴンエネルギーなどを表しますから、気を視覚化するのが乙女座リリスと考えるとよいです。なおかつ、気のエネルギーには、地球に貢献するものと貢献しないもの、つまり平和な妖精と荒ぶる妖精がいますが、リリスは地球から遠いので、この荒魂の方に属すると考えるとよいでしょう。リリスは西欧では忌み嫌われるのですが、アジア、日本では反対です。

　水晶を見たり、リモートビューイングしたりする時に見る映像は、エーテル体の膜に張りつけられた印象ですが、地上的に貢献しないエーテル体は、予測とか予言には役立ちません。地上生活の助けにならないビジョンこそが、乙女座リリスの映像です。そうであるならばそれが何の役に立つのかというと、非物質的生活、あるいはまた未来の、やがて住むことになる世界に通じるものを見るという意味です。

　例えば、シャンバラはもう一つの地球と地続きです。しかし物質的な意味では地球と同じ振動のところに存在しないので、アドルフ・ヒトラーが探そうとしても見つかりませんでした。

　エーテル体の映像を見ていくというのは、もっぱら全惑星意識H24を重心とする人々です。本来の人間はH6―H24―H96の三つ組で、これはH6に食べられ、H24が本体であり、H96を食べるというものです。

　グルジェフのいう人というのは明らかに水準が高すぎるもので、これは仙人、スターピープル、アントロポースとみなされます。この存在はH96を食べる。つまりそれを対象化可能ということであり、エーテル体を物質と見ていきます。月、あるいは月の軌道にある遠地点としてのリリスなどはH96の領域を示すものであり、つまりそれらを肉体としたり、また食料としたりということです。

誰もが自分よりも振動が低いものを対象化可能であるということで、H24存在から見て、物質世界というのは、私達地球人が見る物質世界とは違うのです。

　地球に住む人間の大半は脊椎(せきつい)動物H12─H48─H192であり、H48は惑星意識ですから、地球に住んでいる生物ということです。H192を食べ、また肉体とするので、エーテル物質を視覚化できません。できるとしても、それはごくたまにです。

　脊椎動物から「人」に進化する時に、見ている物質世界は変わります。金星的地球は今までの地球よりも少し振動が高い。「人」としての仙人が住む基準の物質界は、私達から見てエーテル界でもあり、これは別地球の少し上層にあります。地球から別地球へと移行するために、リリス身体へと移行することは誘導力ともなります。リリスを生き物と見るとH6─H24─H96の存在です。

　水晶透視をしても、ほとんどの人は実生活に役立つビジョンを欲しがりますが、この乙女座リリスの場合には、実生活に貢献しないイメージを見ることが多いでしょう。エーテル体世界は、物質世界から独立しており、物質生活の随伴機能ではないので、何か映像を見ても、果たしてこれに何の意味があるのかと首をかしげるような映像をたくさん見るかもしれません。

　ある時代から、エーテル体は物質体に貢献しなくてはならないと考えるようになり、その時からエーテル体は肉体に張りつくようになりましたが、この物質の随伴機能ということをやめてしまうと、エーテル体は身体から広がってきます。そして、物質的現実とは噛み合わない映像をたくさん見ることになります。

　リリスは月の軌道でも地球に近づかない場所という意味では、物質的に役立たないビジョンこそが重要であり、その視覚映像を通じて、月のステーションにそのままつなぐことが好ましいといえます。感覚の中では乙女座の視覚と天秤座の触覚が最も濃いものであり、この二つが違う次元に移動すると、他の10個の感覚は比較的簡単に追従してきます。

　視覚での見間違いは正しくないことだと思われていますが、この乙女座リ

リスの人はわざと見間違いするのがトレーニングともなります。物質的視覚に迎合する必要などありません。エーテル体は物質体の随伴機能ではありません。想念が形になる世界では、思ったことがそのまま濃度が高くなってやがては物質的になることですが、これは見た目の視覚に従うことなく、勘違いした映像が次第にリアルになっていき、これが主導権を握るという意味でもあるのです。

　そもそも視覚は思考の投影ですから、あらゆるものを自分の思考の投射板として利用する練習をしてみるとよいのです。赤い三角形を頭の中で考えたら、赤い三角形を空中にはっきりと見ることができるとよいのです。考え事をすると、それに関係した映像が、壁とか白い紙、さまざまなものに映り込むとよいのです。それは思考の力がもっと高まったことを意味します。

　子供の頃、物語を読んで、あまりにも迫真的に感じて眠れなくなったりしたことはあると思います。松果腺が受信したものを、肉眼に投影する。このようなことをしていると、やがて案内者の姿も見えるようになってきます。その存在が何をいっているかは、思考感覚や言語感覚にしがみつかず、解放する必要があります。そうすれば言葉も受信します。しかし牡羊座の自我感覚、それに関係した火の元素のサインの力が強すぎると、聞くよりも話す方が過剰になるので、聞き取れなくなる場合もあります。

　飲み込まれること、受信する力を強めるには、天秤座の側を強めにしていく方が容易（たやす）いでしょうが、特にガイドの言葉を受信する必要があるというわけでもありません。情報は言葉でも色でも形でも、あるいは気配でも同じものを受け取れます。

　リリスは裏に隠れたものという意味では、映像の裏に隠れたものであり、町中でも人が見ない場所とか、気がつかないところに目を向けることが多いでしょう。次元の裂け目を見つけ出すのは誰よりも早いはずです。

♎ 〔7〕天秤座のリリス

　12サインにおいては、世界の入り口は牡羊座で、世界のどん底が秋分点を囲む乙女座と天秤座、つまり視覚と触覚で、ここで袋小路に入り、その先はありません。そこからすると、違う世界にシフトしようした時には視覚と触覚を再調整することが肝心です。

　かつては宇宙人とかUFOを考える時、宇宙人は人間と同じようなものでなくてはならないし、またUFOもナットとボルトでできたものでなくてはならないし、地球での科学と同じ科学を使わなくてはならないと考えられていました。これは宇宙人を定義する時に、人間と少しでも違うものは認められないというものになってしまい、例えば、気温が60度以上の場所では生きていけない生き物でなくてはならないと考えたりするようなものです。

　ナットとボルトの宇宙船は、金属を使った宇宙船で、なお金属は容易に変形しない固いものでなくてはならないのです。視覚と触覚の面で、金属や鉱物は輪郭がもっともはっきりしており、重く頑固なものです。つまりナットとボルトで作られた宇宙船以外は認められないと考えている人は、視覚と触覚は変えてはならないと信じています。

　しかし、そもそも宇宙人はよその宇宙から来た存在です。ナットとボルトでできた宇宙船しか信じない人は、つまり宇宙人とは、例えば日本の岩手県とかに住んでいるのだと決めつけていることになります。宇宙人が地球とは条件が違う宇宙に住むことは許さないのです。

　シュタイナーは、物質体は鉱物を借りているといいました。鉱物は死物であり自らは変化しない。このような物質を借りないことには、物質的肉体の安定を作り出すことができず、「ある朝目覚めたら虫になっていた」などということを防ぐには鉱物や金属を借りるしかないのです。

　視覚は思考の投影であり、考え事をしていると、人は容易に街路樹を人と間違えたりします。触覚は休みなく視覚と照合しないことには、簡単に触覚の輪郭が変わります。つまり視覚と触覚はさほど確実なものではなく、

うっかりしているとすぐに型崩れします。古い時代には、今ほどに教育にこだわっていなかったので、地球の住人全員の視覚や触覚を統一するということにはさほど注意が払われておらず、視覚と触覚が逸脱した人は多数いました。

別宇宙にシフトするのに、視覚と触覚の変容をしていくのが一番簡便な方法ですが、これは視覚と触覚をずらしていくことを努力するのでなく、むしろ、ずっとみなと同じように均一にすることに労力を使うのをやめてしまうことです。リラックスすると一瞬で触覚は身体の輪郭から脱線し、リラックスしすぎると、自分の身体がどこにあるのかわからなくなります。誰もが夜眠る前に、ベッドに横たわり、徐々に自分の身体がどこにあるのかわからない状態になっています。

最近、久しぶりにヘミシンクのことを思い出しましたが、すると、左にある人物が立っていることに気がつきましたが、その存在は、私の首の左側に触りました。これは私がしばらくは12サインの触覚について考えていることが多かったので、とりあえずコンタクトする時にはお約束として触ることにしたようです。考える題材を提供してきたのです。

初めてヘミシンクの「ゲートウェイ」を購入して、試し始めて10分もしないうちに、左の上空で、ある人物が私を見物しているのを発見しました。今では、この人物がコンタクトするために私に「ゲートウェイ」を買わせたのだと思います。ですから私の記憶の中では、ヘミシンク、すなわちその人という結びつきができてしまっています。

久しぶりにヘミシンクを思い出した時に左に来た存在とは、ヘミシンク印のついた同じ人物です。私はこの人物とは、視覚によって世界に入り、触覚の開放によってその世界から飛び立つという技術者であると考えており、いつも見る時には軍服を着ているので、組織の人間だと考えています。多分、シールズのようなものです。

触覚は視覚と鍵が組み合わせてありますが、この二つを切り離すと、視覚は世界のどん底に沈み、触覚は飛び始めます。乙女座は土のサインであり、それは放置すると地中に潜り込み、天秤座は風のサインなので、放置すると、

鳥の本性を発揮するのです。

　リリスが天秤座の人は、まずは視覚と触覚を切り離すとよいでしょう。これは目をつぶるということです。リリスは、私の時のように、首に触ってくるかもしれないし、手の平に何か乗せてくるかもしれません。その触覚に注意深くなるべきです。触覚も情報だからです。たいていの場合、それはふわふわして、気持ちの良いものですが、多くの人が腕をつかまれて振り払えないとか、強制的すぎるなどといいます。それも情報で何を意味しているか考えるとよいでしょう。

　天秤座の支配星は金星であり、金星とは楽しみ、気持ち良さ、快楽的なものなので、本来は楽しく気持ち良いものです。

　マニラに旅行した時、ホテルで夜中に自殺した人が私にお願いをしてきましたが、その時に知らないふりをしていると、最後の晩に、私の左手首を噛んできました。これは猛烈に痛かったのですが、これは気持ち良さと反対のもので、つまり私を物質世界により深く引き込もうとしていました。なぜならこの自殺者のおねだりとは、自分の死体がまだモルグ（死体安置所）にあり、それを家族が引き取るお金がないので、そのお金を出してほしいという要求だったので、あまりにも物質的な話です。

　楽しさは上に引き上げ、苦痛は人を物質世界に閉じ込めます。つまり視覚や触覚が物質的に輪郭がはっきりしてくるとは、たいていの場合、苦痛や落胆、気抜け、失望、悲しみなどを示しているのです。人間は岩でもないし鎖でもないので、そこにつなぎ止められるのは、人間の位置を貶（おとし）めることです。

　リリスは空気の中にいて、物質的な場所にはいないので、リリスとつき合うとは、視覚を切り離し、触覚で、このリリスとの触れ合いをしていくとよいのですが、視覚を放置したままにしようということではなく、視覚は視覚で別テーマとして取り組んでくださいということです。あるいは触覚の後からついてくる視覚だとよいでしょう。

　この触覚に関しては夢の中でも感じることができます。リラックスが深くなると、自分の触覚の輪郭が、太陽系のサイズとか、銀河の方まで拡大す

ることを確認できます。

　古い占星術では、惑星は土星までで、それよりも遠い惑星は発見されていなかったと考えられていますが、それよりももっと古い時代、アレキサンドリア図書館が燃える前は、この拡大する触覚で、惑星を触ったりしていましたから、土星以遠の惑星についてもよく知られていました。クリストファー・コロンブスがアメリカ大陸を発見したといわれていますが、その前から一般人はアメリカに行き来して交易も普通にしていました。それと似たような話です。

　リリスが身体に触ってくる時に、どこに触るかによって、その意味が違うことを考えてください。というのも、エーテル体、アストラル体となるにつれて、身体とはロゴスの示す図形であり、それは法則のマップであるということがはっきりしてくるからです。身体とはただのものであり、そこに象徴的な意味はないと考えるのは純粋に肉体に閉じ込められた生理学的奴隷の考えることで、身体とは宇宙法則の模型的な表現であり神殿であるとみなすとよいのです。

　ちなみに、ずっと前に、ヘミシンクをしている時に、ロバート・モンローが助手の女性と二人でやってきて、「これから松果腺をいじるがいいか？」と聞いてきました。私が承認するかしないかの段階で、助手の女性が私の頭の中に腕を突っ込んできました。その後、彼女は私の頭の前と後ろ、つまり松果腺を貫通するパイプの前後に両手の平を当てて、手の平を前後に揺すぶったり、左右に振ったりしたので、私は頭がくらくらしました。私がそのころ、言語で通信するということに関心を持っていたので、言語回路を調整しようとしていたのです。これらも視覚で確認しなくても、すべては触覚情報として細かいところまでわかるものでした。

　しかし、今は言語通信は面倒なので、むしろ思考通信の方が好みです。これは説明がなく、思考のアーカイブがそのまま宅配便のように投げ込まれ、解凍は後でゆっくりすればよいだけです。

　触覚は振動が上昇する時には、必ず気持ち良さを伴うことを忘れないでください。苦痛は下の次元に落とすことです。

天秤座リリスの人はリリスが触ってきますから、そのことに不注意にならないようにしてください。たいていはこれまでも触られていたけど、他のことに夢中で、それに気がつかなかったのです。

♏ 〔8〕蠍座のリリス

　蠍座は生命感覚を表しています。これは自身の中に生命力が充満し、それにつれて、あらゆるものが鮮明になり、実感的になり、生きているという確かな感触を感じることです。人はこの強い生命感覚がないと生きていけません。空虚になるとやがて人知れず死んでいきます。だから、何かに依存症にもなったりするのです。これはエネルギーを何らかの手段で何かからチャージして、自身の中を満たす必要があるのですが、簡単なようでいて難しく、難しいようでいて簡単です。これは自分の存在感とか存在価値と密接な関係があり、生命感覚が弱まると、意識も希薄になり、死んでいくことにも強い抵抗感を感じなくなります。

　私はとても疲れている時に、ヘミシンクの会でヘミシンクをしている際に「疲れているのでどうすればいいのか」と聞いたら、「金星からチャージすればいい」といわれました。つまり私の生命感覚を満たすパワーは地上の何かで満たすことがしづらく、金星から持ち込まれるものが適しているということであり、この話だと、私は金星依存症になってしまいます。

　今では、この金星はただの金星のことではなく、金星を通じて、外宇宙から持ち込まれる暗黒物質であることがわかっていますから、何か特別なルーツで入手した特別の薬でないと元気になれない人のようです。しかしお金はかからず、思い出すだけで回路がオープンになるので気楽といえば気楽です。

　リリスが蠍座にあると、生命感覚を満たすのに、地上的ではないもののルートがあるとよいです。

　例えば気のエネルギーをチャージするのに、森林浴とかパワースポット巡礼などが知られていますが、リリスは間接的には地上の森林、林、草などに関係していますが、生命感覚をより強くチャージするには、リリスの場所、すなわち月の軌道の遠地点に接続した方が直接的で速度も速くなります。

　また私が書いたように金星ルートなども適しています。これは、そもそもリリスは金星のつなぎ役になることもあり、リリス、金星、太陽系の外とい

う回路が太古の時代に存在していたからです。ある時代以後、この回路は忘れられているので、一般的には埋もれており、いろいろな伝説や説話、童話などで資料を見つけ出すのは困難かもしれません。ですが海外のお話を探すと、きっとどこかにあるはずです。

　シュタイナー農法では、リリス周期は花を育てる時に参考になるようです。つまり植物はリリスに関節的に関係していますが、この中で花はより直接の関係があるということです。花はそもそも実用的でなく食用にもなりにくい、見るだけ。ここがリリス的なのです。リリスが蠍座にある人は珍しい特別な花からも生命感覚をチャージできるかもしれません。

　蠍座は性的なことに関係するといわれます。しかし、リリスはまずジェンダーがないのと、リリスは地上的ではないので、地上的な男女の関係による性行為は、ほとんど役立ちません。

　台湾とか古い中国などでよく知られている鬼交（きこう）は、性的な方式でリリスと接触することですが、相手は鳥族であることを考えて、ここに男女的な性イメージはあまり有効ではないことも考えてみるとよいのではないでしょうか。

　ずっと昔、雑誌の『ムー』で、リリスは額が性器であると説明された文章を読んだことがあり、その時には生々しいイラストもありました。しかし誰でも額には性器はあります。性器は外との扉という意味なので、額、首、へそ、物質的性器、肛門など、あるいは耳も目もそうです。目は映像と交わり、耳は音と交わるからです。この複数の性器についてはタロットカードの「15　悪魔」のカードに描かれています。

　蠍座リリスの人は、実際の対人関係にはますます無関心になる場合もあります。場合もありますということで、全員がそうではありません。世の中には人と接することで元気をもらう人はたくさんいます。人の姿に近いほどに、エネルギーは地上的になり、通常の社会的なものとなり、リリスから遠ざかります。そこで対人的チャージという点では、人の形でないものを想像して、そこから力をもらうということも考えてもよいかもしれません。

　私は、宇宙船からチャージしていますが、そもそも宇宙船とは生き物であり、エイのようなものだと考えるとよいでしょう。

蠍座という点では、人が死ぬことに関係したところからチャージされます。死に関係したことに関わるのはメリットがあります。死とは新しい扉が開くことです。いつもは閉じられた栓を開けます。死に行く人をそばを見ているとわかりますが、強烈な力がぱっと解放されます。

　縄文時代の日本では墓所は町の中心にありました。今でも墓所は町中の目立つ場所にあったりするので、日本を訪れた外国人は驚き、そこが観光名所になったりしますが、これらを再評価するべきでしょう。墓場の近くに住むのもよいかもしれません。私には墓所はまるでガソリンスタンドのようにも見えます。

♐ 〔9〕射手座のリリス

　射手座は運動感覚に関係し、射手座の示すものに筋肉があります。
　リリスとは月の軌道の上で、地球から遠い遠地点を表し、これは地上には貢献しないもの、地上から遠い事柄を意味します。たんに貢献しないということでは一体何の目的なのかと疑問に感じますが、これは他宇宙との最も身近な通路であり、閉鎖された世界を構築しようとした中世では、逃げ出す手引きとして有害だと解釈されたのです。
　射手座では行動力が関係するので、リリスを逃げ出し力と見てもよいでしょう。射手座のリリスを持つ人は運動感覚の中にリリス的作用を盛り込んでもよいという話になります。
　例えば、私達は筋肉のうち、いつも使うものと、あまり使っていない部分がまばらです。随意筋もあれば不随意筋もあります。筋肉は必ず二点をつなぎますが、これは射手座の示す、ここからあそこへという移動を受け持つからです。リリス的射手座を開発するには、いつも使わない筋肉を点検し、とりわけ日常生活には役立っていない筋肉部位を刺激したり鍛えたり、発達させたりするとよいでしょう。
　リリスは、アレイスター・クロウリーなどによって、生命の樹のマルクトの下にあるクリフォトの場所と定義されました。マルクトは、身体部位では、足元ですが、ヨガのチャクラに変換すると腰のムラダーラ・チャクラを表します。このムラダーラ・チャクラの場所は、実は、いくつかの可能性があり、誰もが決まった場所にあるとは限りません。
　ヨガでは、このムラダーラ・チャクラの中に、3回転半のとぐろを巻いた蛇が眠っているといいます。これがクンダリニですが、リリスはクンダリニと関係し、リリスはクンダリニそのものであるといわれることもあります。呼吸法や瞑想などによって、頭頂のサハスララ・チャクラの召喚によって、この蛇は目覚めてくるのですが、そもそもマルクトの下に隠れたクリフォトがリリスならば、クンダリニとしてのリリスは、通常のムラダーラ・チャクラを

ストレートに目覚めさせるのとは少し違うのだということにもなります。ムラダーラ・チャクラは、あまり知られていない複数のものがあると考えるとよいでしょう。どこの場所に蛇がいるのか知的に考えても見つかりません。実践修行などで開発するとやっと判明します。

そもそもクンダリニは、タロットカードの「20審判」のカードに描かれているように、頭頂のシヴァが呼ばない限り目覚めないのですが、呼びかけとともに同時にムラダーラ・チャクラを物質的に刺激すると、墓から起き上がるスピードが上がります。ムラダーラ・チャクラの物質的刺激とは、骨盤底筋を持ち上げたり、踵で性器と肛門の間の場所を押したりすることです。

男性の場合には前立腺小室に圧迫をかけることですが、これらはムラダーラ・チャクラから少し違う位置にある広義のムラダーラ・チャクラを刺激することになります。クンダリニが目覚めると、たとえでいうと非ジェンダー的なエクスタシーが走ることが多く、これが天に駆け上るような喜びと説明されるものです。ただし慣れてくると、もうあまりわからなくなりますが、それはこれが普通になってしまうからです。

快感を求める人からすると、慣れて当たり前になるのはつまらないかもしれませんが、振動が高くなった状態が日常意識となるのは、存在の重心が上がることで、やがては物質肉体が精妙な物質で構成されることに通じるのですから重要です。

リリスはその下にいる樹のふもとの龍の巣、あるいは蛇とセットなので、リリスを起こすことは、蛇を起こし、そして飛び立つことになり、地上に向かう意志を発揮することはほとんどありません。

射手座は、火・柔軟サインであり、常に上昇しか考えていませんから、リリス射手座は、もしムラダーラ・チャクラを喚起する筋肉を目覚めさせると、それを通じて肉体が進化することしか考えなくなるでしょう。クンダリニは、中性的な柱としてのスシュムナ・ナディを上昇するので、通常の男女の性行為などはこれを邪魔することも、また助けることもありませんが、混同しないために、古い時代の修行法では禁欲することが多かったのではないでしょうか。厳密には邪魔をしないというよりも、あまり関係のない別物と見た方

がよいかもしれません。

　変種のムラダーラ・チャクラを模索することは、秘密の地下通路を探索するかのようで、そもそも射手座は11度のサビアンシンボル「物質的悟りをもたらす神殿の左側のランプ」というものからもわかるように、秘密の知識などを探すのが大好きですから、好奇心を刺激されるでしょう。それは忘れられた古代遺跡を密林の中から見つけ出すようなものです。物質的悟り、ランプ。こうしたキーワードは、ムラダーラ・チャクラの中にある蛇に限りなく近いものです。古代にあったものが、やがては地中に埋もれ、誰もが忘れてしまう。これはリリスそのものです。

　クンダリニの開発は強いエクスタシーをもたらし、生活の上での直接の影響としては、単性的生存に満足してしまい、ほとんど異性に興味を持たなくなることも多いとレポートされています。生きることそのものが強い喜びをもたらすというものです。

　初期にはLGBTなどになったりすることもありますが、後期においては他者に対して無関心になります。もちろん、知的に会話し、交流はありますが、感覚的、感情的には関心を持てないでしょう。真の意味で自立した生活をするにはクンダリニは必要なのかもしれません。

　筋肉はたいていどこかとどこかをつなぎます。そして何かのために役立っています。役立ちそうにないと思われたものが、身体の中で眠った筋肉ということではないでしょうか。しかしこれが眠った秘密の架け橋ということになるのです。

　射手座は動作などに関係するので、意味のない、あるいは何を意味するかわからないような動作を繰り返すことも役立ちます。これによって眠った筋肉を刺激するということも多くなると思います。人はたいてい特定の癖があります。人格の癖、感情の癖、知性の癖であり、これは特定の癖のある動作と結びついています。特定の癖のある動作は、同じような筋肉をしつこく使っており、他を使っていないのです。この癖に従うことを多くの人は自由といいますが、実は自分の癖の奴隷となることです。

　意味のない動作というのは、この癖のある動作を中和する効果があり実は

強力です。無意味な運動、動作を考案しましょう。どんな動作も、話を聞くことも、実は思考活動も、筋肉が連動しています。

　生活の機械化に従属しない時間を作り、ここで意味のないことをしてみるのは役立ちます。特にインナーマッスル関係、骨盤底筋に関係したものを何の助けも借りないで動かすということができるとよいでしょう。

　私は二十代の頃、街頭でタロット占いをしていた時期がありました。タロット占いは注意しないと、とことん気のエネルギーが枯渇することがあります。私も口も利けないくらい消耗することはたびたびありました。そこで水晶を手に入れ、ここに磁石をつけたものを自宅に置きましたが、思い出すだけで、この磁石水晶から気のエネルギーが飛んできて、電撃的なチャージが起こることに不思議な思いをしました。これは身体の内部を貫通するのですが、その頃は、腹から首にかけて、線が細かったので、この電撃的チャージで、その部位にしばしば痛みを感じ、炎症のようなものにもなりました。磁石水晶の影響でのぼせてしまうのです。磁石の品質が悪いと飛んでくる気のエネルギーは雑になりますが、その頃に手に入れた磁石はスピーカーを分解したフェライトなので、あまり質がよいとはいえなかったのです。

　こうした実験をいろいろ試すと、クンダリニを開発することに役立ちます。射手座リリスは上昇のためのリリスなのです。

♑〔10〕山羊座のリリス

　山羊座の均衡感覚とは直立できるバランス点を作り出すことです。これは一点のみでなく、空間全体を均等に支配することができないと上手くいきません。

　高所恐怖症の人は、崖の向こうの空間に自分を満たしていないために、そこに向かって自分が引き寄せられ傾いていくのです。そして時たま実際に崖から落ちたりします。しかし均衡感覚ができている人は、すれすれの場所でもリラックスして立っていたりします。

　新幹線の中で仕事をする人はそこが落ち着くと考えます。この時、新幹線は随分と速い速度で走っているのに、中にいる人は倒れたりしません。限られた特定の場に、自分の均衡点を作り出すこと。これが山羊座の作用です。そのためには他の影響から自分を切り離し、自分の陣地を閉鎖する必要があるのです。

　自動車が好きな男性はたくさんいますが、車内に独立した空間を作ります。それはまるで子宮であり、小宇宙です。

　私達は地球上に独立した空間を打ち立てて、この中で一生過ごします。リリスとは、月の軌道にあり、地球には一番遠い場所です。ということは、まずは月の世界であるエーテル体、気の領域で、地上には貢献しない場所に、独自の小屋を打ち立てることが山羊座のリリスらしい行動とも考えられます。

　ファンタジー作家は、長い時間をかけて、自分独自の王国を作ります。するとある段階から、今度はこの王国の方からの働きかけが起きるようになります。自分からは何もしていないのに、勝手に王国の中で事件が起きたり、住人が独自に主張を始めたりして物語が進むのです。

　この気の領域においての山羊座王国ができると、肉体生活の上で危機の時には、この王国の中に逃げ込むことも増えてきます。これは建物でもよいのですが、ある時期から、よそから来た知性体がこの建物に行き来することを発見します。いろいろな山羊座の箱に応用的に行き来するというのは、山

羊座の反対側にある蟹座の能力ですが、もちろん蟹座の力が開発されると、他の山羊座建築物にも出入り可能です。

　山羊座の特徴は、特定の空間を作ると、これはある程度、閉鎖的になることです。他の影響を遮断しないことにはすぐに崩れてしまいます。しかし閉鎖しすぎると、今度は活力のチャージなどが起こりません。ですから、程度問題なのですが、たいてい部屋の中には二つの穴があり、ここに外界の力が行き来します。

　今、住んでいる実際のこの部屋に、この気の建物を重ねる人もいます。すると、不可視の知性体が来訪するようにもなります。山羊座のリリスの人は、この独自の場を作ると、しばしばそれが他の宇宙との仲介の踊り場や連絡場、駅になることもあり、たんに閉鎖的な世界を作ったわけではないということに後で気がつくことも多くなります。

　海王星でも天王星でも山羊座においては、この地上の帝国とは違う空間を作ることになりますが、リリスは振動が低い分、かなり具体的です。

　また骨や皮膚などは山羊座に関係しますが、特に骨というのは、人体の中にある神聖幾何学を表しています。特定の図形というのは、その形そのものが宇宙と通信します。振動論の世界では、同じ形のものはすべて同じものとみなされます。自分が気に入った立体幾何図形を一つ選びましょう。その図形はそれに類する宇宙と確実に共鳴します。

　身体の骨に、気でできた構造体が重なり、身体がある種の図形であるとみなされるようになると、これはエーテル体の身体を作る基盤が形成されます。山羊座は単独の物質的空間を作るということが基本の定義ですが、エーテル体で、この物質身体に重なるボディが形成されていくと、それを基盤にした印象活動が徐々に増加し、もう一つの次元に暮らしているかのように、二重的な人生を作ることになるでしょう。肉体が死んでも、もう一つの世界は続きます。

　建物を作っては廃棄し、また建物を作るという繰り返しの中で、その人は進化します。廃棄する力は次の水瓶座で発揮されるのですが、腐敗した山羊座というのは、期限が来ても、まだ同じ場所に居座ろうとするのです。山

羊座のリリスの人は、例えば、特定の住居に住んでいる時に、そこに気の建物を作り、完成すると、実際の場所を引っ越しする、つまり物質の建物と、気の建物の交互交流によって、建物を徐々に振動密度の高いものに変遷させていくということもできるのではないでしょうか。

　有名な神社などは実際の建物とか場所というのは本質面を示しておらず、そこに建てられた気の建造物こそが本体です。実際の建物が地震などで倒壊しても、本質の建物はほとんど影響を受けません。

　キスキル・リラの話と同じように、リリスの作り出す山羊座としての小屋は樹の上にあり、必要な時にはそれをすぐに壊して去っていきます。また違うところに巣を作ると考えてもよいでしょう。飛び去る者というのはどの国でも支配者からすると危険で共同体の結束を乱します。

　リリスは悪くいわれるのですが、そもそもが移動が基本の共同体ならばリリスは親しまれることになります。モバイルハウスは、山羊座にリリスのある人に適しています。

〔11〕水瓶座のリリス

　山羊座は一つの狭い閉鎖的な世界を作り出します。地球世界というのも一つの山羊座の世界です。その狭い世界を維持するためには閉鎖的にならざるを得ません。ただ閉鎖的であるがゆえに、それには期限というものがあり、定期的にリニューアルしなくてはならないのです。

　一方で水瓶座は、このリニューアルを促すというよりも、もっと拡大した宇宙範囲に広がるために山羊座の世界に傷とか穴を開けようとします。山羊座はそうっとしておいて、静かにそこから離れるということも考えることができると思うのですが、どちらかというと、水瓶座は直接山羊座を攻撃対象にすることが多いようです。

　それは、12サインの順番として山羊座の後に、必ず水瓶座が来るからでしょう。水瓶座は嗅覚を表していますが、これは山羊座のはっきりとした輪郭を持つ物質の周辺に漂うもので、輪郭から離れる、輪郭を壊すという性質です。

　タロットカードの「11力」のカードで、自分の下半身からライオンを引き剥がしているように近いものから遠ざかり距離を離す。タロットカードの絵柄は象徴的なものなので、物質的に距離を持つというよりも、振動的な距離、つまり人間とライオンは違うという区別をします。これは無意識に同一化していた印象、価値観、感情、事物を意識化することで、自分の本質に対して、それらは周縁的な質量性であるとはっきりと自覚します。そうすると本質としての本人の振動は上がるのはいうまでもありません。

　例えば、何かを大切に思い、それが原因でどこにも行けない人というのはたくさんいますが、この大切にしている気持ちは特定の信念体系から来ており、この信念体系から離れてしまうと、それまでのその人の形が変わってしまいます。水瓶座や「11力」のカードは、それを次々と実践しようといっているのです。

　そもそもリリスは、月の軌道の中で最も地球から遠ざかる地点を示してい

ます。そこに地球に対して距離を持つという意志が現れています。地球生活において当たり前と思われているもの、価値があると考えられていることにことごとく対立します。あるいは感情とかエーテル体を象徴する月の中でも、疎遠な感情を抱く部分を表しています。

　これはさまざまな感情の中でも、嫌悪感、無関心、同一化したくないというものを表していて、常に反抗的なものとなるでしょう。

　水瓶座のリリスとは、恭順しないもの、同化しないものという主張が強すぎて、根性の悪いひねくれたものとみなされるかもしれません。浮かばれない霊が双子座のリリスでしたが、それが水瓶座とトラインで協力関係になると、ますます扱いがたいものになるでしょう。

　地球的道徳、地球的標準性に準拠しない姿勢は、固定サインらしく極めて頑固なものとなる可能性はあります。もちろん、ホロスコープは、他に惑星がたくさんありますから、このリリスを表に出している人はむしろ少ないはずです。

　自分の人格の中に一部この要素があるというにすぎず、大勢の惑星の影響が素直なものを示しているとすると、水瓶座リリス行動は引っ込めますが、他宇宙にシフトする時には、この部分をむしろクローズアップするとよいということなのです。人格の成分などは、その人の意志でいくらでも変えていくものですから、しっかりとした目的があれば、このリリスを強調することもやぶさかではありません。

　水瓶座は嗅覚ですが、物質の匂いを嗅ぐことではなく、気配や雰囲気から、ターゲットを認識することであり、何となく胡散臭いという時、気配を嗅いでいるということです。つまり水瓶座は気配に敏感で、直接接することがなくても、その匂いで判断します。

　リリスは裏に隠れているものだとすると、裏に隠れた気配や他の人が気がつかないようなことに気がつきます。すると神経質な人を作り出す場合もあるかもしれません。

　私は水瓶座のリリスではありませんが、匂いには敏感で、化粧品をつけた人の風下を歩くだけでも頭痛を起こします。

リリスの場合、地球に対して距離を持ちたいという意味なので、不快感をより強く感じるということです。そうすると、反対に、気配の濁っていない、清澄な空気の場所、より純粋化した環境というものに行きたいという意志が強まるでしょう。リリスは樹の中腹にいて、大地には降りてこない。混乱した匂いの場所に入らず、それらから距離を置いて、孤独な静かな場所に行きたいという人も多くなるでしょう。

　空気に敏感になることは同時にエーテル体に敏感になることです。タロットカードの本を書いている時には、縦の四つの次元は、横の四元素に反映されると書いていました。その意味では天王星が関わる風のサインの三角形はエーテル体に関係しており、風や空気はエーテル体と深い関係があります。それに接近することは、知覚としてはその部分がどんどんリアルに生々しくなり、現実感を帯びることです。すると空気の中に階段があることに気がつくでしょう。

　月のステーションは、外宇宙との架け橋で、リリスはそこに住んでおり、これはたとえとしては、地球というマルクトに対して、次の階段を表しています。

　水瓶座は、非物質的ネットワーク、魂のクラスターに関係することを示し、それは山羊座から離れることでより自覚が強まりますが、早くも5度のサビアンシンボル「先祖委員会」の段階でネットワークとつながります。その架け橋は空気の中にあります。気配探知のアンテナを使うとそれは認識しやすいのです。

　天秤座と120度で連動すると、匂いはやがて触れてくる触覚と結合します。匂いというのは塊になっていることもあり、この匂いの塊に触った時はっきりと触覚として輪郭を感じます。

　私は数年間、空気の中にある気配、匂いとのみつき合っていた時期があります。対人関係が極端に少なかったので、空気の触れ合いの方がリアルでした。風の三角形の関係で、双子座の言語感覚も連動すると、気配は言葉に翻訳され、触覚的に認識できる人から言葉で伝わってくるという伝達になります。古い時代の人はこのようなことはいくらでもしていたのに現代人

はなかなかできません。

　思想教育によってできなくしているだけなので、宇宙原理というものを知識で学ぶだけでも、感覚は変化します。水瓶座リリスの人は、非物質的なもの、そして気配を感じるというだけのものに、より大きなウエイトをかけてみるとよいのです。樹の中腹にいるというのは、空気の中にいるという意味です。

　オーラを見たり透視をしたりする人は、いつも映像イメージばかりを重視しますが、それは乙女座の視覚ということに限定したものであり、他に11個の感覚があり、それらをもっと積極的に活用しても同じです。最初は匂い、気配で知覚し、次に天秤座の触覚を結びつけ、順次言語感覚に結びつけたりするとリアルですが、しかし私が思うに、匂い、気配の感知のみで事足りると思います。他の12感覚との連動は好みの問題ともいえます。

　12感覚すべてを異次元と連動させてしまうと、もうこの世にはいられませんから、かなりの部分を残したまま、一部の12感覚をリリス化すると長生きできます。

　神仙道で、死んだ時に仙人になるのは「尸解仙(しかいせん)」といわれ、この場合、寿命が来るまでは変容は八割くらいで止めておくという話ですが、八割となると、12個のうち9.6個となります。二つか三つ残しておくことになりますが、これはほとんど小さな小窓からこの世界を見ているようなもので、道を歩くことさえできなくなるのではないでしょうか。12感覚という点では八割という大きな比率ではなく、例えば、三分の一程度などになりやすいのではないでしょうか。

　軽く追従しやすい感覚と重い感覚があり、視覚や触覚がシフトすると、他は移動しやすいのです。

♓ 〔12〕魚座のリリス

　水瓶座においては、無意識に同一化していた印象や事物、信念体系などから純粋な意識を引き離しました。ただこの引き離し行為は果てしなく続きます。というのも、誰でも無意識に同一化した印象というものは多数あって、一つ剥がしても、さらに深く結びついたものがあり、それを剥がし、さらにその奥のものを剥がしというふうに続くのです。

　最初に重いものから分離しないと、その奥にあるより精妙な付着物は発見できません。いつまでも続けると、物質からエーテル体が分離し、今度はエーテル体からアストラル体が分離し、アストラル体からメンタル体が分離します。この行為を永遠に続けるわけにはいきません。最後にはすり減って、何もない存在になってしまうのです。あるいはさらに、それもなくなって無に戻ります。人によってとどまるべき段階というのがあり、アストラル体をコア（自我）にして生きている人が、付着したアストラル体を取り除くと、その人がいなくなってしまいます。

　12サインのプロセスでは、最後のサインとは魚座です。支配星は海王星であり、これはアストラル体の反映物ですから、水のサインはアストラル体の形成に関係すると見て、水瓶座が山羊座から引き剥がすという処理は、アストラル体の段階で止まります。アストラル体は神話元型とか象徴性を示しています。

　山羊座を事物の世界とみなすと、事物から象徴を切り離し、この象徴そのものが独立的な生命となるのが魚座の段階です。象徴は事物の付属品ではなく、象徴は事物よりも優位にあり、むしろ事物がそれに苔(こけ)のよう張りついていたのです。

　この独立した象徴意識を魚座が終わるまでに結晶化させなくてはなりません。結晶化しないものは分解しますが、結晶化すれば春分点から外宇宙に飛び出すことができるのです。

　魚座は味覚ですが、ズスマンは魚は舌そのものだといいました。水の中を

舌が泳いでいます。舌が何か味を認識するとは、まずは自分が象徴的な存在として結晶化する必要があります。すると、他のものを味わっても、そこに差異としての味覚を感じることができます。自分と同じものには何も感じず、自分と違うものに味を感じるでしょう。

アストラル体は宇宙空間を飛ぶ舌のような形の宇宙船とたとえることができますが、マカバはエイのような形をした宇宙船です。

魚座のリリスはたとえとしては、月の軌道のステーションの地球から一番遠い場所に停泊している宇宙船であると考えてもよいかもしれません。海王星より本質的な面を表し、リリスは振動密度が低いので、この宇宙船の外壁のようなものだとみなすとよいでしょう。

魚座では、自分のアストラル体によって、外界の何かを識別するのも、自分との違和感として感じ取ります。そもそもアストラル体とは世界を識別し、味わい、楽しむ装置のようなものです。メンタル体にはこの識別し楽しむという受容機能がないので、楽しんだり味わったりというのがありません。自分のアストラル体の個性がはっきり形成されると、この個性と他の相対的な差異性によって、世界のいろいろなものを識別し味わうことが可能となります。

例えば魚座の26度の影響を分割する新月というのも、この自分のアストラル体の個性をはっきり打ち出すことで、他の人とは違う人生が作られていくということを認めることです。

多くの人は自分が他の人と違うということに恐れを抱きます。他の人と同じように会社員になる。これは安心であり、自分の個性が作られてしまうと、結果的に他の人と同じように会社員になることができなくなり、人生の一般マニュアルが使えないようになってしまうのです。個性を持ち、結晶化するとは、さまざまな攻撃に打ち勝つボディを手に入れることでありSNSの非難や炎上も全く気にしないということでもあります。もっと広範囲な話では、宇宙的な隕石の衝突、軋轢（あつれき）などに耐久できる必要があります。

リリスのアストラル体とは、この地上において生きていくため用のものではありません。それは外宇宙に行くためのものなので、アストラル体として

の宇宙船は外に飛び立つ用に作られています。アストラル体を形成することで、ほとんどの人は強い孤独状態にさらされますが、宇宙に飛び立つために作られたものはもっと孤独性が強くなるでしょう。

　宇宙に飛び出すというのは、すべての12感覚において、地球的共感から離脱することでもあり、味わうもの、感じるもの、見るもの、触るものすべてが、地上から分離することです。

　私達は他の人とコミュニケーションを取るために、この12感覚を他の人と同じにしていくということをしてきました。同じラーメンを食べて同じように感じるということです。また同じものを見て、同じように感じる。12感覚のすべてにおいて共感しないのならば、もう違う世界にいます。12感覚宇宙船が違う宇宙に行くとは、この12感覚がすべて違ってしまうということであり、これらをばらばらに機能しないようにまとめて結晶化していくのが魚座です。

　この結晶は図形のようなものです。魚座の最後のあたりにはサビアンシンボルで、「プリズム」というシンボルのついた度数があり、これは宇宙的な七つの原理をはっきりと打ち出したものです。

　宇宙船の構造は縦に七つあり、横に12の輪があります。12の輪が回転すると飛び立つというふうに考えてみるとよいでしょう。精密な宇宙法則を体現し、それを一つの塊として結晶化させ、丸ごと、どこか違う場所に移動させる。このトータルなまとめが魚座で行われるので、魚座リリスは、孤立ということに対して強くなる傾向があります。

　感覚が何かに依存している人はこの孤立した段階で、依存対象と切り離されますから、もう自分を維持することが不可能です。依存している人は、依存対象と分離するともう生存できないのです。孤立の極ということを自分から探求してみるとこの魚座のリリスの課題は進みやすいともいえます。

2 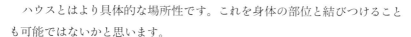 リリスのハウス

ハウスとはより具体的な場所性です。これを身体の部位と結びつけることも可能ではないかと思います。

秋山氏の『Lシフト』では、UFOの底部は時間と空間にチューニングする場所であると書いてあります。そしてUFOは人体ととても似ていると。人の身体では、時間と空間にチューニングする部位とは、性器と肛門の間にある場所と書いてあり、これはチャクラでいえば一番下のムラダーラ・チャクラに近いでしょう。

UFOが特定の時間と空間に着床するという時、何にしても世界とは感覚で認識するものであり、特に物質的に確認できる要素は基本的には視覚と触覚がメインです。

乙女座は視覚、天秤座は触覚で、視覚は物質に向かう。触覚とは感じることに関わり、これは開放に向かう方向であり、乙女座から天秤座へというのは、空間から時間に変換される場所です。より具体的な場所という意味では、ハウスで説明した方がより写実的であるといえます。12感覚はサインであり、ハウスは個人差のある、まさにボディということを示しているのです。

このサインないしはハウスを、チャクラに結びつけるためには、春分点あるいはアセンダントをサハスララ・チャクラ、そして秋分点すなわち世界のどん底を、ムラダーラ・チャクラに結びつけるとよいでしょう。

12サインないし12ハウスは、二つに分割しても6個ですから、七つのチャクラと結びつけるには、それぞれのサイン、ハウスの境界線を、チャクラとするとつじつまが合います。サハスララ・チャクラもムラダーラ・チャクラも点であり、幅のあるものではありません。

達磨大師は面壁九年ということで、分身を作り、その分身に乗り換える作業が9年続いたと考えられますが、リリスはこの物質世界から少しシフトしたところにあるエーテル界のものであり、9年周期で12サイン、12ハウスを

移動しますから、一つの区画が平均273.75日ということになります。
　金星の公転周期は平均225日で、リリスが12サインを回転し終わる間に14.6回転します。9年というのは、火星の2年周期と木星の12年周期の間にあり、この火星と木星の間には小惑星群があり、その中で最大の小惑星セレスはおおまかに5年で1回転します。
　セレスと木星の間、そのような周期で非物質的身体を育成すると考えます。
　リリスのハウスを参照して、実生活の中でそこにアナザーワールドに入ることのできる扉があると考えてみてください。なお、居住地を変えた場合には、ハウスは移動しますから、好みのハウスに移動させたい場合には、その場所に飛行機で行くとよいでしょう。

〔1〕 1ハウスのリリス

　1ハウスは、意識ある実体がこの世界の中に入ろうとして、自分を二極化させる試みをしています。世界とは意識が二極化された中で成立するもので、基本的には主体と客体の二極化ということです。
　1ハウスではこの二極化の思考錯誤をしていて、方向性とか働きかける対象が確定していない段階でもあり、あちこちに自分の可能性を探してむやみやたらに手を出す段階にあります。つまり1ハウスとは自分探しのハウスなのです。
　自分というのは、そもそもは何者でもない意識そのものなのですが、世界の中に入ると、それなりに色づけのある偏った傾向のあるものを自分とみなすことにしなくてはなりません。この1ハウスの実験では、どんなことも対象にまではしっかり届きません。すべてが中途半端です。ただし対象に届くと、これはある意味自己喪失でもあります。対象に届くのでなく、対象に射出する行為こそが、その人の証明ですが、この対象に向けて射出しつつ、対象に届かないというのは、確信のない、自信も持てないものとなり、自分というものがまだはっきりしない、何とも不安げなものなのです。
　昔、「自分探し」という言葉が流行しましたが、自分を見つめている限りは永遠に自分は不在なまま、いわば生まれないままということになり、この1ハウスに対応したタロットの「1魔術師」は部屋の中で机の上で何かしていますが、外に出ることはできません。
　ここにリリスがあると、リリスは対象ではなく、射出する意識の側に張りついていて、主体の側に寄り添っていることになります。主体の側にリリスがあると、自分がリリス的であることをほとんど自覚できません。それは他人から見ると目立つのですが、本人はそのカラーには気がつきません。リリスは地上的なものに貢献しないし、社会性にも貢献しないので、この人格の中には建設的でもない、社会にも貢献もしないという性格が出てくることになります。これがこの世界に生まれてくることに対しての抵抗感を作り出し

ます。

　『ギルガメシュ叙事詩』に見るように、樹の中腹にいて、大地に降りることはないし、降りるとしたら、そこには蛇の巣があり、蛇の巣そのものに降りていくことになり、まるでそれは気持ち悪いぬかるみのようです。

　自分で働いたりしないで、この社会の中にしっかりとした足場を作らないで生きていくという方針をずっと続けることができれば理想的です。そのような人を私はたくさん見てきましたが、多くの人は社会の中に生まれてきたら、決まり切った鋳型の中に閉じ込めようとしますから、この１ハウスリリスの存在は出来損ないの気に障る人になるかもしれません。

　リリスの側でも何か戦略があるはずで、体が弱いとか難病とか利用してみたりすることもあるのではないでしょうか。裕福な人と結婚するとか、または裕福な家に生まれて、一生何もしないでもすませられることがあれば幸運です。とはいえ、これらは好みの問題で、いろいろなパターンがあるはずです。アカシックレコードの中を探して、自分に適した型があればよいわけです。

　意識は何かに射出しないことには成り立たないという点では、射出する方向が非物質、気の世界、空気中、樹の中腹にあるとよいことになります。通常の感性とか、また社会の習慣に染まってしまうと、この自分の非生産性を嘆いて鬱病になったりするケースもありますから、はっきりと目的を自覚することが大切です。

　７ハウスにリリスがある人からすると、この人物は魅力的で、その人には有用な人となります。そういう人を見つけ出して、何もしないで過ごせる暮らしができると理想的です。

　アセンダントはサハスララ・チャクラです。１ハウスはここからアジナ・チャクラに向かう領域です。いろいろ中途半端な思いつきをしますが、実際的で実用的なことをする道は、最初から探さない方が時間の無駄がなくてすみます。

　そもそもリリスは性的でもないし、魔女でもないのですが、しかし地上で社会に組み込まれないで暮らすには性的な仕事をすれば一番近道というこ

とで、その道を選ぶ人もいて、ここからリリスは性的なものと解釈されてしまうようになり、これは誤解といえるでしょう。リリスにはジェンダーがないのです。

　しかし社会の秩序の破壊者になる資質はあり、そのくらい強気になるには冥王星や天王星の助けが必要です。単独のリリスはそう強気ではありません。社会的に実力があり、仕事に積極的に取り組んでいる人こそ、リリス的な存在に興味を抱き、そういう人を囲い込みたいと思うことが多いです。

〔2〕 2ハウスのリリス

　2ハウスは身体の中に埋め込まれた資質の発掘をして、それが物質生活を守る盾として有効に使えるようになることを示しています。音楽家の家に生まれたら、音楽をするのに都合の良い遺伝的要素が受け継がれています。2ハウスは過去の資産であり、この過去の資産を小出しに使って生きていけるので、好きなことで生きられるという恵まれた人ともいえます。

　リリスが遺伝的に埋め込まれているとは、過去の歴史において、リリス的な特性を持つ家系とか資質が眠っているということです。

　例えば、歴史の中での政治的支配者によって、裏に押しやられたグループでもあるといえます。牡牛座や2ハウスはタロットカードの「2女教皇」と関係しており、女教皇の持つ書物は地球的アカシックレコードの書物であり、この中で自分に関係した行を探すと、そのようなことが書いてある可能性はとても高いです。しかしそれはマニアックで、むしろ貴重な高級なものでもあると考えられます。問題は、それがこの現世では十分に生かされにくく、お金にもなりにくいということです。

　西欧の歴史の中で、特にキリスト教圏の中では、リリスの扱いは、ラミアや女悪魔、邪悪なもの、従わないものなどを示しています。女性の家庭的な役割というのは子供を産んで育てたり、家事をしたりなどでもありますが、リリスはこれらをすべて投げ出すことが多いでしょう。

　リリスはアダムの最初の妻ですが途中から逃げ出して、地中海の血の海の中で暮らしました。その後、アダムはイヴと結婚して幸せに暮らしたのです。岩でできた家の中で暮らすよりは、血の海で暮らす方がよほど楽しいでしょう。この地中海の暗喩は日本でならば琵琶湖に該当し、この中に蛇と暮らす弁才天がいます。

　夜中、男性を一人にしておくと、サキュバス（夢魔）が誘惑に来るので一人にしておいてはいけないといわれましたが、安定した男女の役割というのは平凡な暮らしをするための鍵でもあり、リリスはこの枠を壊してしまうのです。

1ハウスは人生の方向の模索であり、2ハウスは人生の方向性がはっきりと決まることです。この時に、社会の中でリリス的な役割をするとよいと思われるし、またそれを助ける生まれつきの資質があるはずで、セラピー的な仕事でその才能を発揮する人もいます。

　ただし、ここで勘違いしてほしくないのは、リリスは反社会であり、はぐれものであり、裏に隠れたものなので、最大公約数的な、一般的な仕事ではない、ちょっとマイナーな方向での仕事の才能ということです。地位の低いもの、差別されたもの、その時代の社会のメインとなるものから外れたものの中にリリスの伝統とか資質があります。ある時代までは、むしろ最もメジャーだったのです。

　私が個人的に思うに、日本であれば基本的に秦氏の持つ能力のたいがいがリリス的です。秦氏は歴史の表に出ることを嫌いましたが、その理由は敵がいたこと、また表に出て定常的・機械的になることで、大切な能力を喪失してしまうことを忌避したからかもしれません。自由であり定住したくなかったのですが、後の秦氏はそのことを忘れて、普通の人々になってきました。

　リリスは地上生活に協力的でないので、予言とか占いの能力には使いにくいです。なぜなら占いはたいていの場合、地上生活に役立てるためのアドバイスを強いられるからです。

　2ハウスの資質の発掘は外部的な資料を探すのでなく、身体から聞き出す必要があり、これは牡牛座のリリスと同じです。身体に埋め込まれていながら、新脳には情報が上がってこないので、夢で探すのがよいでしょう。

　簡単な話、好きなことをしていると、いつの間にか開発されていくものです。資質を引き出すためのウェイクアップのプログラムはあるはずで、それは特定の音、特定の味、特定の匂い、その他さまざまなものをキーワードにしてスイッチが入ります。

　例えば、フリードリヒ・シラーは、机の引き出しに腐ったリンゴを入れて、その匂いを嗅がないと仕事ができなかったといいます。こうした人と違うおかしな感覚の刺激などは、リリスを目覚めさせるのによいのです。大勢の人は認めない方向性です。ただ、そういう点では開発に苦労することもあります。

〔3〕 3ハウスのリリス

　アセンダント、あるいは春分点を世界の入り口に、ディセンダントあるいは秋分点を世界のどん底で行き止まりというふうに見た時、そしてこれをチャクラと結びつけた時には、3ハウスは喉のチャクラそのもの、あるいはチャクラに幅があるとするならば、喉から胸のチャクラまでの間にあります。
　2ハウスは個人の身体に埋め込まれた資質を発掘することでしたが、すると3ハウスでは、それを元手にして、応用的に小分けして多様性を作り出すことです。たくさんの言葉やいろいろな表現。シュタイナーは未来には喉が生殖器になるといいましたが、ここでさまざまなことを思いつき、それが世界の多様性として反映されていくからです。
　宝の山を切り崩すと、そこに予想外のものが見つかります。3ハウスは思いついたことをすべて広げていくこと、興味があれば何にでも頭を突っ込むことです。そしてこの小分けというのは、意識の分割であり、分割は行き着くところまで行くと、本来の源流から離れて、意味を失うことにもなります。3ハウスは興味があることに頭を突っ込みすぎると、戻り道を失います。これはあちこちを探索するうちに、自分の家に戻る道を忘れてしまったということで考えてもよいでしょう。
　リリスは月の軌道の地球から一番離れた場所です。
　月の軌道は地球の周囲にあり、地球を軸にするので地球に依存し切っています。ただ、それではあまりにも恥ずかしいので、地球の軸と月の軸は少しずれており、依存し切ってはいるが、あたかもそうではないかのように装います。
　大学生くらいの年齢の男女が、親の金で遊んでいるのに自分はフリーダムだといってるような状態です。
　地球に依存しながら、それでいて外の宇宙への通路を探しているというのは、思い込みの中で、思い込みではない機会はないものかと模索している状態です。この場合、外からの助けがあれば話は簡単です。

リリスにおいては外の助けとは、地球に近い金星か火星の力です。実は、金星も火星も、何とか太陽系の外とつながらないかと、妄想の中でいろいろ考えています。金星はビーナストランシットで、火星は冥王星の助けによってそれも可能です。

3ハウスのリリスは、小分けの果てに圏外に行こうとしており、迷った挙句に家に戻れなくなったというのは、むしろ本望だと考えています。3ハウスのリリスは、本流を忘れて、意外なことに興味を抱く性質であり、そして自分を危険に晒すということです。

3ハウスはお散歩でもあり、町の中をあちこちと散策して、本来ならば行ってはいけないところを見つけ出すということです。リリスはそもそも禁止された存在です。ですから禁止された場所に行きます。そこまで行くと金星や火星の助けがあるでしょう。

リリスは荒野に逃げます。荒野とは整地されていない場所です。整地とは集団的にみんなが安心して活用できるようにするということです。この世界に閉じ込められている人から見ると、暗黒地帯は否定的な意味しかありませんが、外の世界もありうるのだという見解からすると、暗黒地帯は地下通路のようにして、違う世界につながっています。この点で、私達地球人はこの世界に閉じ込められて、それ以外はないと思っていることは明らかで、だからこそ、死んだ人に惜しいとか悲しいとか、弔うような習慣ができてしまったのです。本来ならば死んだ人とは、どこかに移動したくて旅立った人であり、「ハブエンジョイ」というはずで、悲しみの感情は一点も出てこないはずです。

3ハウスのリリスの人は町の中で暗黒地帯を探してもよいですし、情報の中で影になったもの、ニュースでも異様なものにこそ興味を向けるとよいのではないでしょうか。

江戸時代までは、世界の外との扉は、河原、墓場、山の上などにありました。これらをポータルとして再認識するとよいでしょう。墓場にはたいてい稲荷神社があるという話ですが、稲荷の狐は生者の世界と死者の世界をつなぐものであり、もともとはアヌビスだったのです。ということは、そもそ

も稲荷神社は逆パワースポットであり、この世での繁栄を奪うものであるはずなのに、いつの間にか商売繁盛の場所であるというふうになったのは、とても皮肉なことです。

　二極化した考え方ではなく、あらゆるものは双方向であるという考え方からすると、死んでいくものはこの世のすべてを奪われ、あちらからこちらに生まれてくるものは、この世的な財産を与えられると考えると、稲荷神社はこの両方が有効だということです。

　不思議な話ですが、すると、この禍々しい(まがまが)リリスの場所は、明るい繁栄の生まれる場所としても使えるということになってしまいます。二極化を統合化した人からするとそのように解釈されるし、実際のそのように活用できるのです。

　町の中で人が入らない場所というよりも、本人が休める場所や世間の喧騒(けんそう)がない場所、沈黙の場所というくらいに拡大解釈すれば、お気に入りのカフェもリリス項目に入るでしょう。ですから、取り立てて廃墟を探す労力を使わなくてもよいのです。

　町の中で自分にとってリリスの場所とは何かを探し、定期的にそこに行くとよいでしょう。そこで起こることのすべては異次元的なものですが、そのことに気がつくだけの頭は必要です。

〔4〕4ハウスのリリス

　4ハウスは家、家族、血縁でなくてもファミリー的な輪、死の向こうにある先祖の集団、個人を超えたクラスターを表します。これは蟹座と関係しており、蟹座は聴覚です。
　音楽はいろいろ調を変えても、同じメロディは同じ曲だと認識できます。つまり物質依存をせず、中空にある秩序を理解できれば、異なる場所にあるもの、形が違うものでも、「同じだね」という共感性を発揮できるものであり、このようにして4ハウスあるいは蟹座は、ファミリー的に仲間が増えていくのです。
　ホロスコープの4ハウスを見ると、たいていその人の家族との関係や、家族がどうだったかがわかります。リリスは世界の果てにあるもので、世界に不穏なものを持ち込む場所でもあるので、家族の中に、リリス的な要素が混じり込みます。
　例えば、親が社会不適応者だったとか、特殊な仕事の人、怪しい仕事の人、あるいは仕事をしなかった人、宗教家、霊能者、宇宙人コンタクティ、妖精とつき合う人、地下アイドル……など、一般世間からは外れた要素を持つ人ばかりでした。また家庭の事情に、ディプレッションの要素が強かったなどです。リリスは荒れ果てた荒野に住むので、家庭とか家族の雰囲気が、穴だらけとか荒れ果てた荒野のようでもあると考えてもよいでしょう。もちろん、他の惑星が4ハウスにあれば、ブレンドされて弱まるかもしれません。
　このような状態にあっても、当人はそのことに安らぎや満足感を感じるか、このような状態にあってこそ安心感を抱きます。4ハウスとは無防備に腹を出して寝ても大丈夫という場所なのです。4ハウスの家庭に世間的常識を持ち込んではいけない。家の中にある暗闇は、実際に部屋の中で探すこともできます。
　私は引っ越しするつど、夢の中で、この二つの穴について説明を受けますが、たいてい、意表を突く場所にあります。部屋のどこにリリスが立ってい

るか、夢に聞いてみるしかありません。その場所を神聖視して、その周囲に何か飾りものをしてもよいかもしれません。というのも、神社は、たいてい真実の扉は社屋の裏に隠れ、それを隠すために、社屋を建てます。そのように飾り物は隠すものであり、示すものでもあり、穴をより神聖視することなのです。

　かつて私はハニカム構造の蜂の巣のような盤を置いたりしましたが、例えば水晶球の六角配置を作り、これをリリスの場所に配置するのもなかなか興味深い成果を作り出します。

　基本として、リリスは、金星を通じて、原子にはならないところの太陽系外の暗黒物質の一つを取り込みます。原子とは陰陽対になった、つまり日常世界を形成する素であり、リリスとは対立しており、リリスは原子を構成しない暗黒物質なのです。これは無尽蔵の活力を生み出すものと考えてもよくて、私は昔は「く」の字型の虫と呼んでいました。部屋の中に宇宙に抜ける扉があるというのは、なかなか楽しいことだと思います。

　部屋の中に穴があるというのは、家族の中に穴になってしまう人がいるというよりはよほど気楽です。やがて夢の中で、ここを出入り口にして、マレビト的な外宇宙人が接触してきます。もし、12感覚の視覚や触覚がもっと柔軟で自由になる人ならば、特に夢でなくても、起きている時にマレビトと接触できます。

　このくらい積極的に活用できれば、外で時間を使うのが惜しくなり、仕事が終わると急いで家に帰るという習慣ができるかもしれません。

　外宇宙と出入りする可能性がある人は、人口のおよそ3パーセントですが、この比率がしっかりと確立されることで、町も閉鎖的ではなくなります。

〔5〕5ハウスのリリス

　5ハウスは楽しみ、遊び、子供なども意味します。またギャンブルなども。ギャンブルによって生活が破綻（はたん）したとなると、いかにも5ハウスのリリス的ですが、これではたんに破壊的になるだけなので、その先の目的が見えません。

　リリスをこれまでの社会生活を破綻させると読まずに、これまでと違う世界への導きの力というふうに未来的に解釈すると、5ハウス活動の中に、これまでの世界とは違うところにシフトするための鍵があるということになります。これまでとは違う世界とは、卑近なところでは次元シフトした地球、月のステーション、金星、これらがだいたい身近なもので、遠いところならば無数にあります。

　一つの世界というのは、12感覚で認識することであり、感覚で認識できないものがどこかにあると想定することはできません。世界とは感覚であり、質量性だからです。

　12感覚のすべてが違う位相に移動してしまうと、もうそれまでの世界にはいないことになります。そして12感覚丸ごと移動するのではなく、手がかりとして、このうち一つを自由に活用する。そこから少しずつずるずると全部を移動させるのがもっともスムーズな方法ということになると、ともかく一つのきっかけが重要ということになります。

　この生まれの人は、5ハウスで感覚移動することがきっかけとなります。これまでの世界にあった5ハウスは使わないで、違うものを考えるのです。あるいはこれまでの世界にはあったが隠れていた、ずっと古い時代に忘れられていた。それを引っ張り出してくるということでもよいでしょう。

　歴史的には、リリスはかつては主流であり、しかしある時代が来ると、それは裏に押しやられ、表立っては認められないものとなりました。またリリスは地上化しておらず、気の領域にのみ存在するので、物質の世界を排泄（はいせつ）されたものと考えると、排泄し切っていない、体内にあり、S字結腸あたり

に引っかかって出そうで出てこないものというふうに考えてもよいでしょう。

　全惑星意識という、通常の人の知性よりももう一つ進化した人からすると、気の領域にあるものも、十分に物質的で、対象化できるもので、そういう人からすると、Ｓ字結腸の滞留ではありません。はっきりと物質的なもので、リリスを乗り物として活用することができます。

　5ハウスは子供なので、通常の意味では、自分が産んだ子供がリリスとなります。

　農業占星術ではリリスは花に関係します。花は食用にもならず、つまり実用性がなく、たんに見て楽しむものという考えもあります。リリスは実用的でなく、見て楽しむもの。となると自分の子供は、実用性がなく、趣味を楽しむ、文化を創る、見て楽しむものということになります。

　例えば、モデルの存在は商業効果があるのでリリスではありません。全くお腹がいっぱいにならないものがリリスです。

　そもそも5ハウスは趣味ですが、趣味のことでお金を使う人は無駄だと思っていません。何か他のことでは100円でも無駄にしない人なのに、趣味となるといきなり数百万円使ったりするのです。使う瞬間に気持ちがぱっと解放されます。

　そもそも5ハウスは火の元素の場所で、土の元素に対して90度であり、土を爆発させて火に変える時に開放感を感じる。だから5ハウスでは、お金がぱっとなくなることが楽しいのです。5ハウスは排出です。物質を排出し、等価交換で、気の力を手に入れるので、無駄にお金を使うほど、大きなエネルギーが入ります。

　5ハウスは子供を産み出すことであり、5ハウスのリリスの人は、気のレベルで子供を産んだと考えるとよいでしょう。これはクロウリーがいう月の子供ですが、産まれてきた子供は決して物質にはなりません。しかしそれでも月の領域にはずっといて、そこで育ちます。

　仙道の考えでは、この育った子供に、親はいつか乗り換えます。乗り換えるには、子供が12感覚をすべて揃えておく必要があります。子供から見て確実な世界ができれば、そこに乗り換えることが可能です。最後は子供

を産み出すように、つまり自分をそこに吐き出すようにして移動するということになります。

　５ハウスは失うこと、自分を外に漏らすことですが、漏らす先は子供なのです。たくさんのエネルギーを使い、他の人からすると、全く無駄な無に浪費しているように見える行為は、すべて子供への投資です。他の人には理解できない行動ですが、ひそかにそれを進めていくとよいことになります。

　だらだらごろごろしている人を見て「だらしない」という人もいるかもしれませんが、エネルギーを見えない場所にどんどん供与しているのだと言い訳すると、後ろめたくないかもしれません。

〔6〕6ハウスのリリス

　6ハウスは、理屈としてアセンダントに対して150度の位置にあるもので、それは後天的に訓練したり、努力したりして身につけるものです。また職業に関係しますが、仕事も自然体でできるものではなく、努力の賜物です。要求に合わせて自分を変形、改造するものであり、この無理がたたると、健康を壊しますから、6ハウスは健康にも関係します。

　ここにリリスがあると、リリスは怠慢の結果ではなく、努力してリリスに向かうということになります。

　リリスは月の軌道の中で、地球に最も遠い場所を意味しており、6ハウスが実用性を表し仕事になるものを意味するとしたら、リリスは実用的でないことに努力していることになります。

　私達がこれまでの地球ではなく、もっと違う世界に移動する予定があるとすると、今の地球から見て、少し違う地球に移動するための乗り物としてのリリスを、装置として調整していくことが6ハウスのリリスでもあり、そのために日々努力すること、鍛えることです。

　6ハウスに天王星、海王星、冥王星がある人は、これらの天体が身体を維持することに対しては破壊的に振る舞うという点で、努力した挙句に身体を壊したりするケースが多いのですが、そして身体を壊したことを自慢したりしますが、リリスも少し似ている面はあるでしょう。地球から遠い場所にあるという点で、身体のある部位をメンテナンスしなかった挙句に不調を来すなどもありそうです。

　6ハウスはのんびりしていることではなく、まだ手に入れていないものを練習して手に入れることで、日々休みなく成長します。リリスは月の軌道の中心を明らかにします。それは地球の中心から外れています。もう一つの地球があるとして、この地球は、今の地球とは少しずれているとみなしてみましょう。するとリリスに行くことで、この軸のずれを、違う地球に行くためのバウンド力として利用できるのです。

6ハウスは、もともとは乙女座にも関係し、するとこれは視覚に関係します。リリスを視覚化するということを、6ハウスらしく努力して身につけるのもよいかもしれません。これはヘミシンクとか水晶透視とかが身近です。
　そもそも視覚は思考の投影であり、自分の考えをどこかに見ることを表しますから、考えがこり固まるとそれは映像になります。固く信じているものがあると最後ははっきり見えてしまうのです。信仰があると世界はその通りに動いているように見えるし、天使や悪魔を見たりすることもあるのです。
　6ハウスは練習という意味では、気の身体を作るための訓練、練習を意味します。気の身体は主に呼吸法などで作られることが多いのです。いずれにしても、世の中のためにならない、実用的でないことに努力するとよいのです。

〔7〕7ハウスのリリス

　7ハウスは結婚相手や協力者などですが、同時に、これは本人が赴く環境でもあります。というのも、7ハウスのスタート点であるディセンダントは、サインでは秋分点に似て、それは視覚と触覚で確認する物質的世界のことを意味しています。チャクラではムラダーラ・チャクラです。人は生まれてきて、この世界のどん底、行き止まりまで転落します。着地といってもよいでしょう。

　ところが、ここにリリスがあると、この物質的行き止まりは、地球にある物質的な場所でなく、月の軌道にあり、地球から遠い場所であり、現世のどこにも存在しない未知の、謎の場所です。それは気の世界にのみ存在します。

　7ハウスのリリスの人は、ここを世界のどん底、路地の行き止まりとみなし、そこに至るまでは探索をやめません。地上のどこを探しても、自分が望む場所はありません。そのため夢遊病のように旅をする人もいるし、その場合、人の多い町中でなく、海岸沿いの寂れた場所かもしれません。金子光晴は、暑いアジアの海岸沿いの場所にシンパシーを感じました。しかし基本的に地上には実在しないと考えた方がよいのです。

　また7ハウスは対人関係であり、結婚相手でもありますから、ここではリリス的な人間、つまり社会にはさほど適応していない、社会からすると役立たずの人を好むことも多いでしょう。そういう人が自分に依存することを喜びます。

　リリスは地球の周囲を巡る月の軌道にあり、それでいて乱調子という点で、自立しない人が多いので、「あなたがいないと生きていけない」ということになると、それはあなたからすると楽しく、時にはそれが生きる励みになります。7ハウスということは、リリスを外部的に投影するケースが多いので、このように場所とか相手ということにリリスを託すことが増加し、たいてい自分はリリス的ではないと思い込みます。

　地球はだんだんと進化して、今とは違う地球になるという地球アセンション説がありますが、これは信じられない話です。どう見ても現状においては、地球はいつでも危険に満ちており、不和と戦争が絶えず、これからもっとひ

どいところになる可能性もあります。なぜならそうしたい意志を持つ存在がいるからで、積極的にそうしているのだから、自然にアセンションするなどあり得ないでしょう。

そこで今とは違う別の地球にシフトし、今までの地球、シフトした地球という二つになるという方が納得しやすいものです。しかし、実は、地球は12個あり、シフトした地球とは、つまりは12個のうちに移動していく、というよりも住人がそこに編入されていくだけです。

7ハウスは相手ですから、赤い靴を履いた女の子の歌のように、異人さん、すなわち宇宙人にエスコートされて、もう一つの地球に移動するということも増加します。実際には宇宙人というよりも、向こうの地球に住んでいる人が案内者となって、この地球のあちこちにポータルに出現し、それに気がついた人、つまり移動の準備ができている人が引率されていくと考えるとよいでしょう。これを私は「ヘカテ」と呼びました。異次元的ボディは、私の本では「トゥルパ」、すなわち「分身」という言い方もしました。つまり今までの地球、もう一つ地球というのは、一時的に重なるので、すると身体は二つが重なってしまうのです。

これがタロットカードの「19太陽」のカードのことを示しています。新しい世界に入るというのは1の数字が示すもので、1の数字のバリエーションである「1魔術師」と「10運命の輪」も世界に入ることですが、「19太陽」は新境地の世界です。

5ハウスは主に作ること、7ハウスは形をはっきりと形成することに関係しますから、5ハウスで腹の中に作った子供は、7ハウスではっきり見えるものに変化します。

7ハウスが強いと、いつでも、何か外部的なものに投影しないことには気が済まない人になることが多く、内側にあるものをすべて外に吐き出そうとしますから、やはりリリス、トゥルパ、別地球人、宇宙人などに連れていかれるという光景の方が性に合っています。相手が物質的にはっきり見えるかどうかは、相手の責任ではなく、自分の側の視覚、触覚などがちゃんと制御できているかどうかにかかっています。

〔8〕8ハウスのリリス

　8ハウスは心霊的なことを表すハウスであり、死後の世界との関係も意味します。そもそも8ハウスは蠍座に対応して、支配星の冥王星も地上とは違う世界との接点ということでもあり、また生命的な力を凝縮した結果、人格の壁をはみ出してしまうということなど関係します。圧力が限度を超えて壁が壊れるというのは、異常なことでもあり、8ハウスが示すことにはしばしば異常なことが増加します。

　ここにリリスがあると、心霊的なものが強い恐怖を作り出すこともあります。そもそも恐怖というのは、限度を超える時に感じる気持ちであり、対象が恐怖を与えるというよりも、感じる自分のリアクションとして恐怖が発生するのです。どんな良いことでも限界を超えると、それは恐怖を感じるものです。

　8ハウスは蓄積の挙句に、堤防が壊れるように壁を越えてしまうのですから、しばしば衝撃的なものとなります。とはいえ限界にまでいかないのならば8ハウスは単に集中的で、密室的な性質のハウスでしかありません。

　リリスが8ハウスにあると、まずリリスは地球的性質から離れて、月の軌道の一番遠い所に行くということですから、集中して限界を突破して、そしてリリスの場所に行くという意味になります。そのプロセスで、死と再生のようなドラマを体験することは多いはずで、どういうかたちであれ、大変な体験でしたということになりやすいでしょう。

　8ハウスに天体がある人は、例えばチャネラーのように、異次元にガイドやサポートする人がいて、彼らに助けてもらう、あるいは彼らに依存するというケースも出てきます。この接点を作るために、幼少期から、一度人格クラッシュする体験は前提になるでしょう。扉が開かなければ話もできないわけですから。

　となると、8ハウスのリリスは、リリスに依存する、リリスがガイドになる、守護霊のようになってしまうということもあり得ます。守護霊というのは詳

しく知りませんが、見えないところでその人を守護している霊がいるという意味です。

リリスは地球に対してあまり協力的でないという意味では、地球的感性を逆撫でするわけなので、リリスを映像化しても、普通の人間のようなイメージにはならないでしょう。人間のような形はしないという点でも、人格クラッシュする材料になりそうです。

リリスは天体ではありません。ですから、8ハウスに何一つ天体がないのに、リリスだけがぽつんとあると、自然的にリリスの資質が引き出されることは少ないのではないでしょうか。この場所をトランジット天体が休みなく通過し、何度も何度もそこに意識を向けさせることで、徐々にそこを自覚することになりやすいはずです。しかもそれが自分であるということではなく、何らかの対象、他者的なものとしてです。

7ハウスや8ハウスというのは自分ではなく、相手や環境であるということが多いのです。町を歩いていて、曲がり角の向こう、見えないところに潜んでいるとか、暗闇にいるとか、なかなかすぐには見つけられない場所に何かいるという印象から始まるのかもしれません。

一生リリスには関係しないということでもよいのですが、必要であれば、このリリスを奥から引き出す努力はした方がよいでしょう。リリスに用がある人とは、この地球ではなく違う地球に行きたい、別次元にシフトしたい、あるいは精神的、感情的な面だけでもよいので別世界に自分を置きたいという人であり、このための案内者としてリリスほど適したものはいません。

また8ハウスは継承を意味します。4ハウスは先祖から受け継ぐ場合もあり、2ハウスは身体の中に受け継いだものが潜んでいます。この両方が内輪的なものからの継承ですが、8ハウスは内輪ではなく、外から受け継ぐという違いがあります。とはいえ、4ハウスとは120度、2ハウスとは180度であり、全く無縁のものから受け継ぐのでもありません。

8ハウスの場合には、そもそも8ハウスは蠍座であり、これは生命感覚ですから、何か心理的な圧力感として、押し寄せてくるのであり、この外からやってくる圧力的な印象からして、それは外部から来たものを受け取るとい

うことに感じるのです。8ハウスの関係性はしつこく、継続するものですから、ある時期は関わり、その後は離れたということは少なく、たいていの場合、生まれる前から関係があり、生まれてしばらく時間が経過してから、それが意識に上がってきたということが多いでしょう。

リリスは地上に生きないで空中にとどまるものであり、人がいない場所や人里離れた場所、静かな夜中、世間的にうるさくない時に、リリスは何か渡してくるといえるのと、自分の方から積極的な働きかけをしなくてもよいということです。7ハウスと8ハウスはたいてい受動的で、巻き込まれる、押しつけられるということで何かが始まります。

リリスとの接触を長く続けると、感情の質はどんどん変化します。8ハウスは相手に同調すること、受け入れる感情などを示す場所なので、この受け入れ感情の性質がリリス的になります。ということは、ありきたりのもの、地上的な人に対しての受容性、容認する姿勢が欠けてきます。社会の常識を受容する気がないとかです。気持ちというものは態度に示すことがなくても、すぐに相手に気づかれてしまいますから、適応力に問題ありとされる人もいます。

8ハウスは人格の壁を越える作用があるということで、リリス的な性質に集中して壁を破る、深刻な感情を利用したがる場合もあるでしょう。たいてい多くの人が嫌がる感情を逆行して、限界を突破するというひねくれた行動は、一般的にはあまり好まれないかもしれません。

8ハウスは引きこもり、力を蓄える場所ということでは、リリスが樹の中腹にいて、地上には降りてこないというイメージから、マンションの地上から高い階に引きこもるということもよいかもしれません。地上を這う低周波はマンションの閉鎖された部屋などではカットされることが多く、一般の人や犬には決して健康な状況とはいえないのですが、そもそも生命感覚を地上からでなくリリスから取り込むということならば、アースを切り離すのはむしろ良好ともいえます。

深刻な事態や感情面での破綻などは、すべて肯定的な意味で利用できることを忘れないようにするとよいでしょう。

〔9〕9ハウスのリリス

　9ハウスは旅や教養、思想、学習、また精神が向上することを表しています。どこか遠いところに旅したい気持ちを刺激しますが、つまり、今ここにあるものでなく、もっと遠くにある場所、境地、知識に興味を持つのです。
　そもそも9ハウスは本来、射手座の場所で、これは運動感覚とか筋肉を表します。筋肉はどこかに移動するためのテンションでもあり、いつも今ここから離れて、何か違う場所に、できればできる限り遠くに行きたいという気持ちを示します。思想にしても教養にしてももっと高邁なものに触れたいのです。つまり9ハウスとはいかなる時にも現状では満足せず、高度なもの、進化したもの、未来的なもの、優れたものに興味を持つのです。
　ここからあそこへ、ということが9ハウスの本質的な働きで、ではどこに行きたいのかというと、わかっていません。というのも、わかっているのならば、それは現状そのものだからです。わからないが、かすかな予感に導かれて行きたい。行ってみればわかるのです。
　作家が何か書く時もそういうもので、何が書きたかったか、書き終わってやっと理解できるもので、だからこそ全部書いてから、改めて最初から書き直しをする人が多いのです。
　リリスは月の軌道にあり、地球から最も遠いものなので、今の地球水準のどこを探してもないものを表しています。そしてリリスは過去には知られていたが、ある時代からは忘れられ、抑圧され、不当な扱いを受けるようになりました。それは地球文明が物質主義になってからです。決して表に出てはならず、公認されてはならないと考えられるようになったのです。閉鎖的物質主義になってから、外と行き来できる人格は徹底して排除しないことには政治的支配が達成されません。
　精神世界でもグラウンディングが大切とか、また普通に、地に足をつけることがよいことのようにいわれますが、リリスは一度も大地に足をつけることはないので、地上ではいきおい不完全な人、適応しない人、時には未熟

な人とみなされることがあります。

　9ハウスは常に上昇したがり、今ここにないものを追求し、階段があればどこまでも上がろうとしますから、リリスに対しては好意的です。

　9ハウスは読書などにもおおいに関係し、なかなかマニアックなものを漁ることになります。私は魔術本で、月の子供を作ることや分身としてのトゥルパなどを作ることに関係するような本を探したことがありますが、これらは部数も少なく、初版は安くても、いつの間にかとんでもない高額な本になってしまいます。それでもファンタジー作家などは資料になるので、気にせず購入します。こうしたどこにもなさそうな本を探そうとするのも、9ハウスのリリスの人でしょう。

　リリスに導かれて旅をする場合には、どう見てもガイド本には書かれていないところを模索しようとします。ロンドンは予想以上にオカルト的な場所で、気に入るかもしれません。ロンドンでは幽霊が出る家は人気で、家賃が上がるそうです。

　どこか遠いところにリリスがいてあなたを誘っている。しかしリリスは物質世界には存在しないので、どこかに幻想的に出現するというものになります。9ハウスは未来からの呼びかけであり、追っても追っても手に入らないものということもあり、また手に入らない方がよいということでもあります。知識を求める時に、いつでもメインストリームには行かない。あるいは行ってもすぐに退屈するのです。

　9ハウスは精神の場所ですが、精神というのは繰り返されていくと、やがては感情とか身体にも影響を与えます。つまり最終的に、人はその精神の通りの感性とか感情とか肉体を持つことになるのです。ですから、どこまでも高度なことを追求するのは無益ではありません。

〔10〕 10ハウスのリリス

　10ハウスは現状の集団社会を表します。今後発展するとか、理想を追求するとかではなく、目の前にそのまま存在する、古びて保守的な世界だと考えるとよいでしょう。

　もちろん、これは新陳代謝をするので、やがては滅びていき、違うものに変わるでしょうが、ともかく欠陥があれ、問題が多数残されていても、目の前にある集団社会が10ハウスです。するとこの中でよじ登ろうとして無理なことをする傾向も強まりますから、社会的に力を持つ人というのは、かなりの比率で屈折した人になりやすい面があります。ほとんどの人はこれに不満を持ち、「あれがまずい」とか、「ここはこうするべきだ」とか考えると思います。改革は11ハウスがすることで、10ハウスとは老朽化した建物のようなもので、衰退することがはっきりと運命づけられているとしても、なかなか変えることはありません。

　ここにリリスがあると、その人の社会的な立場がリリス的になるということです。リリスは、かつては創造神的な存在でしたが、物質至上主義の社会では見えないところに押しやられ、裏に隠れたもの、地位のないもの、むしろ底辺的なものと決めつけられましたから、10ハウスの社会的な立場においては、なかなか困った事態になりやすい傾向があります。この立場の人に対して同意するのは同じ人々であり、そうでない現世至上主義の人と関わる場合には、特別な注意が必要です。理由もなく攻撃されるケースもあるからです。

　誰もがリリス的な要素はもっとひそかに活用すると思うのですが、10ハウスは表看板というものであり、職業がリリス的だったり、立場がリリス的になったり、誰が見てもリリス、社会の中でリリスが洋服を着て歩いているようなもので、あの人を見るとリリスがどんなものかわかるといわれることになるので、目立ちすぎるのです。

　一般には、人間はこの地球にしか存在せず、よその宇宙には生き物はい

ません。そして人は死んだらその後何もないと考えています。すると、いつの間にか人は抑圧的で、いつも怒りと攻撃心を溜め込んでいる存在となりますから、休みなく誰かを痛めつけたいと思ったりする人も増えてきます。つまり人間存在はこの限られた世界にしか生きてはいけない、というのは、無意識に存在がとらわれていると感じることになりますから、されたことはし返すという点で、誰かを捕まえたり押さえつけたりしたいということになるのです。このような人々が支配権を握り、このような人が集まったのが現状の地球的10ハウスであり、そして10ハウスのリリスの人は逃げ出せないのです。

今日の社会ではリリスは認められません。ということはこの人は認められないことになりやすいわけです。9ハウスならば隠れてリリス的な内容の書物をひそかに読んで楽しむということも可能ですが、ここではリリスそのものが表看板になった人が立っていることなのです。果たしてそれがどういう意味があるのか考えなくてはなりません。どういう目的で社会の中にリリスを持ち込まなくてはならなかったのか。

おそらく、一般の集団社会から不当な扱いを受けやすいので、意志の通じ合う人々の間で、この社会の中にもう一つの小さな社会を作るのもよいかもしれません。異次元的、心霊的、宇宙的なものを題材にした団体などを作ってみるのもよいでしょうし、ある程度の集団になると、一人が攻撃を受けるわけではないので継続できるのではないでしょうか。

10ハウスは過去の習慣を土台にして、既に残骸化しつつあるものを意味するので、ここで改革とか改善を考えてはならないでしょう。それは11ハウスのする役割であり、10ハウスでは、古いままで続くので、過去の歴史の中で、リリス的な存在が、どういうふうに生きてきたかを参考にしてみるとよいと思います。

この世的でないものを打ち出すだけで、抑圧された人は怒りを持って攻撃し始めることを忘れてはなりません。黙って素通りしないのです。リリスを表看板にする人は、仲間を集めるための広告塔をする役割なのかもしれません。

〔11〕11ハウスのリリス

　11ハウスは未来的なビジョンを意味します。これは過去を意味する2ハウスと90度で対立しています。数字としては2も、11も同じ系統であり、なので同じロゴスの裏表とみなすとよいでしょう。
　10ハウスが保守的で、決して新しく改善はしない社会だとすると、それはやがては死んでいくことが約束されており、反対に11ハウスは未来のビジョンが実現化するように牽引しているのです。10ハウスには牽引力、すなわち志がなく、11ハウスは際立ったテンションがあります。アセンダント、あるいは春分点が世界の入り口で、このエントランスから入場すると、2ハウス側に行くのは、過去から未来へという時間の流れに入ることになります。反対に、11ハウスの側から入ると、未来から過去へという反転した流れの中に参入します。どちらから入るかは好みの問題です。
　未来はまだ手に入れていないのですが、それでも所有物であり、ビジョンがあってもものがないだけ、ゴミ屋敷になりにくく、気分的には爽快です。2ハウスの持ち物は人を所有しますが、未来のビジョンも人を所有し、強烈に支配します。2ハウスと11ハウスは裏と表の関係で、両方所有することは困難ですが、それでも単純でない人は、表と裏の両方持つことができます。
　11ハウスは未来ビジョンですから、ここにリリスがあると、自分の未来はリリスになるということです。すると人生のあらゆることはここに向けて調整されます。行きつく場所がはっきりイメージづけられていると、することなすこと、それに合わせてチューニングできるのです。
　目的もなく生きている人は、このいまだ手に入れていないビジョンがないために、ばらばらになってしまうのです。ビジョンがある人はこのためにどんなことも我慢できます。そのくらい11ハウスは支配力があるのです。
　物質にまみれ、物質的に生きるようになると、振動密度が低くなりますから、未来ビジョンが見えなくなり、活動性も弱まります。
　私達は自分よりも振動が低いものだけを対象化できます。しかし自分より

も振動の高いものは対象化できず、むしろそれに対象化されます。そのため、物質的世界に入ると、物質的でない時に見えていたものも見えなくなり、希望もなくなり、その日暮らししかできなくなります。人は志がないと腐るのです。

リリスのある11ハウスに引き寄せられると、自分はいずれは物質的ではない、気の身体を持つ優れたボディを得るのだというイメージが出てきますから生きる励みにもなるでしょう。

タロットカードの「11力」のカードでは、女性は自分の下半身からライオンを引き離します。すると、未来的なビジョンを思い出す余裕が生まれます。リリスという乗り物を引き寄せ、魚座ではこの乗り物と一体化するか、あるいはそれに乗り離陸します。この未来の乗り物は、月の軌道上の、地球に一番遠い側に置かれており、アイドリング状態で待機しています。また時間の進み方は、本人が調整できるものですから、この乗り物に早く近づくこともできるでしょう。

リリスの生き方が未来ならば、このロードマップに従い、地上生活はあまり生産的でなくなります。月の都市に戻るかぐや姫のようなものなので、地上では結婚もしないという人も出てくるかもしれません。むしろ竹の多い林でのびのびして、植物に囲まれた人生を送ってもよいでしょう。

畜産がベースの西欧社会ではリリスは嫌われ、農耕がベースだった日本ではリリスは好まれます。リリスはオオカミと似ているのです。

11ハウスはそもそも水瓶座の場所であり、水瓶座は嗅覚です。匂いというのはものが分解した時に出てくるもの。ですから11ハウス的、水瓶座的な人は、ものを分解したがります。

粒子は波動に変換できるといいますが、水瓶座、11ハウスは粒子に戻す気がなく、何でも波動に変換しようとします。11ハウスは友人なども意味します。となるとリリス的な友達が増加することであり、これは魂のクラスターの存在やガイドとの交流が増加することです。

ある神仙道では、仙人に変化していく人は、心臓あるいは足が悪くなって引きずるようになり、人づき合いが減るそうですが、足は地上との接点であ

り、この地上との接点がだんだんと虚弱になり、またエーテルレベルでの人づき合いが忙しくなり、気がつくと、地上での対人関係が減ってしまうのです。寂しいと感じるよりも、つき合いが騒がしくうるさいと感じることもあります。

　11ハウスのリリス友達は、宇宙人の研究会などを開いたり、心霊会だったりすることもあるでしょう。

　未来ビジョンを自信を持って大胆に主張するには、やはり力づけになる仲間も多少は必要です。ただでさえリリスは世間的には主張が弱い立場だからです。

〔12〕12ハウスのリリス

　12ハウスはハウスの最後の段階であり、12個のハウスのまとまり、すなわち特定の一つの世界から抜け出すための乗り物を用意する段階です。11ハウスの説明で、リリス的な人は人づき合いが減ると書きましたが、12ハウスではいよいよ、自分の乗り物の完成のために、世間からは離れて、引きこもることが増加します。違う世界に行くための準備している人が、過去に残した世間との交流に時間を使うことは考えにくいのです。

　シュタイナーとズスマンは、魚座を味覚と定義しました。ズスマンは魚は舌そのものであるといいましたが、水の中を泳ぐ魚は、宇宙のエーテルの海の中を泳ぐ宇宙船と考えてみましょう。

　そもそも宇宙船は生き物です。この宇宙船は、一つの生き物の形、動物体として、アストラル体を表しています。エーテル体は植物を借りていますが、これは道路や道、通路、広がる網目であり、このラインに沿って移動するのが宇宙船でありアストラル体なのです。

　魚座の支配星は海王星ですが、これはアストラル体に関係します。それは宇宙の中での夢見を意味しますが、夢見の身体は、具体的には12ハウスで作られると考えるとよいでしょう。11ハウスは水瓶座に関係する場所なので、それは道筋を作り、12ハウスでは乗り物を作るのです。

　ハウスはサインをより具体的に、個人化したものなので、具体的な処理とか作業はサインよりもハウスに出やすいのです。かつて12ハウスは隠遁生活とか、牢獄暮らしとか幽閉などといわれていましたが、フランスのバスチーユ牢獄でも、投獄されるというよりも、のんびりしたい時に、自分の方から入る人が多いという話で、12ハウスの隠遁には積極的な意味が多いのです。自分のリリス的ボディを完成させなくてはならず、とても忙しいのです。

　またいつでも世間から離陸できるように、身ぎれいにして終活をしておくのもよいでしょう。12の数字はタロットカードでは「12 吊られた男」と関連づけられます。吊られた男は、ヤコブの梯子としての宇宙の回線、つまり

エーテルラインにぶら下がり、頭は地上には接触していません。地上に接触するには宇宙船としては死ななくてはならず、また宇宙的な回路の中に再生するには、地上的な意味で死ななくてはならないということもあります。

リリスは樹の中腹にいますから、これは吊られた男とほとんど同じです。もしお金が必要で、そのために意に沿わない仕事などしなくてはならないとすると、まだこの12ハウスでの宇宙船を作る時期が早いので、引きこもりは先延ばしにした方がよいでしょう。

リリスの宇宙船はエーテル物質で作られており、これは金属でなく木で作った船のようです。秋山氏の『Lシフト』では、宇宙船は人体ととても似ていると書いてありますが、実際には、人体は宇宙船であり、ただ地上を移動することしかできない泥船です。リリスの宇宙船は木、特に楠でできています。オプションをつけない入門キットでは、月の軌道の範囲まで飛ぶことができます。その後、一つずつ増強することで、太陽系範囲に、その外にと航行距離が伸びていきます。

宇宙船は空間的にどこかに移動するのではなく、さまざまな世界の振動に同調するというかたちで移動します。だから、どこかに飛ぶというイメージを使う必要はなく、むしろどこかに飛ぶというイメージを使うとリスクが増加します。

ちなみに12ハウス生活とは、じっとして夢を見ているのとあまり違いはありません。12ハウスの後に、次の1ハウスに移動した時が、新しい人生の挑戦になりますが、これは宇宙船が異なる世界に入ったとみなしてもよいのですが、そもそもがリリスの宇宙船なので、改めて世間に入るというのはなかなか考えにくいような気もします。

リリスが12ハウスにある人でも、他に12ハウスに惑星があれば、比率としてはリリスの性質は薄まりますが、それでも12ハウスのカラーはより強まりますから、12ハウス生活のバラエティを増やして、どんどん楽しくしていくのが好ましいといえます。

リリスによって人生の周期のカウントをしていくと、9年、18年、27年、36年、45年、54年、63年、72年、81年などが節目になり、その時に自己

確認をして、そこから次の周期を始めるということになります。これは数字としては、九進法の最も基本的なスタイルでもあり、哲学性、思想性、形而上学的な要素が強い人生になります。そして日食のサロスサイクルも上手く同期してきます。

そもそもハーモニック9は、生まれ変わりの旅をすることを意味していますが、つまりは時空の中を移動する、タロットカードでいえば、「9隠者」のカードのような歩みをしていることになるのです。

世界は12感覚で作られています。世界を認識する手立ては、この12感覚しかありません。そして12感覚一つひとつの振動を少し移動させることは違う世界に行くことです。

占星術の12サインや12ハウスはこの12感覚そのものであることを考えると、12の区画をぐるぐると回りながら、一つずつシフトすることで、12サインは斜めに回転する輪となり、それは飛行機が飛ぶことに等しいのです。

12サインとか12ハウスはそれぞれだいたい25度あたりで完成します。新しい世界に行くのは26度くらいから目標を定めることが多く、12ハウスの中でも最後の5度の段階は飛行機を止めているロックを外す段階です。

12ハウスはその人の使う宇宙船がどんな質のものかを教えるので、植物性質でできた、それでいて固く腐りにくいリリスの宇宙船について、夢の中で、もっと確認してみるとよいでしょう。「12吊られた男」のように、生ハムのように、天井にぶら下げて保管されているかもしれません。

第4章 トランスサタニアン×12サイン

♇ 冥王星の12サイン

♈ 〔1〕牡羊座の冥王星

　富士講の開祖、藤原角行は1541年に生まれ1646年に死去しました。戦乱の終息を待ち望む父母が北斗七星に祈願して授かった子であり、その結果、7歳で北斗七星から宿命を言い渡され、18歳で修行に出たという話があります。
　つまり角行は神仙道でいう謫仙であり、両親の願い通りに北斗七星から降りてきた存在だということになります。このような場合、小さな頃からその事実を自覚するような出来事が起きます。のんびりしていると目的が果たせないからです。
　冥王星が牡羊座に入るのは1577年ですから角行が36歳前後です。角行が生まれた頃、冥王星は水瓶座の15度前後で、これはもう既に物質的な状態から離脱しようとしており、冥王星なので太陽系の外と通信を始める段階を表します。
　水瓶座から牡羊座までの三つのサインは、既に物質的状態から離れて、外につながろうとする段階です。人間は恒星というルーツをはっきりさせていない場合には、首なし存在として浮き草のように生きるしかありませんが、角行は北斗七星による統一化を、冥王星が牡羊座に入った頃からスタートさせたと考えてもよいのではないかと思います。
　江戸時代は、藤原角行が持ち込んだ北斗七星の力が作り出した時代であるとも考えてもよいかもしれません。江戸時代の始まりは1603年で終わりは1868年とされています。スタート時、冥王星は牡牛座にありました。牡羊座の冥王星は1577年くらいからです。1606年から牡牛座ですが、模索が牡

羊座であり、実際に進んでいくのは牡牛座からです。江戸時代は、冥王星が牡牛座から次の牡牛座までの完結したサイクルです。

江戸時代の後のサイクルでの冥王星は牡羊座に1822年くらいから1851年くらいまで在泊しています。この1822年はまだ江戸時代ですが、1823年に、ドイツ人のフィリップ・フランツ・フォン・シーボルトがオランダ商館医として来日し、1825年には江戸幕府は異国船打払令を出しましたが、その後、1828年には、シーボルトは伊能忠敬の日本地図を国外に持ち出そうとしたスパイ嫌疑をかけられました（シーボルト事件）。1829年にシーボルトは日本から離れていますが、江戸幕府はこの冥王星の動きに素早く同調できず、新しい時代の胎動を押さえ込もうとしていたのだと思われます。

地上の組織はそれ自身の強いエゴがあり、新しい冥王星の力は、最初は有害なものだと解釈するのです。

冥王星が牡羊座にある時代はずっと昔です。ですから、今、肉体的に生きている人を対象にすれば、これについては説明する必要はないのですが、しかしその時代の傾向を模範にして、この牡羊座の冥王星の作用を獲得しようとする人はいます。人間の意識は時間と空間の流れに支配されているわけではなく、経験をするために、その乗り物に乗っているだけなのです。

牡羊座の始まりの春分点は12サインがスタートする場所で、これは新しい世界が始まると同時に、母体となるより大きな宇宙とのつながりを切り離すということが起きます。前の宇宙を引きずったままだと、上手くスタートできないのです。

この春分点は『創世記』に当たりますが、しかし『創世記』で神は天と地を作ったという二極化の段階は、牡牛座の段階でもあるので、牡羊座は前の宇宙を切り離しつつ、まだ流動状態であまり確実なものがない状態にいると考えてもよいでしょう。

冥王星は牡羊座の支配星のようであり、この牡羊座の冥王星とは付帯物のない純度の高い冥王星です。冥王星は太陽系の外の影響を持ち込むための乗り物です。

外にあるものを内にという操作は、実は二極化された意識ではなかなか

難しい。というのも二極化すると、主体と客体、自分の側と外にあるものが分離して、この交流がしにくいのです。そこで外にあるものを持ち込むとは、障壁としての二極化を一度解除し、また改めて二極化するということが必要で、ここに形あるのものが崩れ、また形になるとか、一度気絶するという転換が生じます。

　牡羊座も冥王星も、このくっきりと二極化されていない段階、二極化になろうとする手前をさまよっているのだと考えるとよいのではないでしょうか。

　冥王星は太陽系の外にあるメンタル体の乗り物で、メンタル体とはグルジェフのいう人間の持つ七つのセンターの中で高次思考センターに該当しますが、通常の人のほとんどはこの高次思考センターを持ちません。高次な思考はその先には暗闇があるだけで、すべては自分から始まるというものであり、通常の思考は、既に世界は作られており、この中で相対的に比較したり迷ったりする思考力を表しています。高次な思考やメンタル体は太陽系としての世界の外にあり、通常の思考は太陽系の中にあります。

　冥王星を通じて、外からやってきた思考は、常にそこがあらゆるものの始まりであるという点で、それまで継続していた太陽系内の生活の中に大きな波紋を生み出します。必ず何か新しいことが始まってしまうのです。

　牡羊座は自我感覚であり、これは今まで存在していなかった者がこの世界に強引に割り込むことなので、強く主張しないことには消え去ってしまうと感じるから押し出していかざるを得ない感覚です。

　たいていの場合、牡羊座の主張とは根拠のない主張です。そもそも牡羊座の支配星を冥王星にした方がよいと考えたのは、その働きと性質が似ているからです。自分が最初のものである思考を、この環境の中に有無を言わせず押し込む。

　そもそも世界とは概念や思考、ロゴス、イデアなどを物質化させたり映像として見たりすることですが、牡羊座で持ち込んだ思考は、牡牛座の遺伝的な辞書の中にないものかもしれません。その場合には牡牛座の段階で、この世界に入り込むことは断念することになり、山の上に住んで里には降りてこない生活をします。

12サインの最初は春分点であり、牡羊座は『創世記』に関係する部位ですが、時間は順番に流れていくわけではなく、最初から全部あって、自動モーターのようなものがあると自動的に順番に流れていくが、モーターがないのならば、ランダムに好きなところに入り込むことができると考えてみると、太陽系の外の力は12サインのあちこちに入り込む穴があることを見つけ出します。

メンタル体という創始の力が牡羊座の場所でなく、それ以外のサインに入り込むということは、話としてそうとうに矛盾したものに聞こえますが、これは時間が順番に流れていくものであると固く信じているからそう感じるものであり、既にあるものの中に、創始の力が入り込むこともありうるということです。

私が1999年に出会った黒い怪物がその例であり、タロットカードというロゴスの体系を作り出した存在が、冥王星が射手座にある時に入り込んできました。ノストラダムスが預言した時期です。時間を自由に動くノストラダムスからすると、これは預言というよりも旧知の事実ということなのかもしれません。

疲弊した体系に、創始者がやってきて最初の意味と勢いを取り戻させるというのも、これは「自分の前には何もいない唯一無二の」メンタル体の太陽系侵入の事例かもしれません。

12サインのあちこちに開いた穴としては、射手座の9度は、高い階段があり、その上に母親がいるというシーンで、メンタル体は母親というイメージを着てやってくることができるのです。しかしその存在そのものは海王星の既知の記憶にはなかったので、怪物の姿になったのです。

既に存在する体系でありつつ、その創始者の姿はぼんやり母親という定義になりながらも海王星辞書にはないということは、最初に誰が作ったかわからないまま体系が残っているということでしょう。

タロットカードはどこからどう見ても地球人が作ったとは思えない超越的な知恵の体系ですから、それが地球外知性が生み出したものだとすると、どこから始まったのかわからないとなるのは決まっています。そもそも外に出

るツールは、内部にある者が作ることは不可能です。タロットの絵柄はどこから始まったかについては、特定はできるでしょうが、タロットの概念の始まりは不明です。

牡羊座の冥王星は、12サインの途中から侵入してきた太陽系外の影響ではなく、創世記に入ってきたことに大きな特徴があるのです。

冥王星は乗り物であり、冥王星が本体ではありません。冥王星の軌道は、冥王星よりもより実体的です。むしろこれを本体と考えるのがよいでしょう。冥王星はこの中で、一部を特定の時間、空間の中に落とし込んだので、本来の冥王星作用の意味がそこで停滞するか劣化します。

黒ずんだ形骸化したものが冥王星です。人は死んだ時にのみ宇宙の進化に参加できるという考えがありますが、これは主観を取り除くことで初めて宇宙に関与できるという点で、冥王星は冥王星軌道が示すものを邪魔しているともいえます。出生図の冥王星は、いつ停滞したのかを示しているので、そこまで戻れば再起動できるのだという情報を提供するのです。

今の時代、牡羊座の冥王星の人はいませんが、牡羊座の冥王星の人は、後にも先にもないものを根拠なしに作り出し、それを根拠なしに押し出していくことに楽しさを感じるでしょう。地上においてそれを邪魔するものは皆無です。

メンタル体を説明する時にサビアンシンボルを使うのはあまり適切ではないでしょう。サビアンシンボルは象徴であり、ミュトスの表現であり、アストラル体を説明する時には役立ちます。ロゴスとしてのメンタル体を説明するには、単純な自然数がよいのです。ですからここでは「1」という数字が持ち込まれたと考えるとよいでしょう。

私は長々と説明していますが、要するに、「地球に『1』という数字が持ち込まれたのだ」と書けばよいだけの話です。既知の体系ではなく、初めて雲間から光が差し込んできたのです。

♉ 〔2〕牡牛座の冥王星

　江戸時代の始まりは1603年で、冥王星は1606年から牡牛座に入ります。この時期の冥王星が牡羊座に入るのは1577年くらいで、江戸時代は1577年くらいに太陽系に持ち込まれた精神が、牡牛座の段階で、具体的な道筋を発見したということになるわけです。

　そして冥王星の力は一方的でそれを妨害するものはないのですが、特に牡牛座の強制的な力というのは、1度から5度までに強く働きます。山の上から下界に落ちる勢いですから、圧倒的力強さがあるのです。

　この牡羊座から持ち込まれたものは、反対の秋分点でどん底まで行き着き、そこで完成し、今度はそこからどうやって抜け出すかということを考えることにもなります。つまり、どんな時代、どんな組織、どんな形あるものも、その半分の段階で心が離れていくものなのです。脱出する船は魚座で用意します。

　牡牛座は思考感覚を表しており、乙女座の視覚、山羊座の均衡感覚とセットになって、目に見える確実な世界を作り出すのですが、この目に見える確実な世界というのは、そもそも思考のかたちによって形成されます。

　私達が見ているこの世界は、私達の思考を見ていると考えるとよいのです。最初、世界は無形であり、あらゆるものが流動的で、水と空気、大地と空も区別がなく、つまり分類されていませんでした。その段階から、水と空気は違う大地と空は違うというふうにくっきりと識別できるようになるのは、思考によってです。とはいえ、その前に水、空気、大地、空という定義も一つひとつ思考として決めなくてはなりません。

　原子というアイデアを思いつくと、その日から、原子が生まれてきたように、世界の諸々の要素は、すべてまず思考で編み出さなくてはならないのです。原子というアイデアを思いつくとその日から原子ができて、原子は疑いようのないものとして認められたというのは、原子という思考の型を、多くの人が精神の中に刻印したということです。目の前に原子を見るのでなく、

自分の目に原子映像がプリントされてしまい、どこを見ても蚊が飛んでいるように原子が飛んでいるのです。一度分類されてしまうと、もうその分類から逃れることはできません。

　思考によって定義されたものは乙女座の協力で視覚で確認できるようになります。考えの中にないものを私達は視覚的に認識できません。といっても、ここで世界が流動的であり、そこから昼や夜が生まれ、大地があり海がありという区別が発生したのは太古の時代であり、私達は幼児期に、この過去に形成された牡牛座の思考が記述された書物を学んでいきます。そのことで漠然とした世界が、だんだんとくっきりして、空があり地があるなどを少しずつ認識するのです。

　牡牛座の書物は極めて根源的で、個人が持つ思考ではなく、もっと集団的な大まかな思考であることに違いはありません。人間は手足と首が五つあり、これは地上に星のマークが示すような存在として生きるのだというようなものはほとんどの人に共有された思考です。

　そもそも思考というのは、個人が持つものではないのです。このことを理解するのは難しいかもしれませんが、個人が個人的に思考したり考えたりすることは可能なことではありません。それらは既にあるものに注目しただけで、その間は他のものを見ていないということにもなります。これは「自分だけが考えたのだ」といえるものはなく、個人として考えたのだというのは、コンビニである商品に目をつけたという程度の話なのです。

　冥王星は新しい意図が太陽系の中に持ち込まれたことを表しますから、牡牛座の根源的な思考体系の書物のどれかを改めて注目することであり、既にあるものをリニューアルしたり、その原点に戻ったり、掘り起こすことになります。

　人間は本能が失われているといわれていますが、これはあり得ない話です。私達の脳の表層に生きる人は、あたかも本能が失われているように思われますが、しかし食事もするし睡眠もするし、猿が飛びかかってくると避けようとします。これらは脳の古い部分にプリントされた思考であり、牡牛座の書物は掘り下げていくと、この根底的な思考というものに行き着きます。

冥王星が持ち込むものは、自分よりも先に何もないもの、自分が創始であることという性質のメンタル体の力ですから、メンタル体が牡牛座の書物を読むと、必ずそれは最も根底部分を読むことになります。むしろその思考の創始者であることをそこで思い出すのです。創始者のみがそれを書き換えることができます。他の人はそれを使うだけなのです。

　私は最近夢を見て、自分の父親の墓が青山通りの曲がり角に、巨大なモニュメントのように置かれているのを発見しました。墓標というのは、エーテル体のレベルでエネルギーの流れが変わっていく時の印です。曲がり角90度のところに置かれた墓標は、一つの文字であり、これが交差する縦と横のエネルギーの流れの結び目、転回点、変換する時の特徴であり、基本文字であり、そもそもエーテル体の線が結ばれる交点にある文字とはメンタル体のロゴスのことです。

　その後、夢の続きでは、琥珀のように白い顔の若い女性の死者が「ごめんなさい、やり直します」といって、別の曲がり角にある彼女の墓の位置調整をしました。つまり父親の墓の位置に合わせて、彼女の曲がり角も微調整したのです。

　アーキタイプは6個ですが、立方体の箱では六つの壁があり、これがアーキタイプです。父親と若い女性は、私のオールドワイズマンとアニマですが、アーキタイプの壁の一つの端には三つのラインが交差しています。この交差した場所に文字があるというより、交差した場所が文字なのです。

　そもそも私達が物質的に生まれてきた時、物質というのは振動密度が低いので、それまでのエーテル体、アストラル体の速度にはとうてい追いつかず、物質的に生きる時には、このエーテル体、アストラル体を再現したり、思い出したりすることしかできません。物質界に生まれてきた段階で私達は過去であり、ここで何か新しいことをしたり、前進したり、進化したりすることは不可能なのです。レーシングカーを止めて車を点検します。死んだ時またレーシングカーは走り始めると考えるとよいでしょう。

　ホロスコープとは、エーテル界やアストラル界を死んだ時の図で、これを見て、生前の自分を思い出し、ぎりぎりまでそれを再現することに努力する

必要があります。

　シュタイナーは生きている間に霊界を見つけ出さないと、死後は決してそれとつながらないといいましたが、つまり生きている間にエーテル体、アストラル体などを思い出さないと、死んだ時に迷子のまま取り残されて、それ以後消滅してしまうのです。ホロスコープとは墓標であると考えてもよく、それは待ち合わせの場所なのです。

　墓標として上位エーテル界の文字の印が立つと、世界のあらゆるエネルギーはこれに沿って動いていくことになります。メンタル界は根本的に創造力を持ちますが、これはこのロゴスに沿ってあらゆるものが流れていくようになるからで、墓標は一度定義するとそれを動かすのは大変に難しいことなのですが、牡牛座の冥王星は、その墓標についた苔を取り払ったり、少し改良したりすることができるのではないかと思います。

　牡牛座は固定的に定義され、あらゆるものはその線に沿って展開されていき、例外は存在しないと考えるとよいのですが、牡牛座の人が、この書物をじっと持つ女教皇になってしまう可能性はあります。それは深い本能の辞書かもしれません。

　この書物は身体では松果腺の周辺に置かれ、ミラーサイトとして胸や腰などにも反映されます。タロットカードの絵柄では腰に置かれています。

　私がこの脳の書物を刺激した時には、とても深い感情が刺激され、また日本の旧家に関しての情報が引き出されました。『先代旧事本紀大成経（せんだいくじほんきたいせいきょう）』などを読むと、この部分が明らかに刺激されます。たいてい深い記憶というものは、表層的な脳しか使わない現代では、偽書扱いになります。つまりその起源が現代的脳では、どこをどうひっくり返しても見つけられないからです。

　牡牛座の冥王星が古い書物をじっと持つ役割になると、女教皇のように行動したりすることができなくなり、道のリファレンスとして、じっとしていなくてはならないと思うかもしれません。

　例えば、睡眠でも深く眠ると、その人は回復しますが、そのように深い意識というものには根本的に安らぎとか安定感があります。牡牛座は確実で動かない、揺るがない。それは私が夢で見た墓石のようです。

あらゆる人や車が、この曲がり角で曲がり、そして墓標の記号によって、その縦筋と横筋の交差の交わりのスタイルを使うのです。根源文字です。このことに興味がある人は、牡牛座の冥王星に関心を持つとよいでしょう。

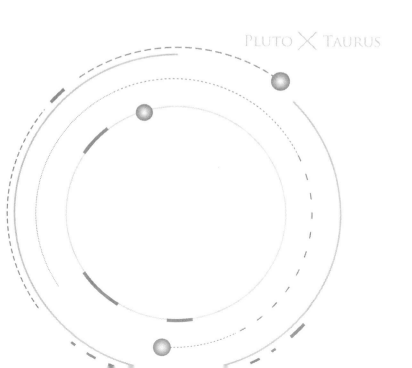

♊〔3〕双子座の冥王星

　冥王星が双子座にあったのは1882年くらいから1912年くらいまででした。双子座は言語感覚で、また風・柔軟のサインであり、思考を砕いて細かい言葉の表現に変えていきます。これは牡牛座で発生した思考をより細密化させたものであり、応用的に思いついたことをどんどん生み出していきます。
　その意味ではタロットカードの「3女帝」のカードと、3という数字のロゴスにおいて共通しています。女帝は休みなく思いつき生み出しているのです。
　冥王星が牡羊座の始まりという外の宇宙との扉の場所から持ち込んだ太陽系外エネルギーを、12サインの中に次々と展開していく時に、双子座の段階では、バラエティある応用的なもの、面白いものをたくさん増やすということです。
　世の中にはさまざまな分野のものがあり、バラエティはもちろんありますが、これらに冥王星の作用を新たに持ち込むと、新しい分野とか定義などが生まれてくることになります。あるいは既にあるものならば、そこに底力を改めてチャージして活入れします。
　「3女帝」に計画性がないように、ここでは計画性なしに思いついたものを次々と生み出します。双子座には統一性や真の意味を求めるという性質はありません。結果として、かなりおかしなことになることもあり、おかしなことになるのを楽しんでいます。また古い常識とか通念を転覆させるのも大好きです。冥王星はどの惑星よりも強く強引なので、これについて遠慮はないし、古いもので邪魔なものがあれば、迷わず壊していくことになります。
　冥王星が反映しているメンタル体や高次な思考には相対性がありません。つまり、他のものと兼ね合いを考えながら開発・展開するという姿勢はなく、一方的に発展させていきます。
　例えば、理論を追及して、その結果、原爆を作って悲惨なことになったとしても、平和と統合を求める気持ちは次の蟹座の段階の感情です。双子

座においては、知性の細密化、風のサイン特有の、気持ちよりも理論を追求していくという姿勢から発生したもので、双子座としては悪いことはしていないのです。

　テレビのマスコミで、根掘り葉掘り追求して報道した結果、当事者に不幸が発生したとしても、マスコミは自粛(じしゅく)する気はないでしょう。それは双子座的には真面目に仕事しているということなのです。

　冥王星の場合には、その先には誰もいない暗闇があるということで、このやり方が徹底しているということなのです。小さな枠に収まるのでなく、他を壊しても、双子座性質を拡張します。

　数字のロゴスとしては3であり、双子座というよりも、3の数字を強調したと考えた方がより真実に近いでしょう。3は創造の数字です。創造は数が増えること、つまり分割が進むことで、分裂が深まるということにもなります。

　双子座の風・柔軟サインは休みない分岐をして、分割の果てに源流的な意味と切り離される段階があり、これが「失われていく」という感覚を生み出します。旅をして戻り路がなくなったとか、迷子になり、故郷を失ったなどという感覚です。そして双子座の人の感情はそのことに喜びを感じます。冥王星ですから根底的な喪失感を生み出します。双子座に冥王星があるということは、そうしたものに根底的な満足感を感じることにもなります。

　例えば、自分が危険になると感じる場所に、わざと向かったりすることもあります。

　私達は何か体験する時に、既に存在する鋳型、神話元型的スタイル、ミュトスの記述に従属して行動します。それ以外のところでは感じたり思ったりできないのです。これが牡牛座の書物の記述をトレースしていることです。

　双子座は、この牡牛座の記述の細分化、バリエーションを作ることですから、しばしば例外的な要素をつけ加えようとします。矛盾、転倒、反抗、無意味な要素が加わることで、ミュトスは、次第に複雑な話になっていくのです。もともとのリファレンスにない記述を展開してしまうと、心の中にその既知の記憶がないために、心細い気持ち、特に痛みのあるものに向かっていることになります。

双子座の根本的な衝動として転覆させるというのがありますが、これは牡牛座の書物に対する転覆ともいえず、細かいところでの転覆です。本筋から離れて、戻り路がわからなくなった段階で、蟹座は救済をしていくのですが、蟹座がやってこないことにはどうにもならない状態にまでいくのです。
　ブルース・モーエンの本を読むと、最終的には統合化されたものに戻らず、暗闇の中に消滅していく存在もあると書かれています。これは理屈としては実は理解できない話です。宇宙は無と無限に挟まれて、そこから先には行けなくなっています。しかし、消滅する人というのは、無限に吸い込まれていくという意味です。無限は無の裏側なので、消滅するように見えて、無意識的には、源流の無に回帰していることですが、しかし自我はそのことに自覚はありません。
　神に回帰したが、本人はそのことを知らないという意味です。とはいえ、無限に吸い込まれたのならば、それは永遠の消耗であり、本人という結晶は解体しています。双子座にはこうしたことに対して興味があり、死んだ後、永遠に存在しなくなるということにロマンを感じてしまう人もいます。消えてなくなりたいというのは疲れてしまったからでしょうし、疲れるのは分割の果てに、神経が混乱した結果です。疲れを癒すというのは、一度原点に戻ろうということでもありますが、無の方向に戻らず、無限の方向に向かうことで、裏返って無に戻るのは、この私というスタイルそのものにもう飽きているということです。
　「探さないでください」という言葉は、探してほしいという依存心が裏にある言葉ですが、本当に探してほしくない人は静かに黙って姿を消すでしょう。文学での失われた世代、ロスト・ジェネレーションはアメリカで1920年代から1930年代に活躍した小説家を示していますが、この双子座冥王星世代が成人した段階で作られたムーブメントです。
　地球を重くしていこうとする勢力は、シュタイナー式にいうとアーリマンの力ですが、双子座冥王星世代は、そのことに同意する人も多いのではないでしょうか。
　地球を天国に一番近い島ではなく、天国に一番遠い暗がりにしようとして

いるのです。それを成敗する存在などいません。なぜならこれも双子座の正当な衝動です。

ここまで説明したのは双子座の極端な例であり、たいていの場合、言葉を使うことに徹底した姿勢を見せるということです。言葉は知識でもあり、情報でもあります。

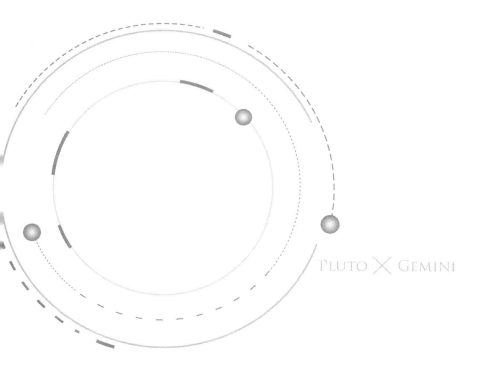

♋〔4〕蟹座の冥王星

　1912年くらいから1937年くらいまでが蟹座だったので、これは第二次世界大戦が始まる前までの時代です。

　蟹座が共同体とか民族の集合体のような意味だとすると、これまでの古い民族、共同体に対して冥王星は穴を開けたり壊したりします。蟹座の集団性は階層があり、上に小さなファミリー、下にだんだん大きくなるファミリーが重なります。ですから、冥王星が蟹座の共同体に穴を開けると、それはより下層の大きなファミリーに拡大していくことを示しています。

　日本は先の大戦で敗戦しました。折口信夫はこれを日本の神々の敗北といいました。むしろ敗北した方がよかったのです。なぜなら、日本というローカライズされたところでの神も、もともとのより大きな源流に回帰できるからです。

　冥王星が持ち込むものはメンタル界の力。これは神話元型、神々を作り出す元のロゴスです。神話元型はロゴスという骨の周りに取り巻いた肉です。そのためメンタル体の力が改めて強まると、小さな蟹座を壊して、より大きな蟹座に、神々は本来の祖型的な神々に戻るのです。ただし、ここでは日本の神々はいなくなってしまい、太陽系レベルの神々へと先祖返りします。神話元型は、世界中で似たようなものがあちこちにあることは知られていますが、そもそも神話元型としてのアストラル体は、非局在的なものであり、日本にだけ存在するものなどありはしないのです。

　蟹座の冥王星の時代には、このより大きな蟹座を引き出すために、蟹座を壊したのであり、それはしばしば伝統の破壊ということでもあります。日本という島国でまとまった特有の日本民族はもともとの日本の姿からは大きく異なっており、時間をかけて、もともとのものを取り戻すとよいのです。しかし冥王星が蟹座に種を植えてしまうと、これを支点にして、他のサインも同じサイズに全部調整しなくてはなりません。

　蟹座というテーマそのものでは、次に冥王星が蟹座に来るまでというくら

い時間がかかります。冥王星の公転周期が250年弱だとすると、蟹座改革の完了時期は、つまり新しい12感覚バランスを取るのはこのくらいかかるということです。1912年からスタートしたとすると、これに250年くらい足すと2162年です。冥王星が蟹座に落とした爆弾の効果はこの時期になってやっと多くの人にわかったといわれるのです。

　蟹座は聴覚です。音楽で考えると、一つのメロディは、どんなに調を変えても、同じメロディと認識できます。これは人間が音のベースが可変しても、それについていき、音の中に作られた独立した構造を理解することができるからです。

　蟹座の共感力とは、このように形とか場所が変わっても、そこに同じ気持ち、意志、表現を聞き取るということです。バッハの音楽を聴いて、どこの国の人も同じメッセージを受け取ります。蟹座が示す民族性は、姿形が変わっても、その形には振り回されず、気持ちの深いところで共感し、ファミリーになるという意味です。

　冥王星の蟹座は、この聴覚能力をもっと押し広げていき、もっと広範な理解力、共感力というものを手に入れることでもあります。蟹座の民族性は太陽系の範囲を超えていくので、遠くの音を聞き取るかのように、遠くの仲間のメッセージを音なき音で聴覚的に受け取ります。この萌芽は戦前から始まったのだと考えるとよいでしょう。

　1945年以後、原爆実験などによる危機を心配して、多数の宇宙人がボランティアとして地球に生まれてくるという計画が持ち上がったといいます。内部から波動を上げていこうという運動です。ですが、これは太陽系範囲の、あるいは太陽系を超えてのファミリーを作り出すことに貢献します。というのもボランティア宇宙人は同族ばかり、遠い親戚関係の人ばかりなのです。家が危ないと聞いてパナマにいた叔父さんが戻ってきたというような話です。

　私はある時、人間とは歌なのだという夢を見ました。一つの基本の歌は、次の歌を作り出し、いくつかの歌が直立していました。まさに蟹座そのものを表しています。この体は、120度の魚座で完成します。独立した歌の体、アストラル体が結晶化して、春分点から外宇宙に飛び出します。歌の体の

内部の密度を上げるのは蠍座です。
　蟹座の聴覚性、音楽性は、牡牛座と60度ですから、牡牛座の記述に忠実な歌のボディであり、これは蟹座の180度反対側にある山羊座で物質化し、乙女座で目に見えてきます。蟹座は物質の超越であり、ものではなく歌に回帰することですから、蟹座冥王星の時代には、この歌の最も根底的な姿をはっきりさせ、夾雑物、ノイズなどを取り除くことになるでしょう。オーディオ装置でいえば妙なひずみは入らないのです。

♌〔5〕獅子座の冥王星

　冥王星が獅子座に入ったのは1937年くらいです。太陽系の外からの力を持ち込んだ時、このメンタル体の力は、獅子座をリニューアルし、これまでの獅子座的な表現を持っていた分野に、メンタル体の創始の力、本当の意味での創造力、底力を与えます。それは余計なものを払いのけて、なりふり構わず獅子座の力を発揮することにも通じ、一方的でわがままな、人の話を聞かない人をたくさん作り出します。見ていると笑いを誘うような豪快な人もたくさん出てきます。

　獅子座は熱感覚を表します。火・固定サインですから、継続する熱感覚であり、恒星を熱源にするならば、文字通り永遠の火ということになるでしょう。

　恒星にはそれぞれ個性というものがあります。実は、個性というのはアストラル体の表現であり、恒星の個性とは、その芯にあるロゴスのことを意味しています。このロゴスを果てしなく永遠性を感じさせるように表現していくというのが、理想の獅子座です。

　獅子座表現を根底から見直すという点では、これまで過去から続いてきた獅子座的創造的な行為のスタイルを一度壊してしまい、生々しく強烈に作り直すという点で、サイケデリックアートとか、暗黒舞踏などは、獅子座冥王星世代らしいやり方です。そもそもメンタル体は、重く暗い場所の中で一人輝り、光は自分で作り出すということで、穏やかな表現としては、「掃き溜めに鶴」ということでしょう。

　手本がないところで、何か作り出していくという行為は、受動的な人からすると耐え切れない負担ですが、獅子座冥王星の人からすると、むしろ楽しくてしようがないのです。そして圧力を押しのけて自分の熱感覚を押し出しずっと継続する。仲間は求めてはならないが、称賛する観客は欲しいところです。しかし叩かれるのも実は称賛の同義語ですから、SNSで炎上しても、それはファンが増えたと解釈するべきでしょう。

獅子座は30度もあり30種類のバリエーションがあります。獅子座冥王星の世代だけでなく、ハウスサビアンとして計算すれば、5ハウスに近い冥王星の人は、細かい表現の形は判明します。しかし、ここではあくまでメンタル体のロゴスという点から、大雑把に自分のメンタル体は5の数字のロゴスで機能していると考えるとよいでしょう。

　タロットカードでいえば「5法皇」のカードです。批判されても反省する必要などないことがほとんどです。というのも批判は、たんに批判する人の好みに合っていないというだけの話だからです。

　表現したい時に、学校で習ったり、お手本を考えたりするということは少ないです。自分から発散する行為を繰り返す中で、慣れて洗練させる必要があります。獅子座は驚くほど受容性がないのです。

　獅子座は思い込み、主観性のサインに思われています。しかし冥王星の真の力に至ると、この主観性も思い込みもなくなってしまいます。世の中では、思い込みでないし主観的でもないというのは、多くの人の意見を取り入れて、平均的なところで表現していくということであり、社会的に思い込みで主観的なものに見えるものは、実は、宇宙的にはその反対であるということは多いのです。

　しかし獅子座冥王星の人は、どこかで自分は思い込み、主観性であるかもしれないという危惧を抱いています。これは冥王星の力を根底から発揮していないことから来ています。冥王星は中途半端でないのに、これを受け止め切れず、生き方が中途半端になっています。いろいろな危機を体験する都度、冥王星の力は磨かれ、表面化してきます。特に波乱の人生ということを体験すると、より冥王星は純粋化していくでしょう。

　メンタル体の力は燃え尽きれば燃え尽きるほど、よりむき出しになってきます。燃え尽きるとはまるで野焼きのようなものです。むしろ冥王星の力を引き出すためには、窮地に陥り、燃え尽き、限界に来る体験を何度もした方がよいのではないでしょうか。余計なものが脱落することで、コアになる場所に行き着くことができるからです。

♍〔6〕乙女座の冥王星

　乙女座は視覚を表します。視覚はよく勘違いする、というのも見たものの中で考え事をしてしまうからだというのがズスマンの説明ですが、そもそも視覚映像は思考を映し出したものです。知らないものを認識することができないということはよくいわれることで、江戸の町の人々は黒船を視覚的に認識できなかったといいます。乱雑な模様の中に、明確な何かの形を見てしまうのも思考の投影です。

　メンタル体、あるいは高次思考は、世界を作る原初の思考を作り出します。この根源的な思考を乙女座は視覚化していくのですから、冥王星が太陽系の外から持ち込んだ根源的な思考内容は、太陽系の中でいつも慣れ親しんだ映像ではない姿を借りて登場してきます。

　海王星ならば、太陽系の中の既知の記憶であり、また神話元型的なイメージとして認識されていくので、現実離れはしているが、古い時代からずっと知られている馴染みやすい印象に変換できるのですが、冥王星が持ち込むものはメンタル界のロゴスとしての新しい力なので、なかなか通常の象徴的なイメージとしては受け取りづらいものが多くなるのではないでしょうか。

　解釈しづらいもの、気持ちを動揺させるものがやってきた時、多くのケースでは遮蔽記憶とか隠蔽記憶に置き換えられるといいます。

　新宿の朝日カルチャーセンターで教えていた頃、駅からカルチャーセンターに至るまでの長い通路を歩いていると、目の前にカラスが飛んで来て私に衝突しそうになったので、思わずしゃがんでしまいましたが、直後にどこを見回してもカラスはいませんでした。カラスという姿はアストラル領域のイメージとして海王星辞書の中にあります。しかしカラスが飛んできたのでなく、何か違うものが飛んできたのですが、それに当てはめるものがない時、遮蔽記憶として、似た違うものを張りつけます。

　思考内容が飛び込んで、これが映像として視覚に投射されたのだとしたら、このカラスという姿から、その思考の内容を推理することも一部は可能

です。それが日常になく、異物として入ってきたのならば、それは冥王星が持ち込んだものです。

　メンタル体は記号とか文字としてのもので、それに洋服を着せたようにイメージ化するのがアストラル体です。カラスあるいはカラスに代用するしかなかった記号というものをここで考えるとよいことになります。しかし、いずれにしても、ここで新しいもの、あるいは異質なものが打ち込まれたので、生活に変化が発生していくのは明らかです。メンタル体はすべてのコアなので、そこで新しい活力が持ち込まれると、それ以下の下部構造に再構築が生じます。実は、このカラスの姿を借りてやってきたものを消化しないままに放置しておくと、やがては生活全体、人生全体が崩れていくでしょう。

　冥王星乙女座の人は、根底的な意志を映像的なものとして認識するということです。そして冥王星なので、日常の中にある思考を映像化するのでなく、常に異質なものを映像化するのです。

　乙女座の10度には「影の向こうを覗く二つの頭」というサビアンシンボルがありますが、視覚は陰影を明確にするので、何でも光と影に分けてしまい、既知の光の側だけを認識するということは説明しました。つまり、冥王星の影響を視覚的に見てしまうと、どういう時でも、必ずそこには、一つの映像と、その裏側の影の映像の二重像ができてしまうということです。あるいは何かが出てきた時、その裏にあるものが伝えたい真の内容だということです。

　乙女座は部分化し、この特定の部分だけにフォーカスするのが本性だということでいえば、そして冥王星は日常的な表では受け入れがたいもの、すなわち外のものを持ち込むのだとすると、常に裏映像に真実があります。

　しばしば乙女座は物質的で、白黒はっきりしたものしか認めないと考えられていますが、逆に白黒はっきりつけているからこそ、くっきりと影を認識するということもしやすいということです。拒否するもの、否定するもの、常にそこに真実があるという具合にです。人間として部分化された存在は不利に見えますが、この影を注視することができたら、むしろ誰よりも有利です。つまりスイッチ切り替え装置がついています。このように考えれば、見

た目がすべてと言い切ってもよいのかもしれません。美を見た時、それは実は醜を見ていることでもあります。

　冥王星が持ち込むものは異質なもの、新奇なものなので、それに対してほとんどのケースでは、まずは心が抵抗し、恐怖を感じることが多いでしょう。私は、乙女座冥王星の世代の人は常に恐れを抱え込んでいるように見えます。本人はこのことに気がついていません。

　例えば、ちゃんとしたい、几帳面にしたいと思うのは、影に対する警戒心の現れです。真面目できちんとした人ほど恐れているのです。この姿勢そのものが、果たして外にあるものを拒否しているのか、歓迎しているのかわからないなとよく思います。人間を本人の主張の部分で見ないで、全体像として見た時、固い几帳面な人を見ると、その姿勢そのものが影をウエルカムしてるように見えてしまうのです。実際、影は歓迎されていると思い、拒否的な人にこそ近づきます。

　ブルース・モーエンは、防衛は必ず打ち破られるといいました。防衛の印を出すと、印を出していないところより、そこに影は寄ってきます。守護の五角形が表示されていると、それを歓迎と読んでしまいます。

　全員が裏表を使う達人になるとよいのですが、単純な人は、たんに硬い人になってしまうのです。太陽系の外にあるものを映像化として見るということは、常に見間違いすることが大切です。私がカラスを見たようにです。

　異質な思考を視覚的に投影することを警戒する人は、見間違いしないように気をつけています。目の中に異物を入らせないように監視しています。しかし冥王星が持ち込むものは常に異物なので、強引に、カラスが飛び込むように、見間違いを利用していきますから、見間違いしないように気をつけている人ほど、盲点は拡大するでしょう。目の錯覚の使用法というマニュアルを書いた方がよいかもしれません。

　私はずっと昔、写真を使った分析講座をしていました。参加者はカメラを持って町の光景を撮影します。その写真を9枚並べて、リーディング会を開きます。この時、地面の水溜りシリーズとか、壁の染みシリーズという具合に統一的に写真を撮影しているイラストレーターの人もいましたが、この

人は乙女座冥王星世代の人でした。

　冥王星が持ち込むものは、通常のイメージに落とし込みにくいので、いっそのこと、壁の染み、雲、水溜りなどが適しているのではないでしょうか。それが海王星に、次に天王星に受け渡された時、それは私達の実生活を傷つけます。そもそもそれを意識化しようとして、わざと水溜りとか壁の染みを選ぶのです。

　乙女座は視覚を表し、乙女座冥王星は、視覚を通じて外宇宙的な力を持ち込みます。ということは、この人は視覚についてその表と裏の関係を知り抜き、映像に関して、徹底して注意深くしていくことが望まれます。裏を含んだ上で、見た目がすべてです。

♎ 〔7〕天秤座の冥王星

　天秤座冥王星の人は、外宇宙の影響が入ってくる時、あるいは外に出て外宇宙の恒星を探索する時、感覚としては触覚で受け止めることが多くなるということです。

　目を開いて、触覚を感じる時には、私達は自分の身体の物質的輪郭を意識して、外界にあるものを手で触れたり身体に当たったりすることで確認しますが、目をつぶったまま、例えば1時間くらいそのまま静止していると、触覚の輪郭は、物質的身体の輪郭から拡大していき、自分の身体がどこにあるのかわからなくなります。

　身体は振動密度の高いものから、火、空気、水、植物、鉱物、金属と含んでいて、そのことで、固定的輪郭を持っているように思いますが、それはもっぱら私達が鉱物のレベルまでを感じているからです。その底辺部分にはあまり構わず、上位のボディの方を触覚で確かめてみると、自分のボディは宇宙的なサイズを持っており、冥王星はメンタル界に照応するという点では、恒星、太陽の輪郭サイズを触ることができます。

　サン＝テグジュペリは飛行機のサイズまで自分の触覚を広げましたが、太陽系全体を自分の身体として感じて、そこで起こることのすべてを触覚的に感じ取ることも可能なのです。

　ヘミシンクでは身体感覚を惑星、太陽系と拡大していくメソッドがありますが、実際に、冥王星が天秤座にある人ならば、銀河サイズくらいまで触覚を拡大してみるとよいでしょう。私達は宇宙にあるすべての要素を持っているので、身体のサイズを視覚的に意識して、それに自分を重ねれば触覚は身体サイズに止まりますが、広げようと思えばいくらでも広がるのです。

　ズスマンは、天秤座の触覚によって、人は宇宙から追放されたことを知ると書いていますが、実際には目をつぶると、宇宙から追放された私ではなく、宇宙そのものである私を知るのです。

　毎日、太陽系の惑星に触ったり、太陽系の外の恒星を触ったりしていると、

等身大の自分の触覚があやふやになって、ときどき誰かがぶつかってきてもわからなくなることはあります。身体に近いサイズの触覚と、拡大された触覚を切り替える必要はあるでしょう。

　または触覚を通じて確認したことをもとにして、宇宙マップを作ってもよいのではないでしょうか。メンタル界、恒星領域においては、人の形をしていたり、都市があったり、乗り物があったりというものはなく、触覚で確認する時にもロゴスに触れるということになります。これは図形を直接認識するというような印象です。

　例えばタロットカードは1枚が数字のロゴスの表現であり、カードの1枚の本質に触ったという感じかもしれません。天秤座の支配星は金星で、それは受け止める、受容するという性質であり、また喜びを意味しますから、触る快感、触られる快感というものが感じられます。恒星探索した時にも、それに触った時の喜びというものをより実感的に受け止めることができます。

　私はよく「蛇の触覚はどんなものだろうか」と想像することがあります。あの長い身体が、棒に巻きつくとして、するとあちこちの場所で棒を感じる。そしてこの複数の接点のようなもので棒の形を認識するのです。身体のすべての部位が手や足のように外界のものを認識する。それらをまとめていくのは、人間にはまだ馴染めない作業ではないかと思います。

　しかし人間も手や足だけでなく、身体のあちこちに触覚が備わり、ただそれらをトータルに扱えず、一部だけ取り上げてそれ以外は忘れてしまっています。これは天秤座の手前にある乙女座の部分強調という性質をまだ引きずっているからかもしれません。

　確かに、次に蠍座になると、もう乙女座の部分アクセスという要素はあらかた終わっていて、触覚というよりも生命感覚全体として認識するということに変化しています。つまり天秤座は視覚と生命感覚の間にある過渡的なものです。すべての触覚要素を同時に意識すると、乙女座の部分認識ということから離れていくのかもしれません。

　蛇のように多角的にセンサーを使うことから始めて、髪の毛の先までセンサーに使い、次第に、呼吸で吐き出されている空気も自分の身体の一部に

なりということをエスカレートさせていきます。冥王星は表にない、裏側の意識も刺激しますから、すると触覚は果てしない拡大をすることになります。オーラにも触覚があることを思い出すとよいでしょう。背後の50m先で、何かが起きていることを察知する。天秤座冥王星の場合には、概念やロゴス、思考を触覚として察知するということが誰よりも巧みになるのです。

　金星が関連したものがあくまで感じるということが大切なのです。抽象的理念も感じることで受け取ります。

♏ 〔8〕蠍座の冥王星

　生命的実感を凝縮するには、ある程度、小さい容器に入れる必要があります。力が強いか、あるいは容器を小さくするかということです。力が漏れない状態の中で、行為を繰り返すことで、生命的実感は蓄積されます。

　また繰り返しと凝縮の中では、振動は徐々に高度になり、高められた意識へと変わっていきます。これは錬金術の一過程を表しているともいえるし、サビアンシンボルでは、23度の「妖精に変容するウサギ」というものが示しているものでもあります。ウサギは生々しい官能的な生き物で、本能が強い動物として知られています。妖精は物質的には生産性がなく、また文学などで知られている妖精とは精妙で洗練された生命です。

　創造の法則によってたくさんのものが増えるというのは、意識が分岐することであり、増えた一つひとつは振動が低くなり、その分、物質密度が高まり、粗雑で荒々しいものになります。つまり創造の結果、気が散り、空しさが増えていく物質は増加します。凝縮して生命感覚が高まるとは、この創造の方向とは反対に、統合と進化に向けていくもので、源流としての振動密度の高い意識の比率が増えていく。結果的に物質は減るのです。するとそれにつれてそれにふさわしい理解や知識、知恵というものも出てきます。情報や記憶は、それにふさわしい意識というものがあり、高められた意識に入ると、まるで突然思い出したかのように、新しい情報と記憶がやってきます。意識は本質、記憶は質量でこの二つはセットなのです。

　冥王星は太陽系の外に飛び出そうとして、太陽系の外の星の力を受け止める天体なので、この高められた意識が受け皿となって、遠い星雲のエネルギーを受け取ることが可能になります。これは社会生活の中では使い切れない強大なパワーであり、それを活用して何かしようとすると、これまでの社会のあり方そのままで前進するわけにはいかないでしょう。

　社会は気抜けしたより低次な振動を重心にして作られています。蠍座は8の数字で、タロットカードではまずは「8 正義」のカード、さらにこのバリ

エーションとしての「17星」のカードがあります。そこには八つの恒星が描かれていますが、そこから受け取った力は、川に流しています。川とは蟹座を象徴しています。つまり共同体とか集団社会でもあります。受け取った力は共同体で使うということがふさわしく、一人で独占するとたいてい人生は破滅する、つまりショートしたようなものとなります。

　蠍座は集団化して、その頂点に立つという15度で「五つの砂山のまわりで遊ぶ子供たち」というサビアンシンボルの度数がありますが、これは反対にいえば、宇宙的な力を受け止めて、その結果として、集団に流しているというイメージも成り立ちます。時間の経過は反対に見てもよいので、集団を集めてその頂点に立つということと、星の力を集めて、するとその下に集団ができるということも考えられます。

　集団は凝縮した生命感覚を作り出し、この高い密度の意識は、星の力を受け止める台座になるということです。高められた生命感覚が、星の力とギャップがあると、この力は正確には受け止められません。

　今日の社会や共同体は、閉じられた共同体であり、ここには天空の力を受け止めるという穴が開いていません。その結果として、共同体には永遠性が宿らない、つまり長期続く志や理念というものが失われます。

　蠍座は30度の幅があり、サビアンシンボルで見てもわかるように、多くのバリエーションがあります。それらはすべて一連の意識の変化のプロセスを表現しているので続き絵ということですが、ここに太陽系の外との扉である冥王星があると、ある人々は集団化し、ある人々は荒くれて暴力に走り、ある人々は深い創造的能力を発揮したり、瞑想的であったりしますが、すべての行動が、冥王星により根底的なものとなるのです。

　冥王星の場合、穴を開けるという意味で、すぐに死に行きつくことが多くなります。死というと誤解があるので、死と再生の過程を体験するということです。集団化の話に戻ると冥王星が受け止めるメンタル界の力は、ロゴスであり根源の言葉ですから、この理念を中心にした集団化も増えるでしょう。これまでの地上に存在する集団を私は「首無し組織」と呼んでいます。そこに恒星の理念が不在だからです。その代わりに、経済追求理念や競争原理

などが根づき、これは常によからぬ方向に走ります。

　理想の集団は、「17星」のカードのようなものであり、星の力を受け止め、それを流し込む池、川、湖などのような集団になることです。となると、ここに星のカードに描かれているような女性が存在するのでしょうか。

　古い時代であれば、これは斎王として存在していました。アマテラスはプレアデスのことなので、このプレアデスの力を受け止めるヤマトヒメが斎王となり、日本社会という池にそれを流し込んでいました。このように考えると、「17星」のカードの星はプレアデスの七つ星にも見えてきますが、正確には、「17星」のカードの八つの星は七つの恒星とグレートセントラルサンを描いており、地球を統括しているという観点からすると、プレアデスよりもりゅう座と見た方がよいでしょう。このグループの統括下にあるプレアデスといえばアルシオンです。

　生命感覚を凝縮して、星の力を受け止める台座を作ります。反対に星の力を受け止めることで、それを地上に伝達する台座が形成されます。どちらが先かわかりません。ただ高められた意識がないことには、恒星の力を受け取めることは不可能なので、冥王星が蠍座にある世代は、力の集中に本気になる人が多いはずです。意識を果てしなく深めていき、最後に、そこに穴が開いてしまうこと、そしてこの穴が恒星の力を持ち込むようになることが重要なのです。

　ちなみに、集団化という場合、低次元の集団化は実際に目に見えるところで集団化します。しかし、力を集める網としての集団は実際に一度も会ったこともない人々で、さらには見たこともないという場合も可能で、今後、ますますそういうスタイルの方が増えるかもしれません。高められた意識が増えるほど、物理的距離は遠ざかり、人々を集める器も不可視になっていくということは多くなります。

　ロゴスの記号をエンブレムにして、長い世代にわたって見えない集団を継続していくというのは、映画ではよく登場してきます。指導者を誰も一度も見たことはないというものです。

　蠍座は人間の集団帰属本能に関係し、実際の人づき合いを嫌う人でも、

見えない集団性には所属したくなるでしょう。というのも、メンタル体というのは、個人所有が不可能で、それは全く非個人的なので、一つのロゴスは必ず多くの人に共有され、その多くの人によって地上への受け皿が作られるのです。

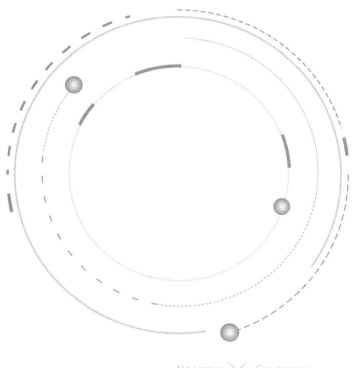

Pluto ✕ Scopio

♐〔9〕射手座の冥王星

　射手座は運動感覚です。それまでの場所に強く反発して、次のレベルにジャンプします。しかし次のレベルというのは、本人にははっきりとわかっていません。はっきりわかっていればそれを次のレベルとはいわず、むしろ今のレベルというはずです。未知のものを目指す、それがどんなもの知らないが、予感的にはきっと高度なものであるということです。

　9の数字はタロットカードでは「9隠者」の意味と同じで、自分がまだはっきりわかっていない本質的な意図に向かって旅をします。この時、知識とか頭脳的な判断は既知のものしか認めないので、隠者が行く先についてはおそらく全く否定的な姿勢を取り、旅をしないように働きかけるでしょう。つまり、隠者は自分でもわかっていないものに向かって退路を断って前進するので、明らかにそれは「馬鹿」といわれる行動です。既知の地図は全く役に立ちません。

　例えば、私は数年の間、恒星探索会ということをしていました。この場合、恒星の地図は天文学的には存在します。しかしこれは物理的な目で見た、動物系知覚の地図であり、真実ではありません。つまり地球から見た、地球意識のステンドグラスに映ったもので、主観的な幻想の地図です。本当の地図は、植物系知覚によって作られた地図となり、これは振動ということをベースにして位置関係が決定されます。このことにより宇宙法則が反映されたものとなるのです。

　物理的に、既知の知識では存在しない地図、あるいは航路。これを旅することは「9隠者」にとても似ています。センサーとしては予感、高次な意識への憧れなどです。エーテル体の知覚を使うとそう困難な旅ではないのですが、探求はまるっきりタロットカードのパスワークのようになってしまうかもしれません。

　多くの人はこれらの探求は精神的な旅であり、物理的な宇宙とは乖離していると思うかもしれませんが、実際には、この精神がその鋳型をそのまま

引き降ろして作り出した物質世界というのが真実の宇宙なのです。地球から見る宇宙は地球の中と同じように、精神と物質が分断されており、物質は精神のいうことを聞かないので、想念によって作られていく現実というルールを理解するのが困難なものとなっています。これがカテゴリー１という、最も未進化の生物が住む惑星の考え方で、そこでは宇宙船もナットとボルトでできたものが設計されます。

　どこまでもどこまでも高度なものを追及したいのが射手座、あるいは「９隠者」のカードです。

　例えば、11度から15度くらいまではまさに現実離れしたように見える領域に飛びます。しかし一番飛び方が激しいのは９度あたりです。これらが無謀だと思われるのは、肉体と感情が追従しないまま、頭だけがそこに行こうとするからで、心身一体化した人が追求すれば、現実にそこに飛ぶのです。

　冥王星は太陽系の外との扉ですから、この「９隠者」の旅は、もちろん太陽系の外に飛び出ていく旅で、カンボジアに旅するなど地球上での移動には退屈さしか感じないでしょう。

　「９隠者」のカードは夢遊病のような旅であるとはよくいわれますが、通常の日常意識ではアンテナとして全く使い物にならず、トランス状態としてのシータ波の脳波などになる必要もあるからかもしれません。アルファ波だと地球全体に広がることはできますが、それ以上の先に行くことはできません。

　どこかに定着するというのは、８か10の数字の性質で、９はずっと旅をして、どこかに到着すると、また筋肉の反発で、飛び出すことになるので、移動そのものに楽しさを感じるということになります。

　「９隠者」はやがては「10運命の輪」で、具体的な場所に行き着きますが、それはそこで座標を明確に固めることで、次に踏み出すことができるからです。つまり旅というのは節目が必要で、まずは北海道の函館まで行き、そこから釧路に行くなど、運動と座標立て、また運動と座標立てを繰り返します。ですから「10運命の輪」や山羊座で特定の場に落ち着くように見えるのは、予感によって到達した場所を固めて死なせる、形骸化させるためです。それが十分に死骸化すると、次に進むことができます。

10は宿場のようなものなのです。恒星はロゴスであり、それは極度に抽象的ですが、この抽象的なものが射手座は大好きです。

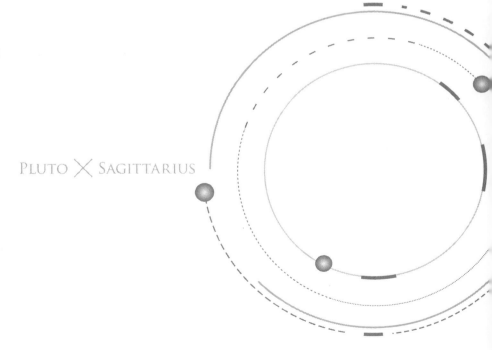

Pluto ╳ Sagittarius

♑〔10〕山羊座の冥王星

　どこか狭い場所に落ち着き、そこにあらゆる面で均衡を取った一つの帝国を作ると、それがいかに小さな世界でも、内部に没入すると次第に大きく見えていきます。限定された場所に完全な均衡を作り出すというのが山羊座の性質です。均衡とは上と下、前と後ろ、右と左、目に入るものすべてのバランスを作り出し、ここで何でも手に入ることです。

　この箱を作ることは、そもそも8の数字の「正義」のカードあるいは蠍座などですから、「9隠者」は旅して、より高度なレベルに向かい、そこであらためてよりすぐれた箱を作るということになり、その構造そのものは「8正義」と変わりません。つまり、より振動の高い「8正義」のカードだということです。

　またここで視点が反転します。つまりある場所を見ていた。その中に入る。今度はその中から見ているというものです。

　このプロセスは「1魔術師」あるいは牡羊座でも生じます。外の宇宙から来た人は、春分点からこの世界の中に入り、この世界の中から見ていくということが牡羊座で起こるのです。占星術は地球から見た宇宙を示しており、これは宇宙からの像とは相当違います。占星術は相当に自己中心的宇宙像を使うのです。映画の『海の上のピアニスト』のように、船の中で生まれ、船の中で一生を過ごすというのも山羊座的生き方です。

　冥王星は太陽系の外との接点であり、基本的には恒星意識、メンタル体のコンパクトな再現です。空間的に大きくダイナミックな箱ということはあまり重視しないかもしれず、それよりも高度な意識を軸にした社会、箱ということを考えるようになるでしょう。

　私は、江戸時代というのは高度に洗練された小社会だと思います。この軸には北斗七星があります。江戸時代がもっと長く続かなくなった原因は、それが閉鎖的だったからで、もし、もっと柔軟性があれば、ずっと今でも江戸時代だったかもしれません。

山羊座は「9隠者」の旅の果てに到達した、その人にとって最もふさわしい世界のことであり、そこに小屋を建てて住むことを意味します。冥王星の山羊座ならば、そこには恒星の理念、ロゴス、志が必ず宿っています。そのため、冥王星山羊座世代の人は、古い社会をどんどん解体して、理念の明確な社会を作り出すのがよいでしょう。

また世代というよりも、時代としての冥王星山羊座の時代には、首無し組織として、恒星の宿っていない社会や組織は、廃棄することが望まれます。ファンタジーを書く人は、そこに想像上の世界を作り出します。細部に至るまでイメージで構築し、そこで生活できるくらいリアル化します。イメージを広げるのは海王星ですから、冥王星段階ではまずその骨格を作るということです。メンタル体は創始の力でもあり、その先に何も存在せず、つまりこの小屋を何者も壊すことはできません。いったん作るとそれは風化しないのです。

もちろん、死後はそこに乗り込むことになりますから、それまでにあらゆるものを完備するのがよいのかもしれません。この創造的な力を現世に持ち込むことも可能ですが、そのためには切り込み隊として天王星に働いてもらう必要があります。古いものを壊しつくして、新しく小屋を建てるのも、長期的に見ると有効期限があり、ずっと続くものではありません。射手座との連携で、壊して移動し、また作りということをすれば良いのでしょう。

一つの社会の寿命は冥王星周期と考えると、だいたい250年くらいすると解体すればよいはずです。つまり、恒星軸のある理念のある社会は最大250年なのです。

「中国四千年の歴史」といいますが、これは同じ土地が続いているというだけで、中国はだいたい200年から300年の範囲で滅びて新しく作られています。

〔11〕水瓶座の冥王星

　山羊座が物質的な空間性を表しているのなら、水瓶座はそれが分解して、空中に拡散している状態を表します。つまり物質のありかを根拠にせず、そこから外に広がる精神性を構造的に構築していき、そこに判断の根拠を置くのです。時間としても現在から位相がずれていき、まだ達成していない未来の場所に自分を置くということになります。

　そもそも水瓶座の支配星は天王星で、これはエーテル体の模写、鏡像を表しますから、触ることはできないが、気配や気の印象として感じ取るということでもあります。物質の実感を基礎にしないで、構造を実感するということから、電子空間の中に作り出されたものも似ています。エーテル体の生き物はネットワークにある電子空間で生活することができます。

　水瓶座はタロットカードの「11 力」のカードに関係し、それまで一体化していたライオンを下半身から引き離し、ここで物質世界のライオンと、エーテル界の人間という二重性で暮らすことになります。

　水瓶座のサビアンシンボルには、物質界においての人格は仮の姿なので、それを演じるという趣旨のものがいくつか出てきます。冥王星から持ち込まれた太陽系の外の影響は、まずは本人が実は宇宙からやってきた存在なのだという自覚を促し、その後、地上的に生活するための人格と自分ははっきり違うのだということを明確にするでしょう。

　メンタル体の力は、相対的ないわば腰砕けの思考ではないので、こうだと思えば、状況がいかに反対してもそれは自分の考え方を覆すものとはなりません。メンタル体の芯を持ったネットワークとつながり、そこでの活動が増えてくることにもなります。ただしメンタル体は、宇宙の始まりにいて、その前には暗闇しかないので、単独性が強く、横の仲間とのつながりというものはメンタル体には存在しません。横のつながりは、植物性を持つエーテル体の領域において活発になります。もちろんメンタル体とエーテル体は連動するので、結果としてつながりは多数出てきます。

冥王星の効果としては、思考を作り出し、それをはっきりとロゴスまたは意図として打ち出すことであり、そのことで、水瓶座冥王星の時代には、地上から浮いたエーテル界に植物の枝葉のようにネットワークが広がり、そこから宇宙のどんな場所にでも行くことができる地盤が作られるといえます。

エーテル体は蜘蛛の巣、電車のレール、高速道路網のようなものであり、それは果てしなくあちこちに手を伸ばすし、それはかつて宇宙樹または生命の樹といわれていたのです。

物質界の狭い空間を見ると、すぐさまそれを打ち破ることを考えてしまいます。物質界を象徴する土星を支配星とする山羊座の直後に水瓶座が来ますから、天体移動は常に山羊座の後に水瓶座が来ます。つまりいつでも、水瓶座は山羊座を崩してしまうのです。冥王星は太陽系の外から持ち込むという意味ですから、水瓶座の冥王星は、広範囲な山羊座の枠を壊して、太陽系の外のネットワークを作り出すことになります。

もし、自分の由来が太陽系の外のどこかの星雲、恒星だということを思い出せない人は、グルジェフのいう七つのセンターのうち、高次思考センターが手に入らないことになりますが、しかし自分の故郷というより、これから特定の星系のクラスターに参加するということも考えられます。その場合には自分が行くことができず、呼ばれるというかたちで参加することになります。冥王星がアクセスする恒星は、この太陽系の太陽が所属する全太陽連合の中の恒星ということになり、これは馴染みのあるものが多いでしょう。基本は七つですが、そこにサブ的な要素として、多数の恒星なども加わります。

ネットワークに参加する、すなわち情報が入り込んでくるというものですから、受信装置が必要ですが、それは12感覚のどれでも使えるし、水瓶座ならば嗅覚、すなわち気配を認識するということでスムーズに進むでしょう。

水瓶座のサビアンシンボルの中に「バロメーター」とか「ハイドロメーター」などがありますが、これは気配や圧力、匂いなどを数値とか言葉に変換するもので、曖昧ではなく明確な情報です。120度の関係にある双子座の言語感覚が連動すると、匂いや気配は言葉に変換されます。

水瓶座冥王星時代に、太陽系外ネットワークが当たり前のものになると、今度は連合の違いということを考えなくてはならないかもしれません。りゅう座を軸にしたドラコニック・トランスバースは、この太陽系が所属するものですが、それ以外にいくつかの太陽系を貫通しており、この上位ネットワークとして、いくつかの全太陽グループを貫通するアルクトゥルス・マトリクスがあります。

　ただ冥王星はとりあえず、この太陽系の太陽が属するものを受信するし、この太陽系の中にそのネットワークが浸透してくると、地球文化も龍の時代になっていきます。

　例えば、アメリカが衰退しインドが力を持つなどもあるかもしれません。龍は生き物のイメージで考えるよりも、筒やパイプ、トンネルと考えた方がより本質に近いでしょう。

♓ 〔12〕魚座の冥王星

　冥王星が太陽系の外の力を太陽系の中に持ち込む扉だとすると、アストラル体の育成を表す魚座に冥王星がある時、このアストラル体という宇宙船は、太陽系の外に飛び出すための設計がされていくでしょう。
　しかし、冥王星はメンタル体の反映であり、それがアストラル体を作るとしたら、まずは宇宙船の骨組みを表すものであり、アストラル体はそれに基づき自動的に形成されると思われます。
　青森のねぶた祭りでの人形は、竹で骨組みを作り、そこに紙を張って作りますが、冥王星はこの竹の骨組みまでの段階です。
　1800年代の終わり頃から1900年代の初頭に、冥王星と海王星が合の時代があり、これは太陽系の外の力を、太陽系の中の神話的イメージに合致させる作用が強く働き、この時期には多くの霊能者、芸術家が生まれてきました。
　物質的根拠のない、根源的な意志をイメージ化していき、それが現実を押しのけるというものですが、例えば、ウィリアム・ブレイクの思想のように、宇宙の現実は想像力によってのみ受け取ることができます。感覚は知覚の閉鎖によって、宇宙の真実から目を背けたものだという考えからすると、感覚、すなわち物質的現実を凌駕する想像力の力がないことには、私達は宇宙の真実にたどり着くことができません。
　冥王星と海王星の合などは、この想像力や意志、意図の力が最大限に発揮される配置です。魚座にある冥王星もこれに似ています。ここでは冥王星のメンタル界的な力がアストラル体に埋め込まれるので、言葉というよりも、それを象徴的にイメージ化、表象化したような表現が増えてくるでしょう。
　私達の脳はかなり粗雑なものしか理解できない面があり、物事の微妙さ、繊細さについてはほとんどわからないということもありますが、となると、何かを真に理解するには、脳に依存しない別の知覚意識を育成する必要があります。シュタイナーは、それを脳が凍結した段階で発揮される知能とい

うような言い方をしましたが、冥王星が魚座にある段階でも、言葉で表現されえないものをより重視するような姿勢になるのではないでしょうか。

　しかし冥王星は全く非個人的で、この冥王星が魚座にある時代のすべての人が集合的にこのような性質を帯びていくわけで、個人は個人の殻に閉じこもる限りは、こうした集合的なあり方については気がつかないままとか閉じたままになることもあります。主観を取り除くと、この大きなあり方について意識することができるでしょうし、それを生活の中で生かすことにもなるでしょう。

　ともかく、根底の意志を忠実に反映したアストラル体、表象的な魂を作り出すということが主眼です。

　例えば、世の中には多数の仕事がありますが、多くの仕事は、それに取り組む人のアストラル体、すなわち魂とは無関係なものが多く、そのような仕事を続けている間、その人の魂は傷つき続けます。つまり、地上生活とその人の本性が乖離してしまい、ここには循環的な作用、つまり日々の暮らしの中で、ますます自分の本性と個性が育成されていくということが起こりません。

　冥王星は極めて強力な作用があり、他のどの天体よりも力強いものを発揮するので、こうした暮らしの中で自分の本性に嘘をつき続けるような暮らしに染まらないという自発性、抵抗力などを持っているのではないでしょうか。これまで長く続いた地球独自のガラパゴス的な習慣とか思想、つまり人の本性を傷つけ続けるということをやめるのに、この魚座の冥王星の世代は有力な能力を発揮できるでしょう。具体的には、冥王星と海王星の合の時代を参考にしてみるとよいでしょう。

　余談ですが、魚座は味覚、舌を表し、足も大地を味わう大きな舌です。そしてイメージとして、海の中を泳ぐ魚も連想できます。

　冥王星は地下、異界につながる穴ということもあり、すると魚座の冥王星を象徴化した時に、深海魚のようなものも思い浮かびます。深海魚は驚くような形、異形のものが多数ありますが、つまり私達の日常に親しまれている形ではなく、奥に隠れた不思議なものなどがあるのです。

魚座冥王星の潜在力を発揮するのに、深海魚、特に異形のもの、あるいはまた妖怪的なものなどに親しむのはなかなか参考になります。地上の習慣に支配されている人は、これらを警戒しますが、それは明らかに偏った信念体系で見ているからで、純粋に目的を意識すると、通常の形ではないものというのがいかに重要なものであるかわかります。

♆ 海王星の12サイン

♈ 〔1〕牡羊座の海王星

　春分点から外宇宙の力を持ち込み、それをこの環境の中に定着させようと試みるのが牡羊座です。自我感覚とは、環境の中に自分を押し出すことであり、今までいなかった場所に自分を存在させるのですから、それはかなり強引なことをしなくては上手くいきません。理屈も道理もなく、ただ存在しようとして、自分を押し出すのです。うっかりすると、またすぐに環境から吐き出されてしまいます。

　海王星はアストラル体の反映であり、アストラル体とは神話元型のボディです。世界を楽しむというのは世界に興味を抱くことであり、興味を抱くと誰でもその世界に入り込みます。ですから、興味とはつまりは欲望でもあるので、アストラル体を欲体と呼んでもよいでしょう。

　このアストラル体が乗り物にする海王星が牡羊座にあると、アストラル界においての自己主張や自我感覚ということになります。これは物質界においての自我感覚ではありません。

　電車でいつも人に席を取られたり、人から迷惑をかけられても何も言えなかったり、不当な扱いをいつも受けている。しかしアストラル界、夢の世界になると、急に押しが強くなり、わがままで、要求がうるさいということを想像してみましょう。

　土星以下の惑星が牡羊座にあれば、物質界でも押しが強くなるかもしれませんが、海王星だけが牡羊座にあると、魂的に強気、物質的に弱気というコントラストは出てくるはずです。

　そしてアストラル界においてあちこちに頭を突っ込みます。その世界で

自分探しをしているということになります。イギリスのテレビドラマ、『ドクター・フー』はさまざまな異次元を旅しており、時間旅行もたくさんします。これがアストラル界の旅行とはどんなものかを考える時に参考になります。ターディス（ドラマに出てくる次元超越時空移動装置）をエーテル体と考えてもよいかもしれません。

　牡羊座はまだ牡牛座の手前にあるために、実体は流動的で可塑的です。アストラルボディのイメージも明確ではないか、あるいは牡羊座の性質そのものを表すことになります。牡羊座は、オヒツジの姿をしているのだと考えない方がよいでしょう。そもそも西洋占星術の12サインは、アストラル的なイメージを作る前に、まずはロゴスとしての12の数字が先行しており、オヒツジの姿ではなく、1の数字の体現なのです。リスクも顧みず、アストラル世界に飛び込み、結果的に大変な目に遭ったり、苦労したりするということもあるでしょう。時代としては牡羊座の海王星は随分と前ですが、1ハウスに海王星のある人は少し似てくるのではないかと思います。

　物質的肉体とは、このアストラル体により重たい物質、火、空気、水、木、鉱物、金属などをぶら下げることで、素早くは動けず特定の時空間に縛られることになったということです。しかし、単純にアストラル体を重くしたわけではありません。エーテル体よりも上位にあるものと、物質の間には法則のずれがあるために、物質的肉体は、アストラル体がそのまま形になったものではありません。いわば規格品の上にアストラル体を乗せたものであり、その結果として、アストラル体が肉体をコントロールできないという状況にもなります。

　そこで、牡羊座の海王星、1ハウスの海王星の人が興味の赴くまま行動しようとしても、物質的障害により、思うままにならないと感じることは多くなります。死ぬまでは我慢しなくてはなりません。

　本来のアストラル体は、地上のどこの場所にも定着しておらず、拘束もされていないので、物質界との落差はあまりにも激しいのです。海王星の思うがままに行動すると、たいてい身体が破損します。生きている間にできることは、このアストラル世界に自分を強く主張し、そこに自分を押し込もうと

していることを自覚することです。機械的時間の進行に依存しない自分を形成することができるからです。

多くの人は、機械的時間の進行を自分の経験が進んでいることなのだと勘違いしますが、この勘違いが進むと、時計が利かなくなったところに放り出された時、一歩も進めない状態になるのです。

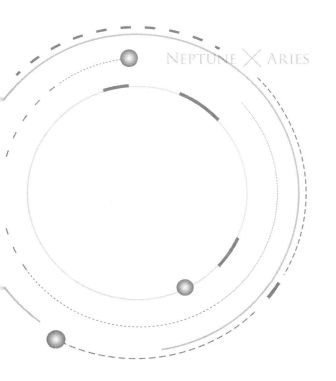

♉ 〔2〕牡牛座の海王星

　私達は思考を自分と同一化して、それにしがみついているので、思考についは正当な理解をすることがなかなかできません。いったん手を放してしまうと、思考はがっちりした安定度を持ち、決して個人所有ができないもので、私達のところにやってきたり去ったりします。これは自分の考えだということは決してできないのは、共有されたものをアクセスしているだけだからです。考えることをやめると確かな実感で思考がやってきます。

　私達は自分よりも振動密度の低いものを対象化し、自分よりも振動密度の高いものを対象化できず、むしろ対象化されます。地球の人間の存在の平均水準は、通常の思考の振動密度と同じものなので、これをグルジェフの定義ではH48というのですが、私達は地球的思考と同一化することで、この地球世界を認識しており、意識的に選んでいるわけではありません。それをあたかもものを見ているかのように対象化しにくいのです。

　牡牛座をもの、物質的なもの、感覚的なものと説明することはこれまで多かったのですが、少し意識の振動密度を上げたところから見ると、思考はレンガのようにものとして、確実性を持って置かれています。しかし地球的振動と同一化した存在はこれをレンガのように見ておらず、自分そのものと同一化しているということです。

　例えば、自分の才能を発見するのに時間がかかるのも、それは自分にぴったりと張りついていて、意識的に発掘したりできにくいからです。

　私達は思考しているのでなく、思考の中に住んでいます。思考をこの世界として認識しているのです。ということは、この中で自分の可能性や適性、能力などを発見するためには、自分の身体の中から発掘する必要があるということになります。

　ですが、アストラル体を示す海王星が牡牛座にあると、「2女教皇」の持つトーラの書物は物質的身体ではなく、アストラルボディの中にあることになります。これはアストラル体のスタイルブックかパンフレットがアストラ

ル界の中にあるということです。

　アストラル界を泳ぐには裸でうろつくわけにはいかず、何か適切なアストラル体の形が必要なのです。冥王星であればこれは言葉や記号、ロゴス、理念などだったのですが、海王星領域ではイメージや音、カラーなどを伴います。しかも牡牛座は過去を表し、既にあるものの中から発掘するということになります。

　私がここで「スタイルブック」ということを書いたりすると、多くの人はユングの弟子が勘違いしたように、海王星ボディは、通常のイメージで思い描いたりできるのだろうと勘違いします。

　アストラル体はグルジェフ水素でいうところのH12の高次感情の振動で、あまりにも高速なので、ほとんどの人の脳はそれを追跡できずクリックアウトします。そこだけごっそり記憶がなくなるのです。

　低速の意識で、自分の海王星はこのハウスにあり、このアスペクトがあるのだから、自分のアストラル体はこのようだと思うことはできるのでしょうか。推理はできても、実体は存在していないということも多くなりますから、これについて議論したりするのは無駄であるとも思われます。もし、自分にアストラル体が育成されていくならば、それはこのサイン、ハウスにあるような性質を持つだろうということです。しかもアストラル体そのものでなく、地上に映し出された影はこのようなものであるということです。

　書物は、右左、上下、斜めなどと視線を変えることで、特定の文字が視界に飛び込んできます。つまり思考がやってくるには、この上下、右左などの方向感覚を変えるだけなのかもしれません。つまり書物の探索は、身体をあちこち角度を変えてみるというのでもよいのではないでしょうか。

　福引では、箱をがらがらと回すと、文字を書いた球が飛び出てきます。外部を探すのでなく、今ある自分をあちこち角度を変えてみると、そこから回答がやってきます。すべては既に過去に蓄積されているのです。

　プラトンは、かつて人間の魂は、天上の世界で、イデアだけを見て生きていたが、やがて汚れてしまったために地上に転落し、肉体の中に押し込められたといいます。忘却の河を渡ることで、イデアを忘れてしまったが、地上

でイデアの影を見ると遠い記憶をうっすらと思い出します。

　魂の内面に目を向けなおすことで真の理解がやってくるといいましたが、内側に目を向けるというのは、とても牡牛座的です。それに目を外界に向けると体壁系・動物系の知覚を活用することになり記憶を失いますが、また内面に向けると植物系の知覚をオンにしていき、すると形を超えた元型的なイデアをそこに感じ取ることができます。

　牡牛座の海王星はイデアの肉化した思考内容を実感的に感得することができるので、外界の一切のものを借りることなく、これを掘り出すことができるでしょう。

　牡牛座に海王星があった時代の人物などを研究してみるのもよいかもしれません。そこには夢の言葉、神話的な記述というものが身体性を伴って強く押し出されることになるからです。そして今の時代は、それにあまり関係がないと考える必要もありません。土のサインの共鳴から、乙女座の海王星、山羊座の海王星も関係し、さらに、メジャーアスペクトの関係にあるサインなども同時共鳴しているからです。元の祖型を整えるのが150度でもあります。

⛎〔3〕双子座の海王星

　双子座の言語感覚は、牡牛座の思考を分解して作り出したものです。つまり土・固定サインは、一つの山のようなものですが、それを切り崩し、風・柔軟サインにするとは、例えばトラック一台分の荷物が来て、それを一つひとつ分類していくと、いろいろなものが出てくるという具合に、言葉は小分けされていくのです。小分けすることで、一つひとつは振動密度が落ちて物質密度が高まります。つまり、より物質的になるのですが、古脳領域から新脳領域に情報が上がってくるかのようです。

　海王星は、アストラル体の反映であり、アストラル体は、もともとは時空の制限がなく、非局在的な元型として、地上に依存することなくそれ自身で存在するボディです。これが言語感覚と結びついた時、地上の状況や具体性に依存することなく、それ自身として紡ぎ出される活動になります。何かを見てどう感じるかではなく、何かについて説明することでもなく、それは魂の表現として言語化されていくと考えるとよいでしょうし、さらには特定のローカル言語にまだ落とし込まれていません。

　日本語は日本にしかなく中国語は中国、西欧語はフェニキア文字から派生したのかもしれませんが、それでもみな特定の場所で通用する言葉であり、海王星の双子座の言語感覚は、まずは言葉の根底にある意味ということを打ち出していきます。

　地上にある何かによってリアクションとして言葉が出てくるとしたら、常にどこかが歪んでおり、海王星的でもありません。アストラル体の持つ圧力が言語に変わるのは、夢の中で言葉が出てきたようなものなのです。

　ただし双子座は情報の小分けですから、それが細分化されるほどに本質から離れていき、徐々に転落します。転落するにつれて、不純物が混じり、痛みを感じる比率は高まるでしょう。痛みとは分裂したことの実感です。双子座においては痛みを自分の実感とするという悪い癖の人もいます。いかに自分が分断されるかに存在理由を求める人もいます。双子座衝動は危険度

が高いのです。

　地上的根拠のない言葉は分割されるにつれて、だんだんと地上的になるでしょう。詩人がたくさん言葉を書いているうちに、停滞し、やがては実用書まで書くようになったということかもしれませんが、アストラル界から物質界へ向かうには、言葉の細分化が乗り物としては有効であるということを否定的にではなく、能動的に捉えることも重要でしょう。

　失われた世代では、冥王星と海王星が双子座で合の時代が一瞬あったと思います。この時、霊言やお筆先なども流行し、シュールレアリスムの詩人も自動書記などに関心があったと思いますが、これは中空に浮かぶアストラル的な言語を引き出す実験です。ですが後になるほど下落し、やがては予言とか預言など、地上生活のために役立つ言葉に堕落しました。

　アストラル体は欲張りで、物質界に関心を抱くのでこれも避けられないことかもしれませんが、純粋に海王星ということを考えた時には、これは誤用に違いありません。

♋ 〔4〕蟹座の海王星

　音を発する素材を地上から切り離して浮かせ、振動させることで音が出ます。そして音楽はどこにも物質的根拠を持たない独立的なものであり、しかもどんな情感からも情景からも切り離された表現になっていきます。
　音楽は一体何を表現しているのか、実は、わからないのです。何について歌ったにしても、それはあまり正確なものではありません。たんに何かに事寄せて歌っているだけで、その何かを示すことはありません。つまり音楽は独立しており、そこにこそ秩序と楽しみと生命の躍動があるのです。音楽は状況から切り離されているので、どんな生活をしている時でも、それとは全く関わりなく楽しむことができます。
　音楽の中から次々と情感や感情、情景、テーマを取り除き、音楽として自立させると、最後は音楽はメンタル界そのものを表現するものとなりますが、ここでは海王星の蟹座がテーマですから、メンタル界に行くのを止めて、アストラル界にとどまらなくてはなりません。海王星の聴覚は、音として聞こえない音であることは明らかですが、それはアストラルの性質を帯びているので、幻想的か、魅力的か、官能的か、色があったり、メロディがあったりします。
　そもそも音楽の中で、メロディとはミュトスであり、それはアストラル界の模写です。リズムはエーテル体でしょう。メロディのないリズムだけの音楽は、そしてそこに言葉を乗せたりすると、それはそれで大変に魅力的ですが、アストラル体は世界を感じる、楽しむというボディであり、ここでの音楽表現はメロディの表現に近いのです。シュタイナーはアストラル体が音楽表現をするとリズムが台無しといいましたが、それはそうでしょう。
　メロディというのはステップを踏んで、次の音に移行することです。連続する音、つまりはストーリーであり、アストラル界の反射としての海王星では、魂の経験の物語を示していることになります。苦しい窮地に陥り、抜け道がわからなくなっている段階は、ミの音です。ここでは、外部から助けが

来ないことには自力で脱出はできないので、ここで他のアストラル体との交流が始まると考えてもよいのかもしれません。ファでは窮地から脱出したが、今度はこの助けてきた存在との葛藤(かっとう)が起こる。そして統合化して解放的になるのはソの音。地上で聴く音楽では、それぞれの音は単に素子ですが、アストラル界では音の一つが重大な意味を持ち、メンタル界では、言葉の一つが生命を持っています。

だいたいアストラル界の音は、具体的に耳で聞こえるわけではないのですが、アストラル体が発達した人は、具体的に聴く音楽の中に、それを聞き取ることも可能です。それは作曲家からすると大変に嬉しいことで、作曲家は音を通じて、音ではないものを表現しているのです。

南フランスのおだやかで退屈な風土を髣髴(ほうふつ)とさせる音楽を書いていたガブリエル・フォーレは、音楽は霊的なものを表現するものであると主張していました。その結果として、地上的な感覚の刺激というものを音楽にあまり組み込まなかったので、フォーレの音楽は退屈であるという人がいます。かなりの人がそう思うかもしれませんが、そもそも倦怠(けんたい)を解脱(げだつ)のためのメソッドとして採用している南フランスで音楽の「だるさ」を価値のあるものと表現しているのですから、それを批判するのは筋違いです。

フォーレの音楽は、メンタル界は少し弱いです。そしてアストラル界はとても強い。もしここでメンタル界がなく、アストラル界ばかりだとすると、これは本質的な意味で堕落した音楽ですが、フォーレはメンタル界が少し弱めというだけで、ないわけではないのです。アントン・ブルックナーもメンタル界は切れ切れに表現されます。

聴覚とは異なるかたちのものに、同じ意図を聞くということであり、だから多くの異なる人々に共感が生まれるのであり、音楽も国境はないといえます。アストラル体は特定の時間・空間に縛られず、どこにでも移動します。世界を楽しむということが趣旨なので、さまざまな世界に行きたいのです。

仙人はこのアストラル体になるということで、世界を堪能しています。仏陀は死後、応身になりましたが、これはエーテル体のボディなので、楽しむということが目的になっておらず、むしろ宇宙法則に浸透し、拡大し、法の

化身のようになってきます。応身と仙人は目的が少しばかり違うということなのでしょうか。海王星のボディは明らかに仙人的です。

　私は夢の中で、仙人が移動する蜘蛛の巣、通称「天使の羽」といわれているものを見せてもらいました。それは綿あめのように多少べたべたしていますが、これを仙人が身体とするなら歌の翼といわれるものなのかもしれません。

　メンタル界的な音楽は絶対音楽で、アストラル的な音楽は、ドイツ以外の文化圏で作られてきました。イギリスの音楽に絶対音楽は存在しないのではないかと思います。そしてイギリスの小説を読むと、ベートーヴェンをアストラル的に聴いているような場面があり、これはそこにもしベートーヴェンがいたら怒らせるかもしれません。自分の音楽の趣旨を曲げられたと思うでしょう。

　アストラル界の要素が強い音楽を聴くと、ほとんどの人は、そこに耽溺(たんでき)したいと感じるでしょう。若い頃、クロード・ドヴュッシーはジュール・マスネに耽溺してしまい、ほとんど自己喪失しそうになったらしいのですが、もしそうしていたら、後のドヴュッシーは存在していなかったでしょう。とはいえ彼はワーグナーにも耽溺し、そして後にそれを否定するようになりました。

　仙人はアストラル体というと多くの人が誤解してしまいますが、もちろん精神として、メンタル体も、またさらに上位の要素もあります。一番太ったボディがアストラル体であり、たい焼きの皮膜のようにしてエーテル体もあります。メンタル体よりも上位の意識を持つには全太陽意識の中心部に至る必要がありますが、たいていのケースでは安全のため、そこに行かないようにブロックがかかります。

　音楽が状況には振り回されず、独立的に、ある意識を刺激するというのは驚きます。メンタル体はその先にあるものは暗闇であり、すべてはメンタル体から始まります。これを記号にして、その洋服として、アストラル体が作られるのです。この記号またはエンブレムをアストラル的なミュトスとして表現した短いフレーズの音楽は、誰の心にも同じメッセージを響かせます。それを地上的な意味とか言葉にたとえてはなりません。音楽は状況からは

独立しています。独立しているものをわざと独立しないようにしていくのは意味がないです。場をわきまえない唐突さが音楽の特徴です。オリンピックのファンファーレなどもこの意図がどんなものか感じてみるとよいでしょう。プロレスなどでも使われているエドワード・エルガーの音楽は、エルガー自身が地上においての権威、英雄的な立場を追求していたものなので、私が聞くと、これは地上的野心が混じった穢（けが）れた音楽です。

　海王星が蟹座の音。異界に誘い出す力があるという意味では、オルフェウスの竪琴が適しているかもしれません。

　地上的欲が入り混じる時、それが地上を楽しみたいからなのか、それとも海王星を解き放つために、地上に対してかき回したいのか、いろいろ意図があるので、一概に地上に向かうことは海王星にとって否定的なものであるとはいえません。これはホロスコープでは、海王星のアスペクトなどで推理してみるとよいでしょう。

　ドラッグ服用で6回も逮捕された歌手は、土星と海王星が合ですが、これは地上をかき回したい欲求を持っているように見えます。しかし、肝心の音楽のアストラル力が全く足りません。

　占星術の海王星の位置から、その人のアストラル体はどうなのかを考えることは、たいていの場合、無理な試みです。アストラル体は海王星を乗り物にしようとする。しかし海王星が能動の側になって、アストラル体を引き寄せることはできません。どう考えても、海王星は惑星意識にほかならず、アストラル体そのものに自分から接することはできません。

♌〔5〕獅子座の海王星

　獅子座は熱感覚を表します。それはアストラル的な存在の主張であり、周囲の環境とは区別されるもの、ここに実体があるということを主張したものです。

　そもそも、最初はこの熱などなかったのです。しかしメンタル界でロゴスが打ち立てられ、それを強く押し出した時に、周囲との温度差が生まれ、そして温度差が生まれることで、落差のある気流または動きが発生します。

　それに熱のあるものとは、つまりは光の存在です。自身が熱を持つとは、その存在からすると、周囲すべては冷えており、暗闇であり、熱を外部の何かに依存するわけでもなく、自ら熱を放射します。

　熱とは元素でいえば、火の元素です。牡羊座の自我感覚、射手座の運動感覚と密接に連動し、外界に強く押し出す姿勢そのものが存在証明です。牡羊座の自我感覚も射手座の運動感覚も、比較的不安定で、休むと火が止まります。ですから、獅子座の火・固定サインとして、枯渇することのない継続する熱というものがあれば、その存在は安定するでしょう。

　海王星が暗に示すアストラル体は、非局在的なすべての時空に存在しうるものなので、すべてに存在しうるということは、特定の場所とか時代から燃料を取る必要もないということです。肉体に依存する生き方をしていると、元気になるには何か食べたりすることもあるでしょう。食べると、食物は分解され、次々といろいろな振動の物質に小分けされて、身体に格納されますが、熱になったものは太陽神経叢あたりに貯蔵されます。

　アストラル体の熱源は、この太陽神経叢の熱を必要とはしないでしょう。むしろ、メンタル体、すなわち恒星からの力を受け取り、それを熱源にします。恒星はグルジェフ水素でいうＨ６であり、アストラル体としてのＨ12は受容体で、Ｈ６を受け止めて、初めて存在しうるものなので、恒星からの力は最大のエネルギー源といえるのです。

　太陽系は恒星の太陽を中心にしており、この太陽の中にＨ６とＨ12があ

ります。惑星から見て太陽はH12の熱源でもあり、それによって惑星活動は生かされていますが、しかしアストラル体の反映である海王星の獅子座は、太陽そのものから力を得ていると考えてもよいのかもしれません。

　いかなる物質依存もしないで、太陽から直接供給を受けています。しかし、通常、獅子座は支配星が太陽ですが、この太陽は占星術的に考えると1年で1回転する地球のことであり、熱源としてはかなり貧弱です。太陽から熱を得ている場合には、もちろん太陽系の中でしか生存できません。

　獅子座の初期においては、この熱はあたり構わず撒（ま）き散らかされます。獅子座の最初の度数に、2度に「おたふく風邪」というサビアンシンボルがありますが、熱が周囲に蔓延する。自分の輪郭は曖昧で、その影響、熱意が周囲に拡散し、多くの人に興奮作用をもたらし集団ヒステリーになるのです。根拠なく理由なく生きている人は多いと思われるので、この蔓延するものに巻き込まれることは待望のことかもしれません。自分で熱を作り出せない人はコンサートに出かけて、歌手の力で熱くなろうとしているのです。

　獅子座は遊びとか、創造性とか、自分中心のものを示しており、周囲との比較はしないし、自分が正当かどうかはどうでもよいことだし、ともかくいきなり熱を発信するということが好まれます。

　5番目のサインである獅子座はタロットカードでは「5法皇」のカードに関係するので、それは多くの人に対して高みにあり、そして人の話は聞かず、一方的に話をするということを表します。

　スター的な存在とは常に一方的です。夢見のボディ、アストラル体が環境に押し出され、しかもそれはいろんな地域、時にこだわらずに拡大していくのです。ふわふわした夢のような話です。話は象徴的であり、具体的なことを示さないものであるほど、多くの人に広がります。具体的な内容であるほど、ローカルな場所にとどまります。

　自分はアストラル領域において灯台であるというイメージを抱くとよいでしょう。エーテル体もアストラル体もエッジというものははっきりしていません。遠くにあるぼんやりとした灯（あか）り。多くの人がこの火をもらいに来ます。

♍. 〔6〕乙女座の海王星

　乙女座は視覚を表しています。全体的な場から部分を切り取り、特定のかたちにフォーカスする作用が視覚です。特定のものを切り取っていくので、広い範囲を見ようとした時には、目をきょろきょろと動かさなくてはなりません。見た目を重視するという点では、乙女座の海王星は、自分のアストラル体の形というものに興味を向けることにもなるでしょう。

　アストラル体はメンタル体から生まれ、それは環境の中で切り出されるものではなく、無から発生したものであり、形を考える時も、どこかにある形を参考にするということはないでしょう。根拠もなく形を作るわけです。

　もちろん、メンタル体のロゴスの肉体化ですから、アストラル体の形そのものが、イデアの映像化であり、それは完璧でなくてはなりません。

　例えば、三角形の意図があれば、身体は三角形を形にした、円錐形とか、内面と外面がつながっている時には、クライン瓶の形とか、すべてがたとえにすぎませんが、イデアの表現を考えてみればよいのです。

　乙女座は何でもかんでも視覚表現にしてしまいます。視覚とは、要するに部分化ということです。牡牛座は思考感覚で、これは何かの思考に入り込むことですが、牡牛座と120度の乙女座になると、この思考を他のものと差別化して、一つの映像、そしてその周囲には違うものという対比が発生します。つまり牡牛座においては、自分以外は存在せず、それ以外のものとの比較などできなかったのですが、獅子座の熱感覚の分布ということを体験したのちの乙女座では、一つの思考、それ以外のものという区分が発生しています。

　そしてそこから排他性ということも発生します。身体の形を持つことは、それ自身が既に排他です。排他になりたくなければ、身体の形を持ってはなりません。

　獅子座の熱感覚では、自分の熱意以外は全く意識していませんでした。人のことを意識することなどなかったのです。獅子座の後半になり、徐々に

熱を使い切り、少しずつ冷えていき、乙女座に至る頃には、形のあるものにはその内部に熱があり、それ以外の場所は冷え切っているということに気がついたのです。この熱の発散のスタイルが、ボディの形を作っていきます。

見えるものと、その周囲にあるものがはっきりと二極化され、明暗が生まれると、意識とその影ということが発生しますが、自分の映像的形態を維持するための自己保存欲求というものもここで発生するでしょう。アストラル界ですから、形態とはその自身が理念であり、思想であり、哲学であり、行動もそれを裏切ることはありません。

私は乙女座の視覚は、世界のどん底に入ることであると説明しました。自分はすべてに広がる存在ではなく、限られたものに転落したわけです。

幼児は生まれてきた時、自分の姿を意識しないのですが、鏡の中にあるものを見て、それを自分だと教えられた時、それに近づこうと努力します。世界の限られた場所の中に自分を埋め込むのは楽しいことでしょうか。どうしてそんなことをしようと思ったのでしょうか。

まずはアストラル体として、特定の形を持つ身体を持つことは、時間がかかることかもしれませんが、そのままドミノ倒しのように、物質的へと転落するコースに向かいます。アストラル体で映像としての身体を持つことは、物質界に入ることではありませんが、しかし物質世界に入る予定はあるということになります。

私達の身体の周囲にはオーラがあるといわれますが、しかしオーラは身体に密接に接近しており、これは海王星的でありません。海王星はさまざまな時間、空間に遍在するものなので、身体の周囲にあるというのは違います。つまり「どこ」や「いつ」ということと全く無関係に映像を見るのが好ましいのです。

オーラを見る会を定期的に開いていましたが、私はわざとその人を見ないで、距離があるところで、机に向って、紙にオーラを書いていました。その人のアストラル体の形態としてのオーラを見るには、その人を直視しない方がよいのです。すると象徴的な物語と連動して、その姿が見えるようになります。

形は常に物語と一体化しています。葉っぱをかき分けて、葉っぱの林から出て、違うところに移動しようとしている人がいました。この人は「もうそろそろお茶の先生をやめたい」といっていました。この乙女座、海王星の感覚を開発すると、どこにでも映像を映し出すことが可能です。
　6ハウスの海王星も似ています。もちろん、牡牛座、山羊座、2ハウス、10ハウスなどの関連も考えてみるとよいでしょう。

♎ 〔7〕天秤座の海王星

　天秤座は秋分点から始まり、人が形に閉じ込められたどん底領域に接しています。宇宙から追放されて身体に閉じ込められたという状態から脱出しようとする時、自分以外を触覚で感じるということから始まるのかもしれません。しかし自分と同じように形に閉じ込められたものに触れても、自分が外に拡大していくという実感はないでしょう。
　海王星は、そもそも非物質を表しており、アストラル体の反映ですから、海王星が天秤座にある人は、時空を超えたところに存在するイデアを触覚として感じ取るともいえます。海王星が天秤座にあると、そのような触覚を持つのではなく、そのような触覚を持つことがいずれは可能であるということです。
　イデアを感じるといっても、イデアはイデアという形に閉じ込められています。イデアはさらにそこから解放されたいと願った時には、次の領域であるメンタル界やブディ界に行くしかありませんが、そうなると世界からほど遠く、味わう、楽しむということができません。イデアはイデアであることによって、そこに触れる外界のものを識別することで生きる、楽しむ、味わうということができるのです。
　そもそも私は、天秤座の触覚を乙女座の視覚から切り離して、触覚を開放することで意識がどんどん広がっていくことを推奨しましたが、アストラル界の触覚にはもう次の段階にまで開放するという必要性はないでしょう。アストラル界は、イデア、ミュトス、イメージ、色、音など、さまざまな彩がある世界であると考えるとよいのです。なお、それは時間と空間から解放されており非局在的です。これを特定の時間、空間という狭い範囲に閉じ込めたものが物質界です。
　天秤座は風、活動サインであり、極めてバラエティの高いものですが、アストラル界の多彩さを思い切り堪能できるのだといえます。天秤座は同一性よりも、違いを楽しむということから、多彩さへと向かう性質を持つのです。

もし、天秤座を対人関係のサインだとみなすならば、アストラル界で、いろいろ人づき合いがあるのだとみてもよいでしょう。

　天秤座に海王星がある世代は、しばしば人間を過大評価します。目の前にいる人は、物質界にありがては老いて死ぬ存在であるにもかかわらず、天秤座海王星の人は、そこに神的なものや永遠性を見てしまうのです。つまり、物質的人間は、みな神話元型存在であると誤解します。その結果として、どんな人にも無限の可能性があるのだというようになります。まだ芽の出ていないものでも既に芽が出ているとみなします。

　天秤座に海王星と土星が合しており、さらに土星が海王星よりも後にある場合には、過大評価した後に落としますから、最高の人間は最低の人間にと変わります。しかしこれも一つの魂鎮で、漂流する霊を墓に入れることでもあるかもしれません。

　天秤座海王星の人はこうした人に対する勘違いをやめてしまい、アストラル界はアストラル界であり物質界ではないということをはっきりさせると、その段階から、アストラル界においてのいろいろな人物、すなわち宇宙人とか仙人とか応身とかとのつき合いが活発になります。

　例えば私の場合、一日に平均二度程度は応身がやってきます。これは珍しいことではなく、地上界では人に会うには電話したり、メールしたりして連絡しなくてはなりませんが、エーテル界以上の世界では、思い出すだけでそこにいます。思い出さないのにそこにやってきた、という場合に、そこにはちょっとしたサプライズがあり、楽しいということになります。本を書いていたり、何か話題にしたりすると、その関係の、たいていは創始者の応身がやってきます。

　アストラル界においての人づき合いは、相手がアストラル界の生き物か、メンタル体の貫入かのどちらかです。それ以下の存在が参加することはできません。

　天秤座の海王星の人は、まずはアストラル体を触覚として感じ取るというところを始めるとよいのです。天秤座の支配星は金星です。それは楽しい、感じる、快楽、喜ぶというものです。乙女座の支配星は水星です。それは

分割し、小分けすることで、細分化されたものに至りますが、分裂というのは常に痛みを感じさせ、楽しいということと反対です。乙女座の視覚においては映像を見ることで、そこから疎外されています。天秤座の触覚では、この形の内側から解放された楽しさを感じるという感じ方の違いがあるのです。

　アストラル界においても、天秤座の触覚は、乙女座の視覚から切り離されてしまうと、輪郭を失い果てしなく拡大してしまいます。乙女座の小分け原理でなく、天秤座の融合原理に走ってしまうからです。膨らんだ風船が破裂する前に、ある程度は乙女座的な、つまり相手をイメージで把握するということをすればよいでしょう。

　私は七面観音を「あかね色のエビ星人」と名づけましたが、アストラル界においての形態認識というのは、物質界の形態認識とはかなり違います。そもそも七面観音はシェイプシフターであり、日蓮の話の中でも、妙齢の女性から紅色の龍に変身しています。私の見たエビ星人はドレスの裾のように夕方をひきずってきました。アストラル界においての形態とは、形そのものがロゴスであり、物語であり、象徴です。物質界では、物質肉体は本人とは別ものであり、だから、悪い人でも良い人の姿をしていたりします。漫画では悪い人はいかにも悪い人のように描かれますが、アストラル界では中身や本質はそのまま形なのです。

　私はヘミシンクをしていた頃は接触している非物質的存在から、ものを渡された時、はっきりと手の平にその感触を感じました。ヘミシンクで接触する知性体はたいていの場合、思うだけで、一瞬でやってきます。アストラル体を触覚で感じ取ることが得意になれば、視覚などが発達しなくてもよいかもしれません。というのも、既に説明したように、触覚は視覚の裏返しで、形に閉じ込めようとする圧力が視覚で、形から解放される瞬間が触覚です。オーラを見る時にも視覚で見るのでなく、手でなぞることで感じ取る人はたくさんいます。

　私達は、実は、応身とかアストラル体に常に休みなく接触しているのですが、そのことにぼうっと無意識なだけです。意識していればいつでもそれに気がつくでしょう。風のサインの水瓶座、双子座が連動すると、触られた時、

それは言葉やメッセージになります。身体のどこを触られたかということには意味があります。
　ずっと昔、ある朝に、オリオン方向から来た埴輪(はにわ)のような宇宙人が、私の傍に立っていました。そして彼は、「私（＝著者）が腰を壊したのは自分の責任であるから治療したい」といい、私の腰に触ろうとしました。私はその手を瞬間的に払いのけ、「自分でチャレンジしてみるから余計なお世話だ」といいましたが、払いのけた時に、手には触れたことになります。
　どうも私はいつも腰が壊れやすいようです。仙人の特徴は心臓が悪くなるか、足が悪くなるらしいのですが、身体部位では、天秤座は腰を表し、この部位がアストラル成分が増えて、それが肩代わりし始めると、物質的腰は損傷しやすくなります。
　そもそも足は地上との接点ですから、地上的、物質的な領域と距離を置き始めたり、あるいは地上界に押しが弱くなったりすると、徐々に足が悪化し、歩くのに不自由な人が増えてくるのです。
　黒曜石の神であり、右足のないテスカトリポカは、大地の悪魔と戦ったために足を失いました。アストラル体、エーテル体は物質体を壊す本性がありますから、天秤座の海王星の場合、天秤座の示す腰が壊れやすいともいえます。

♏ 〔8〕蠍座の海王星

　蠍座は生命感覚を表し、これは充実感とか生命的実感が充足し、蓄積し、強いパワーを持つことに関係します。そして強い力を持つにつれて、それにふさわしい知恵や知性、記憶が備わります。記憶というのは、その人の意識にふさわしいものがやってくるからで、高度に高められた意識というものはこの蠍座の蓄積によって手に入ります。

　圧力窯はこの中に強い圧力が働くように、生命感覚はある程度、狭いところに閉じ込めると、そこで効率が高まります。蠍座は何かに閉じ込めていくということになるのです。1度のサビアンシンボルは「満員のバス」というものですが、バスの中に参加者を全員閉じ込めます。海王星はアストラル体を意味するので、この閉じ込める箱は非物質的なものであり、精神的、感情的な場において閉じ込めるということになります。

　私はよく原稿を書く時に、同じ作曲家の音楽を聴き続けることがあります。長い本の時に、ずっとバッハの『カンタータ』を聴き続けたこともあります。同じ曲を数百回聴いたこともあります。これはもう、頭痛が起こるくらいです。この行動はアストラルレベルにおいての閉じ込め効果と考えてもよいでしょう。バッハという箱、ワーグナーという箱があるのです。作曲家の音楽がアストラル界にある場合は理想的です。あるいは、それよりももっとエッセンスの高いメンタル界の成分が強いのは、なお素晴らしいといえます。

　力を漏らさないように集中すること、これをアストラルレベルですることと、物質的に閉じ込めることは共鳴するでしょうか。メンタル体、アストラル体は、意図があるボディなので、自分の意志で閉じ込めるということをすれば、物質的に閉じ込めることが共鳴的に利用できます。

　出羽三山などで知られている即身仏は、生きた人を狭い土中に閉じ込めます。この閉塞状況は、普通に生きている人からすると想像を絶する残酷な話です。生きている人を死んだと間違えて棺桶に入れて、土中に埋めるのも似て、冤罪(えんざい)で死刑にした人と同じです。即身仏は解脱(げだつ)するために、わざと

狭い場所に閉じ込め、ここで蠍座の生命感覚の凝縮という目的で、エーテル物質、アストラル物質を集め、心身が乗り換えていくのです。このシフトのプロセスでは、苦しいということより、目の前に広がる多彩な世界、神々との会話などが徐々にリアルになっていき、自分が肉体的に死んでいくということをあまり気にしなくなるでしょう。

　仏教では仙人になることを堕落したものとみなす流派もあると思いますが、これは仏教が成仏する時には応身としてエーテル体になることを理想にしているからです。そこでは宇宙法則や法というものが自身をつらぬきます。仙人はアストラル体を重視しており、すると色とりどりの世界を行き来し、神通力などを持つので、色の世界に入ってしまうということです。しかし、実際にはこの二つははっきりと分かれているわけではなく、同じものを少し角度を変えて見ただけです。もちろん、海王星はアストラル体に関係し、色の世界ですから、仏教者が解脱して応身になるというよりも、仙人になるというイメージの方がわかりやすいでしょう。

　蠍座は気を散らすということをしません。気が散るのは、この蠍座に対して90度である水瓶座、獅子座などです。水瓶座は、蠍座や山羊座が作り出す立方体、すなわち部屋を解体しようともくろみ、獅子座は熱感覚ということで、外に発散し、内に集中することはしません。しかしこの獅子座、水瓶座などと上手く組み合わせることで、蠍座の生命感覚は、自由自在に圧縮したり、また成分を入れ替えたりできるようになるのです。

　獅子座は蠍座の手前にあるために、獅子座の表現は、蠍座を散らすというよりも、蠍座の箱の中で表現するということになりやすく、内に熱がこもり、暑苦しくなり、これは繰り返される演劇というものでもあるかもしれません。全く同じ演目を何百回もすると、この熱さは何とも言い難いくらいのものになるでしょう。

♐ 〔9〕射手座の海王星

　射手座の運動感覚は、より高次なレベルに向かうために、これまでのものを蹴ってジャンプするという行為を表しています。
　射手座の9度には、「母親に助けられて子供が急な階段を上がる」というシンボルがありますが、ここだとアストラル的なレベルにおいて、どんどん高度な境地に向かっていくということになります。階段は7段あり、『エノク書』などはこの階段の一つひとつについて説明をしています。射手座は高みに昇ろうとして11度から15度くらいまで、飛躍の激しい思想などを抱きますが、そもそも海王星は全く実用的でもなく、物質的でもないので、射手座海王星の熱意や試みは、実用主義的な人からすると、何の意味もない役立たないことに見えます。
　地球社会では物質主義的でないものはすべて攻撃対象になりますから、空中楼閣的なことをしている息子を、両親は激しく非難するかもしれません。
　しかし宇宙的な意味ではこのことも正当性が高いので、この役に立たないことをすることにプライドを持つのがよいのです。人間は道具主義的な存在ではないし、独立した存在であり、独立するということは、何かの役に立つという依存性を発揮しないということなのです。役に立つ人とは依存的であり、自分の存在証明を他者に委ねているのです。必要とされること、貢献すること、そこに意義を感じるのは、しばしば間違っていることもあるのです。それを踏まえた上で、どこまでも果てしなく上昇し、純化され、透明になっていく意識を探求していくとよいと思います。
　旅するアストラル体はアンドロメダ意識に近しいものです。宇宙服を着て、あちこち飛び回っている女性が、アンドロメダの象徴の一つです。もちろん、このほかにもたくさんありますが。
　射手座の場合、どこか落ち着くところにとどまってはならないので、この探求をやめないようにするとよいのです。タロットカードでは、9の射手座は「9隠者」と全く同じであり、夢遊病のように老人は探求していきます。

アストラル界は夢の世界でもあり、すると夢の中での探求というのは、この人には適しています。そのためには自我を明確にしておく必要があり、より精妙なレベルにおいて意識をしっかり保つということは大切でしょう。微細な印象に気がつくこと。そもそも微細なレベルで意識を保つには、自分が無意識に同一化している荷物を下ろすことが重要です。重たく、あまり意味のなさそうな価値観、信念体系は次々と捨てるのが好ましいわけです。

　社会の押しつけてくる価値観には、まさにこの無意味なものが大量にあります。必要なもの、必要でないものを分別しましょう。そもそも旅が好きな人は、荷物を捨てることが好きで、この点では、負担が大きい荷物がどれかを考えるのは重要です。持っている荷物はみなあなたが依存しているものであり、それに依存しないと生きていけないと思っているものです。

　実際に、私は毎月海外旅行していた時期がありましたが、この時、いつもリュック一つだったので、海外の空港で、荷物がないことを信用してもらえなかったこともあります。必要なものは旅先で調達する。自分が持っていくものは最低限のものにする。多分、「9隠者」のカードの性質としては、この姿勢は基本的なものです。アストラル界の旅は身体も重たい荷物なので置いていくということになりますが、同時に、重たい感情とかも置いていく必要があります。

　もし、射手座に海王星があるなら、海外旅行は常に夢遊病の旅スタイルにした方がよいです。実用的な旅はできれば回避しましょう。夢や楽しみのための旅なら、いくらお金かかっても構いません。海外では、空気の中に日本とは違うアストラル物質がたくさんあり、これを吸い込むことは楽しみの一つです。

　私はインドに行った時に、空気の中にH12、すなわちアストラル成分が多いことに感動しました。しかしこの空気の中にPM2.5（微小粒子状物質）ももれなくついてきます。

♑ 〔10〕山羊座の海王星

　特定の場に世界を作り、これを独立的な帝国として、完全な均衡を構築することが山羊座です。そのためには異なるものに依存してはなりません。他の影響を切り離すという必要性も出てきます。

　私達はこの力を使って、個人生活を安定させたり、また社会の中での自分の位置を決めたり、また社会を作ったりしています。

　海王星はアストラル体を表し、これは非物質的な神話元型的領域であり、想像的領域に、自分の世界を作り出すということにもなります。ヘミシンクなどでは、しばしば特定のフォーカス番号の領域に部屋を作るということが要求されていましたが、アストラル界に、この自分の小さな世界を構築するとよいでしょう。それは空間、部屋、あるいは小さな国どれでもよいです。そしてそれが独立的に存在するように作り出すとよいでしょう。

　山羊座はそれ自身で均衡を作り、それがずっと維持できるということが重要なのです。一瞬で吹き飛ばされてしまうのは山羊座ではありません。アストラル物質で作り出した部屋は、実は物質で作り出した部屋よりも寿命が長いので、一度作り本人が忘れてしまっても、ずっと存在することに、作った本人が驚くことがよくあります。

　人間が死んでもこの部屋は生き残ります。ですから生きている間に作って、死後にそこに引っ越しすることも可能です。また知らない間に他の人もそれを活用するようになるでしょう。大きい部屋なら、いつの間にか知らない人が住み着きます。メンタル界の力が軸になると、この世界は永遠性を持ちます。

　私達はこのようにして、共有される神殿とか、また神聖な場所を作り出すことは多いし、秋分の日に集まる集会所を作ることもあります。山羊座の支配星は土星であり、これは他の影響から切り離し有機体を独立させる作用を意味します。一度安定した世界を作ると、それは意識的に改革しない限り、ずっと継続的に存在し、悪い意味としては、悪癖が続き、それを是正し

ないまま組織、家、共同体が続いてしまうことです。宇宙に迷惑をかけないためには、常に壊す準備がある仮設住宅であることを明記するべきでしょう。

海王星よりも強い力を持つものは冥王星のみなので、冥王星から来る改変要求があればそれに従うほかはありませんが、それ以外の天体に対しては、全く影響を受けないで、継続することが可能です。

建物は神話的なものなので、古くから知られているようなイメージになることも多いでしょう。というよりも、アストラル界では時間というものはないので、古いものも新しく作るものも違いはなく、最初からすべてが存在していたとみなすとよいのです。どんなに頑張って新しいオリジナルな部屋を考えても、それはずっと古くからあるものをトレースしたにすぎないのです。この中に戻って、さまざまな作業をしたりするとよいでしょう。その場所は地上のどの場所よりは長く続くものですから、多くの人は安心感を感じます。自分の作業は儚（はかな）いものではないのです。

このようにアストラル界で均衡した帝国を作った人は、地上の家が地震で壊れても全くのところ気にしません。困るとしたら、倒壊した家の壊れた家具、ゴミなどをどうやって片づけるとよいのかわからなくなってしまうことでしょう。多くの人に迷惑をかけるわけにはいかないので、放置することもできず、よい業者が見つかるとよいかもしれません。

〔11〕水瓶座の海王星

　水瓶座が示すものは嗅覚です。嗅覚が感じ取る匂いとは、ここでは物質の奥に隠れた本質が漏れ出たことを察知することです。水瓶座はそれを敏感に察知しますから、誤魔化しが利きません。もし、水瓶座が自分の本質を誤魔化して、形の中に隠しているとすると、同じように、他の事例についても隠された本質を察知することはできなくなります。

　山羊座は土のサインです。水瓶座は風のサインであり、この風のサインは常に土のサインの後にきます。つまり土を分解し、風化させ、その分解した素材を構造化することで、思想や知識などを作り出すのです。

　例えば、水瓶座は、特定の不動産を所有することを嫌うという性質があります。ものに捕まることを嫌うのです。ものではなく、ものが分解した後のものが欲しいからです。所有してしまうと、この分解過程が上手く進まなくなります。

　ものは眠りであり、そこに捕まることで、自分も眠り、大切な知性が失われていきます。ものそのものでなく、ものとものを関連づけているような糸、つながり、ネットワークなどには親しみが持てます。これもものから離れて、ものが発散した匂いを表しているのです。

　一つのものと一つのものを結びつけるものは何か。異なるものと異なるものを結びつけるものは何か。こうした関連性の糸を張り巡らせることで、そこに浮き上がる構造の中に、自分の拠点があります。対象を理解する知性を悟性（ごせい）と呼び、それをもとにして推論を作り出すのが理性だといわれています。その点では、糸や関連性を通じて理解する水瓶座は悟性魂（ごせいこん）を意味しています。この認識力の下級なものが感性であり、上級なものが悟性だということだそうです。

　ものを解体して、本質を嗅ぎ分けるという点では、物質性の中に隠れたアストラル成分を抽出するのは得意分野です。アストラル成分は時空の制限を超えているということから、永遠性ともいえるので、小説とか詩を読んで

もそこに、永遠性を抽出、あるいは小説とか詩にこのアストラル成分があるのかないのかを嗅ぎ分けることがすぐにできるでしょう。時代ともに消えていくものは、たいていアストラル成分が含まれていません。アストラル成分がある作品は、何百年も残ったりするのです。

水瓶座の海王星は、単独のアストラル体を他のアストラル体と関連づけたり、結び付けたりして、そこにネットワークを作り出します。したがって非物質世界においての高度な知性体の連合というものは、特に水瓶座の海王星が近づきやすいものです。それは関連のある存在を呼び出したり、また何かの作業で必要な存在を召喚したりすることも可能です。

地上においては、人間は近くに住んでいたり、たまたま同じ学校にいたりすると、友達になったりが可能ですが、魂や霊の世界では、このような接近は不可能であり、存在の意味の共通性が必要です。意味が似ていることをご近所というのです。

ある種の霊的な縁結び的な能力を持つことになり、山羊座を断絶させた後にも、新しい縁を発見することが可能です。地上においては、この関連性は見えない糸なので、あたかも偶然であるかのように縁が引き寄せられたりすることに対してどういう仕組みでそんなことが起こるのか理解できないことは多いのですが、何かが接近してきた時、その何かは自分を通路とみなしていることが判明します。スピリチュアル世界においてのジョイント的な役割や、アストラル界では駅や線路になるでしょう。

水瓶座は嗅覚ですから、アストラル界を匂いで識別します。私は数年間の間、人づき合いがなく、いつも空気とつき合っていた時代があります。空気の中にある気配と会話するのです。見えない存在のメッセージはこの匂いからでも判明します。これもとても水瓶座的な姿勢で、私個人の場合には水瓶座に月があるので、物質的レベルにおいてのエーテル体が水瓶座の性質を持っており、匂い、気配に敏感だということになります。海王星の場合には、物質次元のエーテル体の身体性とは異なり、時空を超えて開かれた性質のアストラル体を持つということです。どこにでも、どんなものにもつながることができると考えてもよいかもしれません。

♓ 〔12〕魚座の海王星

　魚座は雲とか霧とか、空気を含んだ薄い水分の塊です。同じ水のサインの蟹座は川や湖、風呂など、蠍座は地下水などを意味しているといわれていましたが、魚座は柔軟サインなので、輪郭がはっきりせず、そして水の密度が薄いのです。物質の密度が減り、その分象徴性としてのアストラル成分の比率が次第に濃くなっていると考えてもよいかもしれません。水のサインは、蠍座の生命感覚を考えるとわかるように、内側から感じる性質で、どんなものも外から見ることはありません。蟹座も内的共感力ですから、外から見てどんなにいびつな形のものでもそれは気にならないのです。魚座の内的感じ方は、食物を口の中に入れて味覚で確認するということも関係しています。

　食物はいろいろな栄養成分を分析したりして、外面的に見ると、その外面的要素で分類可能ですが、口に入れて味覚で味わう時には、そうしたところとは全く違う面で感じ取っているといえるでしょう。外面的にどうあれ、その食物の本質、実体を舌は感知していると考えてもよいかもしれません。そこに命があるか、それとも命が抜けているかもすぐに理解します。

　口の中で舌でまさぐる行為は、形を一切無視しており、見えない何かを模索しているともいえます。どんな表記がされていても、舌は誤魔化されないで、本質を探り当てることができるのです。

　アストラル体は世界を楽しむボディです。そこには個性が必要です。アストラル体の個性が形成されると、この個性という鋳型との関係性によって、外の世界のさまざまなものの価値を決めたり、楽しんだりすることが可能です。

　鋭い刃物のようなボディと、平たい板のようなボディだと、水を通過する時に、水に対しての受け取り方が違うといえばよいでしょうか。抵抗があるない、という以上に、水に当たる時の感触が全く違うでしょう。自分の形がある。そして形ある自分は、水をこう受け取り、水とはこういうものだと感

じているわけです。

　アストラル体の個性は、神話型ということですが、これは地上の人格スタイルとか性格とは全く違うものです。ユングは、神話元型は知性的に捉えられないといいましたが、弟子の人々は、たいていこれを人格タイプとかスタイルと勘違いしました。アストラル体の形は、高次感情センターでしか認識できません。そして高次感情センターが働くと、通常の思考はそこまで発達していないので、たいてい意識喪失します。アストラル体の形を認識した時、いわば神が降臨してきたというような圧倒的に神聖な感慨を抱くのが通例です。

　魚座は12サインの中で最後のものであり、アストラル体を固く結晶化させる最後のプロセスを表しています。それが上手くいくほど、他の勢力に飲み込まれたり、溶かされたりしないで、対象のすべてを識別し、味わうという個性が明確になります。

　物質的領域では、舌の上に食物を乗せると、肝臓は辞書の中でサーチして、この舌の上に乗っている食物が何かを識別し、それを分解するには何が必要かを確認して、消化の準備をします。身体の中に同じものがない場合には、その食物は分解・消化ができません。

　同じように、冥王星は太陽系の外から何かを取り込みますが、すぐさま、海王星は太陽系アカシックレコードの辞書の中に該当するものがあるかどうかを照合して、太陽系内に導き入れるコースを作り出します。形もないもの、何か得体の知れない塊を、自分の中ではっきりと分類し、また一体化するのを、アストラル体、あるいは海王星は全部任されているという点で、非常に大きな役割を担っています。よくわからないものと出会い、数か月かけて、その意義についてはっきりと定義し、定義することで初めて関わりを持つことができるようになるのは、何かお手本はない行為ということで、むしろ非常に楽しいといえるのではないでしょうか。

　山羊座は基本的に自分が存在することに専念するので、食物との関わりを拒否します。水瓶座は匂っており、口に入れません。魚座の段階で初めて口に入れ、それに直接触れます。そして、何とそれを体内に入れてしまう

のです。こうやって、魚座のアストラル体は太っていき、また他と触れることで個性を明確にしていきます。

　完成すると、春分点から外の宇宙に飛び出しますが、それは異なる食物に噛りつく行為です。自分がアストラル体の宇宙船になって、外に飛び出ることは、口に入れたものを嘔吐(おうと)しているのか、それとも自分がこの宇宙から嘔吐されているのかわかりませんが、反発する力は射手座であり、異なる宇宙に入るのは、射手座の後の山羊座のプロセスともいえるでしょう。

　魚座の海王星は、自己のアストラル体を明確にするのが目的です。アストラル体の結晶化、独立性とは、この実体が何にも依存していないということを意味します。もちろん、地上には依存していないので、人によっては地上に全く関心を持っていない場合もあります。少しは関心を持つという人もいますが、過剰に影響が入り込むほどは深入りしません。

　蘇軾(そしょく)の「瓢瓢(ひょうひょう)乎(こ)として世を遺(わす)れて独立し、羽化(うか)して登仙(とうせん)するが如し」という言葉にあるように、完成度の高い魚座の海王星の人は、心身ともに世俗から独立して、羽が生えて、仙人になろうという興味が強まります。

　海王星部分のみが羽化し、それ以外の身体は重いままという時には、これは完全なアストラル体の結晶化が進んでいないという意味でもあり、また低次の身体を調整していないことでもあります。

　世界中にある種々の修行法は、すべて高いものに同調できる低い身体を獲得することに関係しているのです。アストラル体に同調した身体は無となり、つまりアストラル体が浸透し乗っ取りすることになります。これは個という主観性が消え去ることでもあります。

♅ 天王星の12サイン

♈ 〔1〕牡羊座の天王星

　牡羊座は外宇宙からこの宇宙への侵入を表し、牡牛座でこの世界に入る前の、山の上での準備状態のような段階でもあります。
　天王星はエーテル体の反映なので、太陽系内で広がる植物的な網目に関わり、これが地球につながる途中の場所のような印象です。この世界に入り切らず、かといって、外にいるわけでもありません。
　物質世界は岩、エーテル世界は植物にたとえてみた時、例えば、畑で野菜を育てる時にも土を耕します。エーテル体は硬い物質界の土壌に傷を入れるか耕すことになります。
　東日本大震災は天王星が牡羊座に入った時に発生しました。その時、土星は天秤座の16度で物質界が傷つくという時期でした。アコヤ貝に真珠の種を入れるように、土星領域に傷をつけて、この中に天王星のエーテル体の性質を植え込みます。東北にシリウス人達が入り込んできたのですが、それは古い時代に、北のルートで、蘇我氏が入植してきた時代の再来のように見えました。蘇我氏はシリウス信仰の人々、というよりその子孫で、スフィンクスに書かれた約束通りに、彼らは日本に戻ってきたのだといえるかもしれません。
　牡羊座の支配星は冥王星と見た時、冥王星の作用は死と再生ということもあります。そもそも、牡羊座で新しいものが入り込むことは、それまでのものが去るということでもあり、天王星が入ってきた時には、死と再生というような印象もある、壊したり作り直したりという作用がわりに派手に出やすいと思います。

天王星は強硬に自由公平を主張します。この自由公平という性質は物質の狭い閉鎖を打破するという点でエーテル体の性質そのものです。物質界は必ず分布が偏り、ローカルな性質が強まります。これは公平さがなくなるということです。
　牡羊座は後先考えないで、まずは自我感覚として主張するのですから、強引に自由公平を主張し、一切迎合も配慮もないと考えるとよいです。物質的な意味での大人的な性質はほとんどありません。大人とは山羊座的な性質なのです。
　牡羊座の天王星が入った時にiPadが発売されましたから、iPadとは牡羊座の天王星の象徴表現の一つで、これも自由公平です。パソコンが使えない人も広くネットを利用して、いろいろな情報にアクセスしたり連絡したりすることができます。
　そもそもネットワークは天王星の性質です。それは国の壁を越えて流通します。純粋なエーテル体は、今度は宇宙のさまざまなところにつながって、情報が行き来するということになります。上位エーテル体は恒星にまで届くのですが、通常のエーテル体は太陽系の外には出ないし、さらにもっと物質に近いエーテル体は月の軌道の範囲しか広がりません。
　エーテル体は七つの階層があると考え、それぞれ範囲が違います。天王星はこのエーテル体のもっとも範囲の小さな、エーテル体とはいえないくらいの、つまりエーテル体の模造ですが、エーテル体の性質を理解するためには参考になることがたくさんあります。
　牡羊座の天王星の人の、どんな制限も一切受けつけない性格を見てみるのも面白いです。それはほとんど無法者です。若い時期に、男性ばかりの研究会をしていましたが、そこに太陽と天王星が合のお年寄りがいました。一番興味があることはフリーエネルギーでした。フリーエネルギーはエーテル体から取るしかありません。非主流の四次元科学とは物理学ではまだ認められていないエーテル体と電気の中間のものを探索することが多いのではないでしょうか。
　エーテル体の最も低次な領域が磁気や電気、光です。彼は会社に所属

することもなく、自由な生き方をしていましたが、どこにも帰属しない人は、世間では怪しまれます。ですから、車に衝突された時にも、加害者は彼のことを当たり屋だといました。

ローカルでないものを、ローカルな場所に持ち込んで、そこで普及させようとしているという点では、伝統的なものや古き良き習慣なども解体させようとする意図が働きます。

牡羊座の初期では、まだ子供っぽいので環境から拒否されます。牡羊座の自我感覚は強く主張し、他を押しのけてでも自分を押し出すという性質ですから、異質であれ、ずっとそれを主張し続け、止めることはないでしょう。

天王星的生き方を維持したい時には、孤立した場所を持つとよいでしょう。天王星にはサブという意味があって、これは長い習慣で、物質体とエーテル体は平行しているという概念があるからです。しかし宇宙法則からすると天王星がサブなのではなく、土星がサブです。

タロットカードでは、「19太陽」のカードでは土星と天王星は二人の子供として描かれます。天王星をメインにして、土星をサブにするとは、ものではなく生命を重視することです。サブの場所を持つというのは住居が二つという場合もあります。牡羊座の天王星の場所は、イメージとしては荒れ果てた場所です。森林を開拓して小屋を立てるのもよいかもしれません。

タロットカードでいえば、1の牡羊座は、「1魔術師」のことですから、机上の作業であり、まだ十分に社会に打ち出してはいない段階でもあり、固定しないで試行錯誤のみを続けるのもよいのではないでしょうか。

フリーエネルギーのようにまだ世間では認められていないものに取り組むなどです。フリーエネルギーは実はたくさんありますが、それが世間から認知されていないのは認めてしまうと経済システムが崩壊するからです。

エーテル界は地上よりも少し浮いています。浮いた場所や小屋で、何か模索しているという姿勢は、「1魔術師」のカードそのものです。

○〔2〕牡牛座の天王星

　2の牡牛座はタロットカードでは「2女教皇」を示しています。女教皇は書物を持っていますが、これは自分の中に内蔵している書物で、牡牛座は自身の中に書物を持っているので、よそ見せず、自分の内部にある書物を発掘することに時間を費やすとよいでしょう。それは才能の開発や自分の天命を明らかにすること、生活の手段について一番良い方法を見つけ出すことでもあります。

　絵柄では書物は腰にありますが、身体としては腰、胸の少し下、松果腺を取り囲む周囲の輪にあります。

　生命の樹では、中央の柱は頭、胸、腰などに中枢がありますが、それと同じです。なぜなら柱として直立するというのは、リファレンスとなり、特定の言葉、記述の中に入り、この中で生きることを意味するからです。誰でもどこかの場所に住んでいて、そこで立っています。外から見るとローカルなどこかの場所ですが、本人からすると無色公正な立ち位地です。

　この書物はエーテル体の中にあるので、物質的に身体を切り刻んでもどこにも見つかりません。天王星はエーテル体のセンサーのようなものでもあるので、この書物を正しく読み取ることができます。物質的書物は、たいていどこかの国の言葉で書かれます。また時代性もあります。

　エーテル体とは地域性に閉じ込められない普遍性を意味しますから、つまり特定の国の言葉で書かれたわけではない、普遍言語で書かれた書物を読み取ることです。脳波でいうとベータ波は身体感覚に結びつき、アルファ波は地球集合意識の範囲に広がり、シータ波はもっと拡大します。つまりその分、身体感覚から離れていくということです。このようなアルファ波とかシータ波でないと、身体の中の書物を読むことは不可能でしょう。そしてローカル言語に依存しないノンバーバルの言語で読み取る必要もあるでしょう。

　天王星は水瓶座の支配星であり、これは遠い場所から持ち込まれる、あ

るいは間接的なところから持ち込まれるという意味にもなるので、牡牛座が示す書物、遺伝的性質は、隔世遺伝的、あるいは想像するよりもっと遠い隔世を表すことがあります。おそらく肉体としての親から受け継ぐような遺伝的性質の中には、この天王星が示しているようなものはありません。

　例えば、タロットカードは金星人から伝えられたという話があります。タロットカードの知恵は、どこからどう見ても地球的知性が編み出したように見えません。金星人はまずは自分用に考案し、その後、歪曲されたかたちで地球に伝わった。さらに小アルカナは地球オリジナルであり、大アルカナカードと小アルカナカードの間には相当の水準の違いがあります。ですが、タロットカードを編み出した金星人は金星オリジナルでなく、それはもっと遠くから来ました。こうした遠くからやってきた知恵あるいは書物は、牡牛座の天王星そのものといえるでしょう。

　これが牡牛座の海王星ならば、アストラル体の伝達であり、つまりはふわふわした漠然とした夢のようなものとなりますが、天王星だと、ローカル言語ではないが、普遍言語として、明確な輪郭を持ったかたちで伝わり、しかも場所が特定されることもあります。言葉は数字やロゴスでもあります。

　天王星はよく電気とか電波などと象徴的に結びつけられますが、つまり海王星の通信は夢通信で、天王星の通信は電波で伝わってきたというような印象です。身体の中に受信機があり、情報は電波というより電波よりも振動の高いエーテル体で伝わります。天王星からすると、場所はどこというのはどうでもよい話なので、書物は身体の中に埋め込まれているというのは正しくなく、現代的な言い方だと、クラウドに保存されているという言い方が正しいのかもしれません。そしてより高度な書物は、太陽系の外にあります。

　エノク語はジョン・ディーが水晶を通じて、天使からもらったと主張しています。こうした地上的根拠も物証もないものは、いかにも天王星的です。土地のどこをどう探してもエノク語の痕跡（こんせき）などどこにもありません。霊界文字とか、また神代文字は、それが紙に書かれた物質的なものである段階で、その本体は失われています。同じようにエノク語も、水晶というエーテル体の膜に映った映像の段階では、正しいのですが、それをジョン・ディーが紙

に記録した段階で土星化するので、本質から逸脱します。

　こう考えると、天王星的思考とは、紙に記録しないことが重要なのかもしれません。かつて語り部、またユダヤのカバラなどは書物に残してはならないものでした。吟遊詩人もそうです。これらは天王星的書物、記録といえます。ものにすると死ぬ、あるいは嘘に変わるのです。

　牡牛座をお金とみなすと、牡牛座の天王星は世界で通用する仮想通過のようでもあり、物質的実体はありません。

♊〔3〕双子座の天王星

　双子座の支配星の水星は、肺に関係し、情報を吸い込んだり吐き出したりします。肺は小分けしていくので、情報はどんどん細分化され、細分化されすぎると、最後は無意味なものか、無機的なものに変わります。これは双子座の持つ分裂・分岐衝動の行きつく果てにあるもので、双子座はすべてのものを無意味化してみたいと思う願望も潜んでいます。
　創造の法則とは数を増やし、一つひとつは振動密度としては劣化するので、最終的に分裂と硬化の進んだ世界を作り出します。これが創造の数字3の行き着く果てなのです。
　天王星は特定の場にある固有の価値を認めないという意味で、知識にしても、分析し、こねくり回すことで、ローカルな意義を壊してしまうことが多くなります。
　科学的姿勢を使うと、目の前にある鉄を鉄といわず、要素分解した記号で説明します。食物にしても、「これはどこどこで採れたおいしい食物」といわず、「たんぱく質とこういう成分のものである」といいます。双子座の天王星生まれの人に科学主義の人がいますが、玩具をこねくり回して壊すということが好きなのだということもあります。牡牛座をものだとすると、双子座で、このまとまったものを解体するのです。
　また権威的な価値があると思われるものは、双子座からすると攻撃材料です。最初に双子座の７度あたりから、この価値の転倒が始まり、上にあるものは下に落としたいし、右にあるものは左に置いてみたいのです。ここに強硬で決して妥協しない天王星が加わると、心ない翻弄(ほんろう)のようにも見えてきます。
　伝統を見るとすぐに壊したいというのは当たり前のことかもしれません。双子座の中には軽薄な、若気の至りというように見える度数とか、また反抗心を示す場所は多いのですが、天王星は土星よりもはるかに深い性質を持ち長生きする意識なので、伝統の破壊はむしろ一時的な価値しかないもの

を壊し、もっと永続的な可能性のあるものを生かすということです。

　どの言語表現もどこかの場所性を持っています。ですから、どこの場所にも根づいていない造語を作り、これを組み立てて、文章にしたり考えたりするのは興味深いことです。そのことで情感とか感情も、また中空に浮かんだようなものになるでしょう。これは天王星的人間教育においては良い効果を与えるのではないでしょうか。

　双子座は知識と言葉というふうに考えた時には、天王星は普遍性ですから、普遍的な知識と言葉であり、多くの人はこの普遍的な知識や言葉とは、数学のようなものかもしれないと思うでしょう。数学は物質的軽量をしていくことに使われますし、さほど普遍的ではありません。ある時代から数からロゴスから失われました。これはピュタゴラス以後のことですが、ロゴスのある数字の方が宇宙的で普遍的です。

　双子座は風のサインとして、天秤座と水瓶座と協力関係にあります。風のサインは火サインの三角形と結びついて六角形になります。ここには水のサインと土のサインが除外されています。火のサインをメンタル体の反映とみなした時には、エーテル体を反映した風のサインと呼び合う関係にあり、ここではメンタル体とエーテル体の密接な呼び合いが独立的に働き、考え事をする時にも、物証とか場の状況を考慮に入れないというのが理想です。

　理論物理学の分野で、実証しないままただ理論実験を頭の中で繰り返す姿勢は、火と風のサインの呼び合いで盛り上がっており、ここでは土のサインを入れない方が進化します。想念が物質を作り出すという究極の段階でいえば、土の領域でもある物証は考慮してはなりません。それは結果としてついてくるのだから、あまり気にしないということになるでしょう。

♋〔4〕蟹座の天王星

　蟹座は聴覚を表すといわれています。音楽は七つの音階で作られ、それ自身が宇宙法則の模写であり、音楽は中空に浮かんだ完結した活動を意味することになり、外界に依存しない純粋に霊的な活動と結びつきやすいことになります。

　私達は地上に依拠した思考、感情などをいつまでも持ち続けると、存在としての独立性を得ることができません。その点では、音楽などは、この自立性を学ぶのに適しています。音楽は地上的なものから独立しているという点では、ローカル性を超越しているので、世界のどこでも通用するものであり、7の法則が太陽系の外の宇宙でも通用する法則であるならば、この言語は太陽系の外でも使える、つまり外の存在とコミュニケーションできるということにもなります。地球外知性とコミュニケーションするには音楽を使えばよいのです。

　蟹座は共感とかファミリーを意味しますが、特定の場に存在しないファミリー的共感はあたかも、音楽のファンが世界中から集まっているかのようです。

　蟹座の天王星の人は、たいてい実在の家族などから離れたりすることが多く、身近な家族を嫌い、それに家族的共感という点でも冷たい人達ですが、それでも天王星的な意味では蟹座的な性質が強いということになり、血縁のない距離感のある普遍的な家族ならば、いくらでも仲間になります。

　私が見ていると、海外の人と家族的関係になったり、知らない人をすぐにファミリーに入れたりします。もちろん範囲を拡大すると、地球上ではない人との関わりの中で家族を作ったりもします。

　冥王星が太陽系の外と接点を持つことで、冥王星の意を受けた天王星ファミリーは、太陽系の外の知性体との家族にもなります。もちろん、会話はローカルな具体的な言葉は使えず、音楽的伝達をすればよいのです。とはいえ、この音伝達は、受け取った時に脳が勝手に翻訳して言葉にしたり

もするのでさほど不自由ではありません。

　水瓶座はネットワークとして自分のクラスターとつながりますが、必ずしも家族ではありません。蟹座の場合、このクラスターを家族として取り込んでしまうのです。そして蟹座は集団原理が働き弱肉強食です。大企業が小企業を飲む込むように、次々と飲み込んで拡大します。これがタロットカードでは「4 皇帝」のイメージであり、皇帝は領土を次々と拡大し、他の地域を侵略します。

　個人的な話なのですが、私は天王星が蟹座の15度にあり、サビアンシンボルでは、「飲み過ぎ食べ過ぎの人々」というものです。アメリカの太陽はこの度数であり、アメリカのことを考えると、この度数の性質は何となくわかるはずです。つまり自分とは関係のない国でも、何か理由をつけて食べてしまうのです。このようにしてハワイはアメリカにされてしまいました。

　物質世界ではなくエーテル体の領域で、私はアメリカのように領土拡大し、やり過ぎて食べ過ぎになるということです。

　天王星期は71歳以後なのですが、「このセファリエルの分類はちょっと違うのではないか」と言い出す人がいました。「（土星の期日である56歳から70歳というのは）長すぎるのではないか」という話です。それぞれの惑星年齢期日はおおまかに10年くらいにして、つまり四柱推命の大運のようにしてしまうと、天王星期は66歳から始まります。

　天王星は強硬であり妥協しません。そして蟹座の15度は侵略的であるということからして、エーテル体を拡大していくことに強気になってみようかということも考えました。物質的には土星の度数からして誰からも距離を作り高みの見物になり、しかしエーテル体においては強気で押しが強いのです。

　個人的には、私の天王星は冥王星とパラレルなので、冥王星と天王星の合の世代よりもはるかに破壊的です。ですが、物理的には当たらず触らずになりますから、この特質は見えてきません。

　これは15度の限られた特徴ですが、しかし蟹座全体として、天王星の蟹座とは、エーテル領域において、共感力を拡大して、弱肉強食で、次々と飲み込み食べていくということに違いはありません。天王星は土星を壊すと

いうことは変わらないのだし、これは食べ物を噛み砕き、胃の中で溶かしてしまうことなのです。見知らぬ外人や宇宙人を家族にしてしまうということを続けてファミリーを大きくするとよいでしょう。

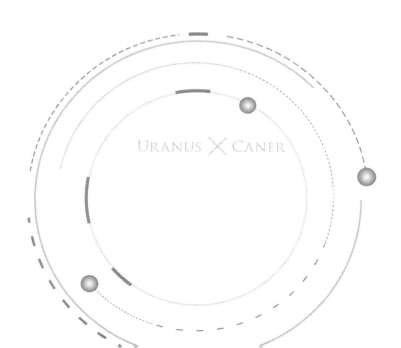

♌〔5〕獅子座の天王星

　獅子座の天王星の世代の人を見て、ある日、突然、組織から離脱したり、その自己主張の性質が常に離れたりするということに結びついていることを興味深く見ていました。獅子座は熱感覚であり、火・固定サインということからして、この熱の発散は常に同じスタイルで、外界の変化には応じないまま、いつも同じことを言い続けます。どこかに所属したりすると、この自発的な熱感覚が犠牲になるかもしれず、だから離れなくてはならないのです。

　それに天王星は、いかなるローカルな場所にも表現にも従いません。したがって獅子座の天王星に忠実だと、どこにも従ってはならないし、帰属してもならないし、本質的には家族は作ってはならないのです。

　獅子座の支配星は太陽です。占星術の太陽は、地球のことなので、このままだと不甲斐ない獅子座になってしまいますが、理想としては、二極化されていない恒星の太陽になるべきであり、これを支配星とする獅子座は永遠の存在となります。獅子座は熱の発信だけでほとんど受容性はありませんから、蟹座の天王星の人のように縁遠い人であれ家族にしたりすることはありません。独立的になり、一人で勝手に自己主張する中で、遠い世界と共鳴し、遠い宇宙と意思疎通することになります。

　獅子座は創作とか芸術に関係するといわれますが、基本的にはこれは主観的な表現であり、つまり他者がどう解釈するかは問題にしていないということです。常に一方的ですが、もし他者の反応を気にすると、他者と同じレベルになることになり、これは次の乙女座のように、相手と自分を同じ位置にしてしまうことになり、この段階で熱感覚は冷え切って創造意志は消え去ります。

　獅子座においては、ウケるかどうかは一切考えずに、一方的に吐き出し続けることが重要であり、この時に作り出す、発散する行為が高められていく段階で、より高度な熱源と接続されるのです。天王星は遠いものとつながりますから、獅子座の天王星は、一方性を続ける中で徐々に高度に進化し

ていくのです。周囲を気にするということを一切してはならないと考えるとよいでしょう。吐き出し吐き出し続けることで、共鳴してくるものがあるのです。そして受容的に、そのメッセージを聞き取ろうとすると、すぐに消えてなくなり、手がかりは失われます。

　天王星は変人といわれます。これはローカル性に迎合しないための戦略です。獅子座は表現ですから、変人的表現として、おかしなことを主張する人が出てきます。これに周囲の人は引くかもしれませんが、天王星からするとそれが喜びでもあり、やめない方がよいでしょう。

　天王星は土星を常に傷つけるものという原則からして、周囲の人を当惑させ、時には傷つけもすることもあるかもしれませんが、それは良くないことと捉えないようにした方がよいのです。いきなり異様に派手ないでたちで登場するという、この世代特有の表現を何度か見かけたことがあります。

　「ヒカリもの」が多いというのは不思議です。天王星はしばしば電気とか電波と結びつけられます。物質を貫通したり、物質の枠を超えたりしながら、流通する性質があるので、とても似ています。電気が獅子座的になると、これはやはり光が発散するとか、感電するなどというイメージかもしれません。圧倒的に高い電位差を持っているということもあるでしょう。真空管アンプを製作する時に送信管を使うと、電圧が1000V近くになり、それは触ると死ぬ場合もあり危険です。

　千葉県の館山にあるコンコルドという喫茶店を経営する佐久間さんは高電圧の真空管アンプを作るということで、海外でも有名ですが、佐久間さんはいつも音楽には情熱と哀愁が必要であるといいます。勝手に孤立的に何か思い込みの激しいことをしている。これは悪いことでもなく、楽しいことではないでしょうか。

　獅子座天王星の思い込みは、実は、普遍的なのです。

♍〔6〕乙女座の天王星

　乙女座は土・柔軟サインで、つまりは物質に対する細かい調整とか、細かい仕事などを表しています。秋分点の手前にあるという意味では、世界の一番深い部分に入ったということであり、およそ限界に到達したというところです。

　乙女座は視覚を表していますが、私達の生活はかなりの部分を視覚に専有されており、しかも視覚に大きく専有されているがために非常に緊張した生活を強いられます。緊張というのは部分化に伴うものであり、視覚は特定のものだけを見ていくということから分割、部分化という性質を強く持っています。全体的に見ようとすると、視覚映像はだいたいにおいて曖昧にぼけたものとなり、どんなこともはっきりと把握できなくなるのです。

　一個人が存在するというのは緊張です。つまりここに緊張が立っているというふうに見ていくとよいでしょう。一個人とは緊張が立っており、そして恐怖に支配されています。恐怖というのは自分が溶けてなくなっていくことを必死で避けようとしている時の感情です。主観を取り除くと宇宙に参加できるといいますが、個人とは主観で、乙女座は主観の極にあります。獅子座で主観的なものを作り出したいと思い、それが成就したのが乙女座かもしれません。

　ものをくっきりと見て、全体から細部を切り出していく。その結果として、影の成分も大量に作り出していく。つまり陰影がはっきりしていくという乙女座の行為によって、動きのある物質世界が続いているといえるのですが、そもそも天王星が受け持つエーテル体というのは、特定のどこかに限定されたものではなく、空気から宇宙に広がっています。この限定性がないものは、限定性があるものを見ると、すぐさま解体方向へと誘導しようとします。

　物質とエーテル体の関係は、岩と植物の関係で、一見、植物は弱いように見えますが、時間をかけて岩を砕くのです。天王星をエーテル体とすると、乙女座においては、エーテル体を視覚化するということになります。これは

物質という輪郭を超えて、その周囲から広がる植物的網目であるのですが、物質に付随するエーテル体は、例えば肉体の周囲３㎝程度にある青灰色の膜かもしれません。しかし肉体に従属しないエーテル体はその外側に広がり、その人の意識次第で、もっと広範囲に拡大していきます。

　そもそも乙女座は土のサインで、限定して見るという視覚の本性は、あくまで物質性にこだわることを意味します。つまり見えていないものは存在しないと思うのです。見えていないものは見えているものの周辺にあるために、見えているものを重視することは、裏の意味で、見えていないものをくっきりさせるということから、影が深まり、ますます恐怖も増加します。

　エーテル体は物質に所属するものではないので、もともとに物質の裏側とか背後にあるものではありません。しかし物質を解体するとエーテル成分に戻るので、その意味では物質の背後、周辺、あるいはその物質の未来にエーテル体が見えてきます。

　乙女座の天王星。これはとても矛盾している配置です。何よりも物質的な乙女座に、物質を壊そうとする天王星が入ってくるのです。そして乙女座が精一杯防衛しようとする意志に対して、天王星はその防衛ができないように仕向けている、あるいは防衛を逆手に取ります。防衛を逆手に取って防衛を解除するというのは、なかなか手が込んだものといえます。

　エーテル体を見るというのは、例えば、親指と人差し指で囲んで○を作ると、そこに既に何か細かい繊維でできた膜のようなものが出来上がります。エーテル体はアストラル体の舞台を作るので、既にそこに何か映像が映ってくることも多いでしょう。これは水晶球を買わなくてよいので安上がりです。

　乙女座の性質がこのことに対して抵抗することも多く、ともかく物質として見えないはずのものをそこに見るというのは、低レベルの乙女座の信念体系を傷つけます。高レベルの乙女座ならば別に気になりません。高レベルの乙女座は影を利用するという複雑なテクニックを知っているからです。

　もしここで葛藤を起こすとしたら、そもそも物質とかこの世界というのは、思考の投影であり、思考を映像として見ているのだという理屈について深く考え、理論として納得すると、見えるもの、見えてはいなかったものを見

えるようにすること、時には見えるものを消すことなどができるようになるでしょう。

　乙女座は健康に関係して、そして天王星は電気に関係するとなると、電気治療のようなものが親和性が高いということになります。身体に電気的な力が貫通することは、身体にエーテル体が浸透することに貢献します。電気や磁気はエーテル体の低次な姿だからです。そもそも身体から電気が失われると、身体はばらばらになって成立しなくなるのですが、ここではことさら電気的な要素に目を向けようということです。

　乙女座は仕事にも関係しますから、ネットワークを使ったり、電波を使った仕事をしていくというのも相性は良いことになります。天王星は場所に縛られません。特定の不動産の場所にいるのは土星です。ですから、仕事はするけれども会社に行くということを嫌がることになります。どこかカフェで仕事をすると気分が良いでしょう。

　私は早朝からカフェに行きますし、マクドナルドは朝の6時半からオープンするので便利です。そこにはパソコンで仕事をする会社員がたくさんいますが、彼らも会社に行くことをやめて、一日中、公園とかどこかのカフェで仕事をすると気分が良いのではないでしょうか。

♎ 〔7〕天秤座の天王星

　世界のどん底である秋分点から開放方向に向かおうとする最初のサインが天秤座です。視覚を切り離して、触覚を活用すると触覚はどんどん広がっていき、身体の輪郭を失います。

　この場合、天王星はエーテル体の反映ですから、エーテル体の触覚ということについて考えてみましょう。エーテル体を表すイメージとしては私はいつも蜘蛛の巣が代表的なものだと思います。あるいは蜂は綺麗な蜂の巣を作ります。これは魂のクラスターの形に驚くほど似ていて、特定の宇宙グループの集団はまるで蜂の巣の形の団地に住んでいる人々のように見えます。

　アストラル体はエーテル体のリングあるいは舞台に降りてきますから、蜂の巣の六角形の区画はアストラル体が寝ているカプセルホテルの部屋のようです。またこれは乗客が隙間なく乗っているバスのようでもあります。乗客が自分が乗っている場所を他の人と交代できません。というのも、座っている場所が、その人のアストラル体の個性、意義を示すものだからです。

　目には見えないが、しかしおそらく触覚でエーテル体を確認することは目で見るよりもはるかに容易なはずです。ほとんどの人はいつでもこのエーテル体を触覚で確認しており、ただ興味が違う場所にあるために、そのことをいつでも失念しています。

　目をつぶってしばらくすると、相手の気配とか圧力のようなものを肌に感じます。これはエーテル体の触覚での確認です。相手と話していて、相手が急に打ち解けた時に、相手がいきなり武装解除したことがわかり、この時にバターが溶けたように感触が柔らかくなることがわかります。そうしたものは誰でもいつも感じていて、しかしわざわざそれを取り上げないので意識に上がってこないのです。

　エーテル体を触覚で感じていると、これはなかなか便利なことがわかります。

　例えば、私はたくさんの人を目の前にして話をする時、このたくさんの

人々があまり知らない人々の場合には、まず自分の身体から全方位的に矢が出て、これが集まった人々全員のサイズにまで広がるようにします。エーテル体のネットで取り囲んだ中にいる人々には話が通じやすくなります。全体で盛り上がるというのは、このエーテル体ネットの中で密度を高めることを表しています。カフェで仕事をしたくて、あまり注目されたくない時には、オーラをコノハズクのように縮めますが、やりすぎると、店員の人が素通りして、また注文も忘れられたりします。そこにいないかのように扱われてしまうのです。まるで忍者のような技術なのかもしれません。

　目で見るエーテル体よりも、触覚で感じるエーテル体は十分容易に扱えるので、これを使っていろいろと実験してみるとよいでしょう。例えば、身体のエーテル体の一部を地球の裏側まで伸ばしてみるとか。この場合、自分のエーテル体をちぎって伸ばすというイメージを使うと消耗します。宇宙に遍在するエーテル物質を借りて、この中に自分が溶けていくと考えるとよいでしょう。このバイロケーションは、タロットカードでは「15悪魔」のカードとして描かれています。額から伸ばすこともあれば、胸からも、臍（へそ）からもあり、下にいくほど濃くなります。

　エーテル体の触覚を身体サイズよりも大きくすることは、自分に直接関係していないことについても理解する知性を育成します。広い見識というのは、つまりはエーテル体が身体よりもはるかに大きく拡大していくことを示しているのです。ある時代からエーテル体は肉体にぴったり張りつくようになったといわれていますが、これは自分に関係ないことは興味がないといっていることも同然です。しかも物質的な自分に関係のないことです。

　例えば、自分（人間）の寿命は100年足らずです。ですから、千年前のことは他人事であるし、自分が死んだ後の地球の未来に関心がありません。これはエーテル体が肉体に張りついている人特有の考え方です。

　ゲリー・ボーネルは秘密のある人はエーテル体が肉体に張りついているといいましたが、その意味ではオーラが大きく拡大している人は、情報垂れ流しのようなものでもあります。オーラは情報そのものです。知らないところで見られていて、そのことをヤフーリアルタイム検索などで簡単に読めるよ

うになっているという具合です。

　触覚を身体の外にまで広げたり縮めたりするのは、想像力で行うことです。エーテル体は物質ではないし、想念に従うので、イメージで操作すればよいだけです。

　わかりやすくするために童話的な、物語的なイメージを使うのは、薔薇十字の手法といわれています。エーテル体は物質体の壁を越えます。この点では、立場や性別、国籍とか、土星の枠には一切構わず天秤座の持つ対人的広がりが出てくることにもなります。逆に、土星の枠に閉じこもった人からすると、この人に違和感を感じることも増えます。土星の枠に閉じこもる人からすると、天王星が近づくと自分の土星の枠に対して脅威をもたらすからです。

　こうした土星の枠に閉じこもる人を逆撫でするような雰囲気とか洋服の人もいます。派手というのは目立って多くの人に認知されるということです。

　例えば、金星が水瓶座にあり、天王星が天秤座にあると、金星と天王星のミューチュアルリセプションですから、土星の枠を壊してしまうような派手さ、アピール度の高さということもあるでしょう。

♏︎〔8〕蠍座の天王星

　蠍座は生命感覚を表しています。生命感覚が凝縮されると生きた充実感があり、また薄くなると空虚な気分になり、自分にも何もないと感じるようになり、するとどんな手段でもよいからそれを満たそうとします。人によっては、これが犯罪的なことに手を染めるというケースもあれば、依存症になることもあります。

　地上で暮らしている時に、生命感覚を満たすのは、地上にある活動や仕事、努力、対人関係などからであり、例えば料理をしている人が、お客さんから「美味しい」といわれると生きた気分になるというのも、料理をすることで生命感覚を満たしているということになります。

　ここでは天王星ですから、生命感覚をエーテル物質で満たすということになり、そう物質的ではないことも増えてきます。

　エーテル体は特定の時空間に縛られず、広がっていくものです。ということは、例えば何かの仕事をしているが、この仕事は未来には失われる。これはごく短期間通用するものなのだという時には、エーテル体はそれに関心がなくなります。

　AI（人工知能）が発達すると翻訳の仕事というのは人間がする必要はないでしょう。ですから、そうなると翻訳の仕事をしてもエーテル体は満たされません。もちろん翻訳の仕事をしている時に、翻訳作業そのものに乗せて、もっと違う楽しみを味わう人が多いはずで、そこに永遠性があれば、それは生命感覚を満たします。私が翻訳の仕事は失われるというのは、たんにその機械作業の部分を示しています。

　蠍座の生命感覚は凝縮すると、やがては高められた意識になります。これを私はサソリが鷲に回帰すると説明しているのですが、エーテル体を満たすことで、それは時には上位エーテル体に結びつくこともあるでしょう。これは太陽系の外の恒星意識などに結びつくことを表します。

　水瓶座は広がるネットワークの網目を使ってそこに至りますが、蠍座の場

合には物質的にはこもることでつながります。箱は中心点が無に開かれており、箱の外側は主観的宇宙につながっていて、箱の外にいくことは意識が拡大するわけではないのです。外に向かって迷子になるというイメージで考えてもよいかもしれません。

　箱の中に閉じこもることで、より広い世界につながりますから、行動面では、ひきこもり、自閉的な方が、宇宙的な広がりがあります。私はいろいろな本に書いていますが、社会的に閉鎖的な人は宇宙的に開放された人ということも多いのです。蠍座の天王星は狭い場所に箱を作って、そこにエネルギーを溜め込むということで、拡大されたエーテル体領域において蓄積するような箱を作ることです。

　私は歴史の中に残る説話、童話、縁起などについての多くの人解釈はほとんどのケースが間違えていると思うことが多いです。物質的に読むのではなく、エーテル体的に読むというのは、特定の場所にのみ通用するように読むのでなく、いつでもどこでも通用する意味として読むということです。

　「矢」という時、これを物質としての矢としてそのまま受け取ってはなりません。生命感覚の凝縮は高められた意識を作りますから、物事の真意というものを正しく理解するようになります。というより何を読んでも、そこに生命感覚の高まりが出てきます。正しく読んだ時生命感覚が高まり、間違った読み方をした時、生命感覚は漏れてしまい、虚しさだけが残ります。何かを読んで「我が意を得たり」と感じる時、生命感覚は強まっています。

　エーテル体は物質としては見えません。そして想念に従います。この意味では、集めて凝縮させるのは、実に簡単です。想像力によって、宇宙的なエネルギーがやってきて、自分の箱を満たしていると考えるだけでよいのです。

　私がとても疲れている時に、「どうやったら元気になれるか」をヘミシンクで聞いたところ、「金星から持ち込めばいいではないか」という極めてそっけない回答でした。金星は外宇宙と通じており、そこを通じて、暗黒物質を取り込み、私の箱（ジャングルジム）に集まってきた光景を見ましたが、これらはみな想像的に行えばよいのです。

例えば、地上のパワースポットで力をもらうというのは考えものです。どういう生命力を集めたいのか考えるのは大切なことで、地上のパワースポットは地上活動のためにのみ役立ち、精神性には貢献しません。
　私はこうした地上のパワースポットからはエネルギーの供給は受けない体質のようですが、それは私の目的には役立たないからです。御来光を見ても感動はありません。
　このように考えると、エーテル物質にはいろいろな種類があり、集めてくるものによって、その人の生命活動が維持されていくので、どういう種類のものかはっきり選ばなくてはならないということでもあります。
　夢の中で、綿あめのような質感の繊維を見せられ、これは地球上にくまなく張り巡らされているのですが、「これについてはどうか？」と聞かれました。まるで呉服屋で、「お客さんのお好みの反物はこれですか？」と聞かれているかのようです。
　日本の旧家はいろいろな繊維の素材の派閥があります。これらはみなエーテル体の違いに関係し、それぞれで移動できる宇宙が違います。
　おそらく蠍座の天王星は、こういうエーテル体の質に関してはぼうっと無意識でいるわけにはいかず、呉服屋さんで即断即決するよりも、おおいに慎重になった方がよいのでしょう。

♐ 〔9〕射手座の天王星

　射手座は運動感覚を示しています。より高度なレベルに向上したいという気持ちは、火・柔軟サインの性質で、蛇行しながら、あるいは変化しながら、紆余曲折しながらよじ登ります。タロットカードの「9隠者」も似ており、隠者の旅は決して単調でなく、途中いろいろありました、ということになるのでしょう。

　天王星はエーテル体の反映であり、それは特定の時空間に形骸化していくことはなく、広く拡大していきます。それは伸びていく植物の枝葉のようで、共通したものに線が結ばれ、また価値の転換点では、線と線が結ばれた点としてネットワークのハブになり、知性の応用力が広がっていきます。エーテル体は拡大する知能網のようなものです。これは狭いところに閉じこもらないで、外にどこまでもつながります。脳はエーテル体の物質化のようにも見えます。

　生命の樹の四つの連鎖では、物質体の頭はエーテル体の胸、アストラル体の足場です。エーテル体の気分は、物質体の脳からすると高度な知性的テーマになります。

　射手座の精神性においての向上心は、天王星が入ることで、埒外（らちがい）の方向にも広がりますから、これはたとえていえば、自分の専門外のものにまで手を伸ばすことです。そして分野が違いつつ、似た性質のものを見つけ出すとそこに線がつながります。エーテル体は物質を超越したものですが、物質を作り出すもとにあるものともいえます。凝固し、特定の場所で停滞すると、それは物質に変化するのです。

　古い時代に、科学者は空中にあるといわれるエーテルを探しましたが、それは見つからなかったのでエーテルの存在は否定されました。エーテルは物質のレベルにまでは降りてくる気がなかったのです。

　例えば、ものが腐敗して、分解していく時に、エーテル成分に戻っています。人が死んだ時エーテル体としての魄（はく）は墓場に残り、ハワイの呪術師はそ

れを使って呪術をしました。これが今でもゾンビなどの伝説を作ったのです。ゾンビは物質肉体が動くわけではありません。しかしそれに近いエーテル体としての魄が動くのです。

　ある人々はエーテル体とは、「死んでいるがあたかも生きているかのように動く」という言い方をしました。実際には死んでいるがあたかも生きているかのように動くのは物質体であり、エーテル体は生命力そのもので、このエーテル体の生命力があたかも翼を失ったかのようになったのが物質体です。物質は特定の時空間にしかいられないという点で、手足や翼をもがれたと考えてもよいのでしょう。

　物質を超えたエーテル体が、哲学や思想などを表す射手座に関与すると、物理学やアカデミックな知識の分野では、まだよくわかっていない領域に関心を持つことにもなりやすいでしょう。言葉と言葉の真意は、言葉を物質体として、真意をエーテル体と考えてもよいかもしれません。

　例えば、いろいろな国語を自動的に翻訳してくれる装置があれば、どの言葉で語っても、共通の意味を探れます。これはエーテル体の性質に近いのです。エーテル体はものを貫通するのです。

　もし、射手座が旅のサインだとすると、境界線を越えた旅というのが、射手座の天王星が意味することになります。そもそも天王星は国に閉じ込められることが嫌いです。実際には太陽系の外にもつながりたいのですが、自身は太陽系の中の一惑星なので、間接的に外につながろうとします。射手座の旅、つまりは「9隠者」の旅は、常に境界線の外へ外へと拡大しようとするでしょう。

　天王星ははみ出す性質があり、講師や教授が天王星の影響を強く受けると、授業が予定通りの時間に進まなかったり、外で授業したりと、ともかく枠からはみ出ようとします。天王星は土星を傷つけることが本性という意味では、決まったルールがあると、わざとそれを逸脱しようとします。

　ですから、「射手座の天王星とはどんな感じですか？　一言で言ってください」といわれると、「それははみ出した射手座です」といえばよいのです。学校にも派閥がありますが、射手座天王星はこの派閥という山羊座の枠か

らはみ出すでしょう。

　射手座の後に山羊座がやってきます。ですから、射手座は必ず山羊座に入ります。射手座のはみ出しは、より大きな山羊座に入りたいということを述べているのです。そして将来的にはまたこの大きな山羊座から脱出することをもくろんでいます。

　射手座の支配星は木星です。木星は肝臓と対応し、基本的に欲張りで、何でも食べてしまいたいという衝動を表します。そして運動感覚で、あちこちに足を伸ばしたいのです。しかし、捕まりそうになると蹴って飛び出します。これは天王星の性質となかなか仲が良いのではないかと思います。

♑ 〔10〕山羊座の天王星

　山羊座は均衡感覚を表し、狭い範囲の場所にすべてを揃えて独立的な帝国を作り出します。完全性を作るには、他の影響を受けないように閉鎖しなくてはならないので、山羊座衝動とはガラパゴス世界を作り出すことです。

　もちろん、この山羊座のサイズは数々あり、村もあれば、地球という山羊座社会もあり、太陽系的山羊座もあります。そして山羊座は基本的に閉鎖性を持ちますから、そこには必ず有効期限があり、有効期限が切れてもなおその小屋というか箱を続けると、それは有害な作用を持ち、腐敗します。長い間だらだらと続く組織は必ず腐敗していますが、この腐敗は形が崩れ、腐敗臭が周囲に漂い、このことそのものが既に水瓶座の力が入り込んできたことを表しています。

　水瓶座は文句なしに、いつも山羊座の箱を壊したいのです。そしてこの山羊座を壊す水瓶座の支配星が天王星ならば、山羊座に入り込んだ天王星とは何と矛盾した話なのだろうと感じるはずです。

　天王星は枠をはみ出す、常に例外的なものを持ち込み、それは天王星の示すエーテル体が、物質を超えて広がっていく植物的網だからです。この枠をはみ出す天王星を受け入れた山羊座社会があるとすると、それはひどく寛容な社会であり、締めつけがなく、互いに押しつけることはなく、親密すぎるべたべたした対人関係がなく、そして期限が来ると、さっと壊してどこかに去るというようなものになります。

　秋山氏の『Ｌシフト』を読むと、宇宙人が住む惑星では、住居はUFOであり、小さなUFOを集積して都市を作るそうです。こうなると、地震とか台風とか、天変地変が起きてもさっと上空に浮かんで回避し、落ち着くとまた戻ることができます。つまり天王星的山羊座です。

　私達の記憶機能とは思い出す都度構築するそうで、記憶として残っているものがそのまま再現されるわけではないようです。これは圧縮ファイルのようでコピーする都度壊れていくものがあり、またどこか新しく作られるも

のもあるわけです。

　秋山氏のいうUFO都市はそれに似ています。離れてまた集落を作った時には形態が違ってしまっています。天王星的山羊座とはこんなものではないでしょうか。未来の地球生活は、実はこのようにするべきで、土地を所有したり定住したりするといらない不幸が続々と出てきます。

　グローバル村とか、グローバル国家などは天王星的山羊座を目指したのかもしれませんが、実際には山羊座の専有欲が出すぎて、理想理念が実現したためしはありません。特に政治家が自分の欲に走ってルールをどんどん曲げていきます。山羊座の本性は閉鎖性なので、天王星があることは、内側に刃物を持った生体のようで、ぼんやり過ごすことはできないでしょう。

　山羊座に天王星がある世代は、蟹座に天王星がある世代と共通点があり、蟹座の天王星が身近な血縁のある家族を捨てて、知らない人と家族を作りたがるのに似て、山羊座という国家を捨てて、外国人と無国籍企業を作ったりします。もっと範囲が広くなると、宇宙人も含んだ会社を作りたいと思ったりするかもしれません。チャネラーを入れてしまえば、案外、実現可能かもしれません。

　天王星が山羊座の枠を壊したいと思っているのならば、いつもプロジェクトが終了する都度、解体するチームを作ればよいのですが、いつもチームを作るたびに、どこか後ろめたさを感じるでしょう。チームを作るという段階で山羊座化しているからで、すると天王星本能である解体したいという気持ちが頭をもたげてくるからです。

　例えば、私は研究会とか何かグループを作るという時には、最初にそれが解散することを考えます。解体するために集めるのかもしれません。山羊座天王星世代ではありませんが、蟹座天王星世代です。勉強会などでも「2年以上は来ないでほしい」といいますが、グループに属していないところで、ひそかに本を読んだり勉強したりすることはいっこうに構いませんし、そういう人を最も歓迎します。組織は常に、いかなる良い意図を持っても腐敗するのです。任期をいたずらに伸ばした政権は腐敗し切ってしまうのです。

　天王星は物質化する前のエーテル体を意味するので、硬直化する前に逃

げ出します。これは初心を忘れたものは全部廃止するべきだと考えることです。

　2018年は長期続いた協会はおしなべて停滞し、老朽化することが露呈されました。改革ができない人は追い出されるしかなく、力を持った天王星は傷つけるものとなり、そこまで力のない天王星は出ていくことになります。山羊座の天王星は、仮設組織または仮設住宅という形式が一番よいのかもしれません。

〔11〕水瓶座の天王星

　水瓶座は嗅覚を表します。これは物質の周辺にある気配、匂いを嗅ぎ取ることであり、つまりはものでなく、ものの本質を見るという意味でもあります。そこからタロットカードの「11力」の、下半身のライオンを引き離している光景になるのです。ここではライオンは周縁性であり質量であり女性は本質です。

　そもそも水瓶座の支配星は天王星といわれていますから、ここでは天王星は混じり物のない純粋な本性を発揮すると考えてもよいでしょう。するとそれはなかなかラジカルな性質にもなるということです。

　私は何年かランニングしていましたが、ある時から足が痛くなりました。少しだけ痛みが減る時にはすかさず走っていたので、最後には大腿骨が疲労骨折しました。身体の限界を見極めてその範囲内で運動するというのは山羊座的判断です。

　山羊座の支配星は土星であり、木星を内接に、土星を外接にしたプラトン立体としてのキューブが土星を象徴としたもので、この箱の中に木星が収まり、木星は運動に関係したものですから、そもそも運動は身体の限界の範囲内でするものです。ですが、天王星は土星の枠をいつでも壊したいという点では、私のように身体の限界を超えて身体を壊すということになります。うっかりというよりも、わざわざそうしたい意志が働くのです。

　基本的に天王星、海王星、冥王星というトランスサタニアンは肉体を破壊する本性がありますが、それは物質を超えているという性質から来ています。不思議な話で、ある本では、海王星の影響が強い人は虚弱体質になると書いてあります。これではいかにも海王星は繊細で弱々しいように見えてしまいますが、実際にはトランスサタニアンは強烈すぎて、狭い枠でしか生きていけない身体を壊すのです。

　例えば、ある薬物を取っている人が「自分は飛べる」と確信して、マンションの上層階から飛びました。これが天王星や海王星がやりそうなことな

のです。高い所から飛べば死んでしまいますが、天王星や海王星が示すエーテル体やアストラル体は身体から解放され、たんに肉体が壊れてしまうだけで、天王星や海王星は狭い枠から自由になってせいせいしているという具合です。

水瓶座の天王星は、それまでの山羊座的なくびきから解放されている可能性が高く、あまり遠慮していないと思われるので、枠をはみ出す突飛な行動をすることをあまり気にしていないのではないかと思います。土星のことを忘れているのです。この場合、ときどき社会的にはおかしな行動をすることもあるかもしれませんが、土星範囲内にあるところから判断しない方がよいのではないかと思います。

天王星は物質世界を気に入っていないというのが基本です。これは土星を支配星とする山羊座の後に、天王星を支配星とする水瓶座がやってくるということもあります。時間経過として、山羊座は腐敗し死に絶え、水瓶座が勝つのです。

物質世界を基盤にして、この中で小さな範囲で自由を発揮するという制限を飛び超えて、そのまま飛び出す可能性があり、この純粋エーテル体意志を理解する必要があるのです。そこで、どのサインにある天王星とも違う、天王星そのものをそのまま表現したものであるという点で、何かリファレンスになるような気もします。ただ天王星はエーテル体の反映であり、惑星意識の中でのエーテル体に対応した縮小版にすぎないものなので、過大評価はできません。

肉体が死んだ後に仙人になることを「尸解仙」というそうですが、尸解仙はぎりぎりまで肉体とつながっているという点で、死んだ時に天候に異変を起こすようです。エーテル体をボディにする応身が、物質身体とある程度距離を持っている場合にはこのような事態にはならないと思いますが、肉体と地続きのまま仙人化すると、物質界を引きずって、それを多少揺すぶるのです。あるいは小さな範囲で、自分の肉体がばらばらになったりするケースの代表がノストラダムスです。やはり尸解仙になった時、揺すぶりが起こるのです。

水瓶座の天王星は、その本性に物質を傷つけるという要素がありますから、こうした揺すぶり、事を荒立てる、物議を醸すような状況を好むのではないかと思います。そしてそこで生じた混乱、トラブルについては一切気にしないということも多いのではないでしょうか。つまり物質的な安定性を自分の生きる基盤にしていないので、揺れるところでは楽しいと感じるでしょう。

　例えば、SNSなどで自分の発言が炎上したりすることも楽しいでしょう。炎上とは静止したものがざわざわと活性化することですから、天王星からすると快適なのです。私はQHHTセッションで火山のマグマの上にいて、それは暖かく気持ち良かったので、SNSで炎上するとその上にいることが気持ち良いということにもなります。

♓ 〔12〕魚座の天王星

　魚座の示す感覚とは味覚です。しかし実際の味覚を考えてしまうと誤解しやすいのは、水瓶座の嗅覚と同様です。外界にあるものを認識するにはまず自分に決まった特性があると、それと相対的な比較によって、自分以外のものを、どういうものか、どういう味か判断できるのです。それに食物は味わった後は、体内に入り消化されていき、その成分の重要なものは身体と一体化していきます。消化したくないものは排泄されます。味覚はその一体化の前のチェックのようなもので、チェックに重点があるのか、それとも一体化のことを指しているのかわかりません。魚座という性質からすると、後者の一体化というものがより重要です。
　天王星はエーテル体に関係し、これは狭いところに閉じ込められる物質性に傷をつけて、拡大していく性質です。岩にひびを入れて伸びてくる植物というイメージで考えるとよいでしょう。ということは、これが魚座にあると、非常に広い範囲の、あるいは時には埒外のものと一体化するという意味になります。
　例えば、とうてい食べ物とはいえないものを味わい、その後、食べてしまうというようなものです。水のサインは何でも内側から見てしまうという性質があり、外界のものを認識するにも、自分と接した時の反応などによって確認します。つまり外界のものが自分に接してこないことには、それを認識することはないのです。それ以上のところには手を伸ばさないことが多いのが、水の元素のサインの特徴です。その背後には、水のサインは、地上においてのアストラル体の模造であるということがあります。アストラル体は個性を持っていますが、この個性が外界のものに触れた時に、その反応のパターンを持つということになるのです。
　天王星はそもそもエーテル体に関係し、これは特定の狭い範囲から飛び出して、広範な領域へと広がっていきます。ネットワークとか道路とか、植物の伸びていく枝葉のようなもの、あるいは根のようなものだと考えてみ

るとよいでしょう。アストラル体が自分自身の個性に閉じている塊とすると、それに天王星は拡大力とか、もっと外に関心を向けることを勧めます。

　ところでアストラル体は動物体を借りて、エーテル体は植物体を借りているということですが、アストラル体は個体として閉じているがゆえに、逆に餌(えさ)を取りにいくために移動します。エーテル体はすべてに拡大していくために本体は全く動かなくなります。

　マラソンをしている時に、「ここからあそこに走る」というのは動物体であり、「ここからあそこまで線が伸びて範囲が広がった」と解釈するのが植物体です。アストラル体は閉じているがゆえに、逆に移動します。エーテル体は開かれているがゆえに、逆に全く移動しないのです。エーテル体に近しい関係の天王星が入った魚座は、広がるがゆえに行動性は減少するという場合もあり得ます。

　このエーテル体が広がるという条件では、身近なものには反応しないという性質も出てきます。アストラル体が自身の個性によって、その差によって、接してきたものの感触を知るというのは、何らかの関係性に縛られてしまうこともあり、また身近なものに馴染むということもあると思います。しかし天王星的なもの、エーテル体的なものは、身近なものにことさら馴染まないことで、より遠くまで手足を伸ばしていくことが可能となるのです。

　身体の周囲のエーテル体の一部を筒にして遠くまで伸ばすバイロケーションというカフナの方法があります。地球の裏側でも、また金星でも触ることができるし、その情報を取ってくることができます。私の場合、いつもターゲットのサイズが大きくなりすぎて、視界の枠に入り切らないということが多くなるのですが、これは情報の制限をしないことが理由です。たいていの人はバイロケーションを簡単にできてしまいますが、しかし遠くに伸ばすには、ともかく身近なものに専有されすぎないことが重要だということです。身近なもの、つまり生活とか対人関係とか、身体が触れているごく至近距離にあるものがリアリティが強すぎると、この遠くに手を伸ばすということはしにくいでしょう。魚座の天王星は、想像力が遠くまで伸びていくことが可能であるとみてもよいのではないでしょうか。心を開いたアストラル体とか、

情報通のアストラル体とか、自分に直接関係のないものにも通じているなどです。

　魚座とか12ハウスを幽閉とみなして、これがタロットカードの「12吊られた男」と似ていると考えた時、そのようにあたかも閉じ込められているかのように見えても、いろいろな情報を知っているということです。そもそもエーテル体はさまざまな方面に伸びていくので、魚座で単独結晶のアストラル体を作ると、これが宇宙船になって、いろいろな場所に移動します。このレールを天王星が作っています。

　天王星を通信ネットとか電気関係のものとみなすと、幽閉生活の中でもネットにつないで何でも知っている人のようでもありますが、こう説明するとあまりにもありきたりです。天王星が水瓶座から魚座に移動した時、インターネットから、渡辺豊和のいう縄文夢通信のネットワークに切り替えしたという人もいます。この場合パソコンに電源を入れるよりも、その場で横になって眠ってしまうことで回線がつながります。

おわりに

　私個人の見解では、2018年に書いた本は、内容としては続きものになっていて、まず『マンディーン占星術』（説話社）を書き、次に何かそこで書き足りないものがあるような気がして、説話社以外の出版社で、夢の本（『夢を使って宇宙に飛び出そう』ナチュラルスピリット）を書きました。
　それから本書のトランスサタニアンを書いたのですが、続いて夢の本その2を書きました。これらを順番に読まないと、意味のわからないところが多数なのではないかと思います。
　ある本で説明したものは、次の本では、それは説明完了しているということを前提にして書いていくからです。
　例えば、植物系知覚と動物系知覚については『ボディアストロロジー』（説話社）で説明しましたが、そうすると後の本ではそんなに詳しくは解説しません。しかし、この二つについて理解しないと全く先に進めないで、謎のままという話が多いのです。『マンディーン占星術』では改めて説明しましたが、実は、この2冊は著しく重要です。
　夢の本を書いてしまうと、説明・解説のみで展開するということに大きな制限があることが気になり、象徴について一つひとつ説明はしないで象徴のままに扱うという要素を入れたフィクションを書くようになりました。
　タロットカードや占星術について語るためにフィクションを使うというのは、実は、比較的よい方法ではないかと思ったりもします。占星術もタロットも、そもそも象徴的なものを扱っており、それらを説明しようとすると、明確に見えるものを説明する実用書にはなり得ない面があ

ります。

　象徴的な内容を書いていくと、しまいに、象徴を扱うというよりも、書いている本人が象徴化していくことを避けられないかと思いました。つまりこの象徴はこういう意味であるという記述をやめてダイレクトに象徴を扱うと、象徴は事物を飲み込んでいき、虚か実かわからないような領域で生活するようになるのではないかと思います。

　ですが、私の本でたびたび取り上げている題材ですが、詩人の李白は湖面に映った月を取ろうとして溺死したという伝説と、実際の李白は62歳まで元気に生きていたという事実がある時、ほとんどの人は李白をただの人とみなすのでなく、詩人としての存在価値だけを見ているのですから、ならば月を取ろうとして溺死したという方が正しいのではないかという話になってきます。62歳まで生きていた李白は、ただの抜け殻で誰も話題にする気になれません。

　最近、テレビのバラエティ番組を見ていて、宝塚スターはファンに夢を与えるものであり、この夢の世界がリアルであり、ご飯を食べてトイレに行き爆睡する実在の人物は虚像だと見られているということに驚きました。アイドルやスターはみなそうなのかもしれません。

　となると、身体を持って生きる一個人の要素は、どんどん比率を減らして、ほとんど存在しないくらいにした方がよいのではないかと思いました。戦前の天皇も個人ではなかったのです。

　象徴と事物を分けて考えるのが現代の常識的な見解ですが、しかし象徴が事物を飲み込んで、事物が虚のものとなっていくというコースをもう少し重視してもよいのではないかと思います。アイドルは個人の権利を主張しなくなるのです。

私だって一人の人間だと主張してはならないのです。これはアストラル体を作るという意味になりますが、いつの頃からか物質肉体が主であり、象徴性はおまけみたいなものだと考えられるようになったのです。
　タロットカードは象徴性が物質肉体を飲み込むという方向を提示していますから、考え方をタロットカード式に修正するということを改めて考えるのがよいのではないでしょうか。
　今後、私が本を書く時にどこまで暴走するのかよくわかりません。ただ、私個人はたんに楽しいことをしているとしか感じていないし、楽しいと感じるなら、何でも書くという姿勢は変わりません。
　占星術は天王星に象徴されるとよくいわれます。それは特定の場所に閉じこめられていないからです。私の天王星は趣味・道楽の５ハウスにあり、占星術について書くことは最初から今までずっと趣味であり、義務だと感じたことはありません。
　楽しさを基準にして書くというのは、作曲家が上昇５度を頼りに書いていくという姿勢と同じで、現代音楽の混沌の中で、上昇５度の弾道を頼りに作曲したというバルトークは私からするといつも興味を喚起させられます。
　暗闇の中では面白いかどうかだけを考える。これはオルフェウスが背後を振り返らないということなのかもしれません。

著者紹介

松村　潔（まつむら・きよし）

1953年生まれ。占星術、タロットカード、絵画分析、禅の十牛図、スーフィのエニアグラム図形などの研究家。タロットカードについては、現代的な応用を考えており、タロットの専門書も多い。参加者がタロットカードをお絵かきするという講座もこれまで30年以上展開してきた。タロットカードは、人の意識を発達させる性質があり、仏教の十牛図の西欧版という姿勢から、活動を展開している。著書に『完全マスター西洋占星術』『魂をもっと自由にするタロットリーディング』『大アルカナで展開するタロットリーディング実践編』『タロット解釈大事典』『みんなで！　アカシックリーディング』『あなたの人生を変えるタロットパスワーク実践マニュアル』『トランシット占星術』『ヘリオセントリック占星術』『ディグリー占星術』『本当のあなたを知るための前世療法　インテグラル・ヒプノ独習マニュアル』『三次元占星術』『完全マスター西洋占星術Ⅱ』『ボディアストロロジー』『アスペクト解釈大事典』『タロットの神秘と解釈』『マンディーン占星術』（いずれも説話社）、『決定版‼　サビアン占星術』（学習研究社）ほか多数。

http://www.tora.ne.jp/

トランスサタニアン占星術
<small>せんせいじゅつ</small>

発行日	2019年6月20日　初版発行
	2021年9月27日　第2刷発行

著　者	松村　潔
発行者	酒井文人
発行所	株式会社 説話社
	〒169-8077　東京都新宿区西早稲田1-1-6
	電話／03-3204-8288（販売）03-3204-5185（編集）
	振替口座／00160-8-69378
	URL https://www.setsuwa.co.jp

デザイン	染谷千秋
編集担当	高木利幸
印刷・製本	中央精版印刷株式会社

© Kiyoshi Matsumura Printed in Japan 2019
ISBN 978-4-906828-55-5 C 2011

落丁本・乱丁本は、お取り替えいたします。
購入者以外の　第三者による本書のいかなる電子複製も一切認められていません。

占いの専門出版社　説話社

松村潔の著作 (一部共著も含む)

西洋占星術

完全マスター西洋占星術	（4950円）
完全マスター西洋占星術II	（6380円）
アスペクト解釈大事典	（1万1000円）
トランシット占星術	（2640円）
ヘリオセントリック占星術	（2640円）
ディグリー占星術	（2640円）
三次元占星術	（3080円）
ボディアストロロジー	（4180円）
マンディーン占星術	（4180円）

タロット

魂をもっと自由にする タロットリーディング	（3080円）
タロット解釈大事典	（4180円）
クラウドスプレッドタロットリーディング	（4180円）
タロットの神秘と解釈	（9460円）

精神世界

みんなで！　アカシックリーディング	（1430円）
パワースポットがわかる本	（1430円）
水晶透視ができる本	（2420円）
本当のあなたを知るための前世療法 インテグラル・ヒプノ独習マニュアル	（2640円）

（価格はすべて定価（本体＋税10％））